O LUGAR CENTRAL DA TEORIA-METODOLOGIA NA CULTURA HISTÓRICA

JOSÉ CARLOS REIS

O LUGAR CENTRAL DA TEORIA-METODOLOGIA NA CULTURA HISTÓRICA

autêntica

Copyright © 2019 José Carlos Reis
Copyright © 2019 Autêntica Editora

Todos os direitos reservados pela Autêntica Editora. Nenhuma parte desta publicação poderá ser reproduzida, seja por meios mecânicos, eletrônicos, seja via cópia xerográfica, sem a autorização prévia da Editora.

EDITORAS RESPONSÁVEIS
Rejane Dias
Cecília Martins

REVISÃO
Lúcia Assumpção

CAPA
Alberto Bittencourt
(Sobre imagem de: Vecteezy.com)

DIAGRAMAÇÃO
Waldênia Alvarenga

Dados Internacionais de Catalogação na Publicação (CIP)
(Câmara Brasileira do Livro, SP, Brasil)

Reis, José Carlos
   O lugar central da teoria-metodologia na cultura histórica / José Carlos Reis. -- 1. ed. -- Belo Horizonte, MG : Autêntica Editora, 2019.

   ISBN 978-85-513-0507-2

   1. Cultura - História 2. História - Filosofia 3. História - Metodologia 4. História - Teoria 5. Historiografia I. Título. II. Série.

19-23773   CDD-907.2

Índices para catálogo sistemático:
1. Historiografia 907.2

Maria Alice Ferreira - Bibliotecária - CRB-8/7964

Belo Horizonte
Rua Carlos Turner, 420
Silveira . 31140-520
Belo Horizonte . MG
Tel.: (55 31) 3465 4500

www.grupoautentica.com.br

São Paulo
Av. Paulista, 2.073, Conjunto Nacional, Horsa I
23º andar . Conj. 2310-2312 Cerqueira César
01311-940 . São Paulo . SP
Tel.: (55 11) 3034 4468

Apresentação 7

O lugar central da teoria-metodologia na cultura histórica 11

Regimes de historicidade e historiografias 35

Marc Bloch, o paradigma da história estrutural dos Annales 75

Wilhelm Dilthey (1833-1911) 105

Identidade e complexidade: Ricoeur, Foucault, Bauman 119

**Qual foi a contribuição do historiador mineiro
Francisco Iglésias (1923-1999) à historiografia brasileira?** 147

A civilização brasileira está destinada ao fracasso? 155

História do Direito: Por quê? Como? Para quê? 159

**A "historiografia das ciências" é "historiografia":
por que é preciso explicar essa tautologia?** 165

Entrevistas sobre teoria da história e historiografia

    Há uma crise de "paradigmas" na historiografia? 175

    O impacto da teoria de Lévi-Strauss além das fronteiras
    da antropologia e a superação do estruturalismo 183

    A historiografia e o "mercado cultural"
    da sociedade pós-1989 189

    Os limites da historiografia para "representar"
    os movimentos sociais atuais 197

    A teoria da história deve dialogar com a filosofia?
    Ou não? 207

Apresentação

Este livro reúne artigos e entrevistas dispersos/espalhados em revistas eletrônicas e coletâneas importantes organizadas por colegas, e alguns inéditos. O objetivo é oferecê-los, juntos e organizados, aos estudantes e professores de História e aos profissionais das ciências sociais interessados em questões de Teoria da História e Historiografia.

O primeiro capítulo, "O lugar central da teoria-metodologia na cultura histórica", foi uma Conferência de Abertura do III Seminário de História e Cultura Histórica promovido pelo Programa de Pós-Graduação em História da Universidade Federal da Paraíba (PPGH/UFPB), proferida em João Pessoa no dia 26 de setembro de 2011, publicada, primeiramente, na *Revista de Teoria da História*, revista eletrônica do Departamento de História da Universidade Federal de Goiás (UFG) e, depois, no livro *Cultura histórica e ensino de história* (2014), organizado pelas professoras Carla Mary S. Oliveira e Serioja Rodrigues C. Mariano.

O segundo capítulo, "Regimes de historicidade e historiografias", é ainda inédito, fruto das discussões com os alunos da última disciplina que ofereci no Programa de Pós-Graduação em História da Universidade Federal de Minas Gerais (UFMG), em 2015, intitulada Tempo, História e Historiografia. Agradeço aos alunos pelos ótimos seminários realizados.

O terceiro capítulo, "Marc Bloch, o paradigma da história estrutural dos Annales", foi publicado na reconhecida obra organizada pelo professor Maurício Parada, *Os historiadores: clássicos da história*, no volume 2, *de Tocqueville a Thompson* (2013).

O quarto capítulo, "Wilhelm Dilthey (1833-1911)", foi publicado em *Lições de história: da história científica à crítica da razão histórica no limiar do século XX* (2013), segundo volume da excelente obra *Lições de história*, organizada pelo professor Jurandir Malerba.

O quinto capítulo, "Identidade e complexidade: Ricoeur, Foucault, Bauman", foi uma palestra proferida no Programa de Pós-Graduação em História do Instituto Histórico da Universidade Federal do Rio de Janeiro (UFRJ), em setembro de 2014, e publicada na revista eletrônica

Expedições, Teoria da História & Historiografia, da UFG. Agradeço aos professores Marieta de Moraes Ferreira, Norma Côrtes e Fábio Lessa pelo amável convite.

O sexto capítulo, "Qual foi a contribuição do historiador mineiro Francisco Iglésias (1923-1999) à historiografia brasileira?", é uma resenha crítica inédita do livro *A universidade, a história e o historiador: o itinerário intelectual de Francisco Iglésias,* de Alessandra Soares Santos, publicado em 2018. Esse excelente livro é originalmente uma tese de doutorado defendida no Departamento de História da UFMG, orientada por mim e co-orientada pelo professor João Antônio de Paula, da Faculdade de Ciências Econômicas da UFMG.

O sétimo capítulo, "A civilização brasileira está destinada ao fracasso?", foi prefácio do livro *Pensamento social brasileiro: de Euclides da Cunha a Oswald de Andrade,* de Ricardo Luiz de Souza, publicado em 2018. O excelente livro de Souza me permitiu produzir uma breve reflexão sobre o tempo trevoso que nós, brasileiros, estamos vivendo após o colapso do projeto do Partido dos Trabalhadores, liderado pelo ex-presidente Lula, para o Brasil. O "juízo penal" condenou o ex-presidente a vários anos de prisão, mas a prisão parece fazer parte da gloriosa trajetória de todo grande homem histórico, de Sócrates a Mandela, passando por Tiradentes e outros heróis nacionais. Um "juízo histórico" poderia absolvê-lo?

O oitavo capítulo, "História do Direito: Por quê? Como? Para quê?", também inédito, foi uma comunicação feita em junho de 2010 aos estudantes da Faculdade de Direito da UFMG que formam um grupo de pesquisa de História do Direito, orientados pela professora Miracy Barbosa de Sousa Gustin e pelo professor Giordano Bruno Roberto.

O nono capítulo, "A 'historiografia das ciências' é 'historiografia': por que é preciso explicar essa tautologia?",[1] foi uma comunicação breve, incompleta, mas, para bom entendedor, contundente, feita em maio de 2010 na Fafich/UFMG, em um encontro da Associação Brasileira de História das Ciências (ABHC).

Finalmente, as "Entrevistas sobre teoria da história e historiografia", que considero como se fossem artigos, publicadas em importantes

---

[1] Publicado anteriormente em Francismary Alves da Silva, Gabriel da Costa Ávila, Paloma Porto Silva (Orgs.). Anais do I Encontro Nacional de Pesquisadores em História das Ciências/ENAPEHC. Belo Horizonte: Faculdade de Filosofia e Ciências Humanas da UFMG, 2010.

revistas eletrônicas da UFG, Universidade Estadual de Campinas (Unicamp), Universidade Federal de Brasília (UnB), Universidade Federal de Tocantins (UFT), Universidade Estadual Paulista (Unesp/Assis). Agradeço aos Conselhos Editoriais a gentileza do convite e aos entrevistadores, a oportunidade de produzir essas reflexões através de suas excelentes questões.

Minha impressão é que o material disperso, quando reunido, ganha outro sentido, torna-se um "todo", que reatualiza, revaloriza e ressignifica as partes que, agora, deixam de ser fragmentadas e sem direção. É como se esses artigos e entrevistas fossem palavras ou frases soltas e dispersas, com alguns parágrafos e algumas ideias repetidas, mas, que, reunidos em livro, transformam-se em uma "narrativa", em uma "intriga", com princípio, meio e fim. Passam, assim, a integrar um "texto", com um "novo sentido", implícito, oculto, críptico, que o leitor terá o trabalho paradoxal, mas, espero, prazeroso, de decifrar e construir.

O lugar central da teoria-metodologia na cultura histórica[2]

É comum ouvir historiadores até mesmo de grande prestígio, como Evaldo Cabral de Mello, emitirem opiniões desfavoráveis à epistemologia da história e até um epistemólogo da estatura de Weber afirmar que é uma discussão que só se torna incontornável quando uma ciência entra em crise: ninguém se torna um historiador sendo um metodólogo da história. Os fundadores do grupo dos Annales também expressaram sua desconfiança em relação à pertinência da discussão teórico-metodológica, que consideravam vazia, abstrata, e incitavam os jovens historiadores a procurar produzir pesquisas apenas sobre exemplos e fatos concretos. O próprio Carlo Ginzburg, uma das mais importantes referências da teoria-metodologia da história contemporânea afirma, em *Relações de força*, que, hoje, "há distância entre a metodologia da história e o trabalho concreto dos historiadores". E até historiadores-pedagogos de menor prestígio, com pobres e pragmáticos argumentos, também duvidam da importância da teoria-metodologia da história para os cursos de licenciatura em História. Para Pierre Chaunu, "a epistemologia é uma tentação que é preciso saber evitar", devendo ser reservada a apenas alguns mestres (MELLO, 2008; WEBER, 1992; HARTOG, 2005; GINZBURG, 2000).

Este é o problema que vamos abordar nessa comunicação: qual seria o valor e o alcance científico do debate epistemológico-metodológico para a cultura histórica? A discussão teórico-metodológica é relevante? Pode um historiador ser considerado culto e competente sem nenhuma preparação teórico-metodológica? Pode um professor, mesmo do ensino fundamental e médio, ensinar história sem nenhuma bagagem teórico-metodológica? Existiria alguma obra histórica respeitável, inclusive as de Evaldo Cabral,

---

[2] Conferência de Abertura do III Seminário de História e Cultura Histórica promovido pelo PPGH/UFPB, proferida em João Pessoa no dia 26/09/2011, publicada, primeiramente, na Revista de Teoria da História, do Departamento de História da UFG e, depois, no livro Cultura histórica e ensino de história (2014).

de Weber, de Febvre, Bloch e Braudel, sem uma estrutura teórico-metodológica consistente e inovadora? Não estaria a importância das obras desses autores em suas revoluções e inovações teórico-metodológicas, no caráter paradigmático e inspirador que tiveram? A epistemologia deve ficar restrita a alguns pequenos círculos eruditos ou deve envolver todos os membros da comunidade de historiadores?

O positivismo/empirismo histórico: o lugar da teoria-metodologia é secundário

Para os historiadores empiristas, o debate teórico-metodológico afasta o historiador do que deve realmente interessá-lo: os fatos, as fontes, a realidade do passado. Para eles, o historiador-teórico não poderia pretender ser um historiador, pois abandonou o canteiro de obras da história, os arquivos, os museus, as fontes primárias, e ao pesquisar somente em bibliotecas, restringindo-se às obras impressas, tornou-se um filósofo, um literato, um ficcionista, enfim, um "fazendeiro do ar". Segundo o famoso manual de Langlois e Seignobos, *Introdução aos Estudos Históricos* ([1898] 1946), "a história se faz com documentos, onde não há documento não há história. Documentos são os traços que deixaram os pensamentos e os atos dos homens do passado". A historiografia empirista se apoia sobre uma "memória arquivada", sobre "inscrições", sobre "marcas exteriores", para proteger-se da contiguidade com a imaginação/ficção. Seu ponto de vista é "objetivante": a lembrança é de uma experiência vivida localizada e datada. O testemunho diz: "eu estava lá, eu presenciei, eu vi". A autópsia é o porto seguro do historiador empirista, obcecado com testemunhos oculares, local, data e horário, evidências exteriores, marcas, objetos, enfim, provas concretas. Sua utopia é ter assistido ele mesmo, com seus próprios olhos, aos eventos de muitos anos atrás! A historiografia empirista se apoia, primeiramente, na exterioridade espacial, no "onde" o evento ocorreu; depois, a documentação se refere à data, que revelará o "quando": quando o testemunho esteve lá, foi antes, depois, durante, por quanto tempo? A data é um dado do tempo calendário, que é um sistema de datas extrínseco aos eventos. Todo evento se inscreve neste espaço-tempo exterior: local/data. O historiador que se equivocar em relação ao local e à data do evento estará mergulhado na imaginação, no mito, na fábula. A organização cronológica, a sucessão rigorosa dos momentos que constituem um evento e dos eventos entre si deve ser visível em uma documentação objetiva. Enfim, a historiografia empirista quer se lembrar de eventos concretos: individualidades, experiências reais, exteriores, determinadas, visíveis, perceptíveis, datadas. O discurso histórico empirista se aproxima do discurso policial e jurídico: sem dados exteriores, sem provas materiais, não há evento, não há problema a ser resolvido, não há história a ser contada (LANGLOIS; SEIGNOBOS, 1946; RICOEUR, 2003).

No positivismo, a cultura histórica encontra seu núcleo duro na "crítica histórica". Langlois e Seignobos repetem incessantemente em seu manual: "a crítica é contrária à marcha normal da inteligência. A tendência natural do homem é dar fé". O historiador empirista luta contra o documento falso para fazer aparecer e mostrar o verdadeiro. Sua luta é contra a enganação, a fraude, a interpolação, a manipulação, erros involuntários, inexatidões, plágios, a propaganda ideológica, a censura. Seu argumento deve ser plausível, provável, abrindo o horizonte da "verdade objetiva". O historiador deve assumir uma "atitude crítica", que reúne credulidade e ceticismo. Ele deve ser um "crédulo cético"! O historiador não pode ser crédulo, pois lida com homens, cujas paixões e inteligência os tornam sempre estratégicos, manipuladores, disfarçados, atores. A credulidade em história é proibida. O historiador não pode também ser cético, pois destruiria o testemunho, para provar que é sempre falso, e não teria mais material para trabalhar. A atitude crítica, primeiro, é crédula, deve receber a informação, acolher o documento; depois, cética, deve duvidar, desconfiar, suspeitar, e processá-lo, elaborá-lo. A confiança no documento não deve ser fundada na declaração de intenção do próprio documento, mas construída pela "dúvida metódica" do historiador. O historiador não dá sua confiança ao documento; ele a elabora e a constrói objetivamente. A atitude crítica é tão essencial à historiografia que até abole a diferença tradicional entre "falso" e "verdadeiro". Para o historiador empirista, hoje, até o documento falso traz uma informação objetiva sobre o assunto que está tratando. Todo documento é uma informação, um conteúdo do passado, e se os "falsos" fossem descartados, o historiador poderia ficar à míngua de provas. E, depois, foi falsificado por quê? A historiografia empirista, ao dar ênfase à exterioridade do vestígio, quer curar a memória e evitar que sofra abusos de lembrança e esquecimento. Ela suspeita dos testemunhos, coloca-os em crise, para restaurá-los pela crítica interna e externa e estabelecer uma narrativa verdadeira (LANGLOIS; SEIGNOBOS, 1946; RICOEUR, 2003; FURET, 1982).

Enfim, a historiografia empirista busca a verdade exterior, objetiva; seu conteúdo são os testemunhos e as provas do passado. O testemunho ocular declara que esteve presente e pede que acreditem nele; é interrogado e avaliado, confrontado com outros, e só passará a valer se for aceito. Então, ele se torna um dado estável, reiterável, que pode ser reaberto e reavaliado por qualquer um. Ele se torna uma "memória arquivada". O arquivo está lá, é um depósito, que reconhece, conserva e classifica a massa documental para consulta. É um lugar físico, que abriga a documentação; é uma instituição, um "lugar social", que permite e interdita discursos. Ele não tem um destinatário designado; dirige-se ao público em geral, a quem sabe e quer ler. O historiador é um frequentador especial, especializado, do arquivo. No arquivo, o texto é exterior, tem autonomia, o historiador é leitor, o documento é lido, consultado. Ele o visita porque tem de mostrar como pode afirmar o que afirma, pois a história empírica é pesquisa/investigação. Os materiais dos arquivos são disparates, exigindo sua elaboração através de técnicas diferentes e sofisticadas (RICOEUR, 2003).

Contudo, uma questão se impõe: até que ponto as fontes e os testemunhos são confiáveis? A simples exterioridade das provas pode garantir que o evento ocorrido foi tal como elas o apresentam? Evidentemente, ninguém pode contestar que essa dimensão empírica é essencial à cultura histórica; ninguém pode seriamente descartar a importância da documentação e a força da postura positivista. Eles têm razão quando dizem: "vamos aos fatos, vamos às fontes, mãos à obra, sejamos objetivos, não deem ouvidos à imaginação e à especulação". Contudo, isso seria suficiente para uma "atitude crítica" mais lúcida, mais produtiva? Todo esse esforço da prova documental, todo esse trabalho de objetivação pode garantir a "verdade histórica" ou até mesmo uma "verossimilhança histórica"?

Para nós, não, porque as fontes, além de não falarem por si mesmas, chegam ao presente arruinadas, fragmentadas, lacunares ou excessiva/estranhamente eloquentes. É o historiador quem vai ao arquivo com suas questões e as desenvolve apoiando-se nas fontes. Não há observação da documentação sem problemas e hipóteses. Os documentos só falam para confirmar ou não as hipóteses levantadas pelo sujeito da pesquisa. É a questão histórica que permite reconhecer, separar, triar, avaliar, a documentação. O documento não é dado, não vem em busca e não se impõe ao historiador. Este o procura e, claro, o encontra. A questão e a hipótese constituem a fonte, ou melhor, elas transformam a fonte em "prova". Assim, o que pode ser provado não é o "evento tal como se passou", mas a hipótese que o representa. Como problema e hipótese, a historiografia torna-se uma subjetividade em busca de informações sobre a experiência vivida. Para Ricoeur, a relação entre historiografia e memória é pendular: um ir e vir incessante do interior ao exterior, do exterior ao interior. O discurso histórico é proposicional: o historiador formula o enunciado "no Brasil colonial, os escravos eram negros e eram açoitados em pelourinhos" e busca e encontra as provas. Ricoeur distingue "fato", que é o discurso, a coisa dita/escrita, do "evento", o referente, a coisa da qual se fala/escreve. O passado é de eventos, que o testemunho viu, mas a historiografia é de fatos. Os "fatos da historiografia" podem se referir aos eventos e representá-los tais como foram? Eis a questão teórica da verdade documental: qual é a participação do sujeito na abordagem/tratamento/manipulação da documentação? Para nós, o historiador que formula essa questão assume a "atitude crítica" mais fecunda (FURET, 1982, em: RICOEUR, 2003).

O livro de Marc Bloch, *Apologia da história ou ofício de historiador*, representou em sua época a atualização necessária e urgente da crítica documental. Durante as Guerras Mundiais, Bloch vivenciou o colapso do espírito crítico e o domínio da propaganda, a manipulação extremamente perigosa da documentação histórica para a justificação de ideologias violentas. Ele afirma ter vivido um retorno da Idade Média na Primeira Guerra Mundial, quando a censura impediu a menor informação escrita: foi o retorno de uma comunicação oral, que devolveu o ambiente medieval da crença, dos rumores, da contrainformação. Por isso, para ele, o historiador precisa manter-se "crítico", isto é, seu espírito deve organizar a pesquisa formulando problemas e hipóteses e apoiando-se em fontes primárias e secundárias de todos os tipos, criteriosa e rigorosamente criticadas. Ele propôs uma mudança de fontes, para garantir a segurança da informação. Ele prefere "dar ouvidos" a códigos, costumes, representações coletivas, normas sociais, involuntária e inconscientemente registrados e quantitativamente tratáveis. A crítica documental deveria ser revista, transformada, para se tornar uma prática científica. Essa lição de Bloch continua atualíssima: "a investigação histórica admite, desde os primeiros passos, que o inquérito tenha já uma direção. De início, está o espírito. Nunca, em ciência alguma, foi fecunda a observação passiva, supondo, aliás, que seja possível". Para Bloch, o historiador é um explorador, um experimentador, um construtor/elaborador/manipulador de documentos. A história é uma vitória da inteligência sobre os dados. Portanto, a questão crítica não é somente a da confiabilidade dos documentos e testemunhos (crítica externa e interna), mas sobretudo a da preparação/sofisticação/consistência do "espírito" que os recolhe e elabora (FURET, 1982, em: BLOCH, 1974).

Nossa hipótese: o lugar da teoria-metodologia é central

Meu livro *História & teoria: historicismo, modernidade, temporalidade, verdade* (FGV, 2003) teve uma repercussão relativamente positiva entre os historiadores, que passaram a hostilizar menos o campo da discussão epistemológica. Ali, eu disse que os historiadores mais empiristas desconfiam da teoria da história porque acham que ela pertence a outra área do saber, a filosofia, e um "historiador digno deste nome" não deveria se envolver nos temas de outra área tão complexa. E, de fato, por um lado, têm razão: o historiador analisa e interpreta documentos de arquivos, museus, sítios arqueológicos, monumentos, edifícios e paisagens tombados pelo patrimônio histórico, leem e interpretam textos, obras literárias, filosóficas, historiográficas, científicas, do passado, e devem continuar a fazer o seu trabalho de forma cada vez mais aprofundada. Contudo, para ser competente na análise das fontes primárias e secundárias, ele precisa ter uma formação interna, lógico-teórica, epistemológica, axiológica, ético-política, e precisa conhecer profundamente a história da historiografia, pois afinal "analisa e interpreta, produz leituras e cria sentidos". Onde já se viu uma ciência/saber sem discussão teórica; que tipo de formação será oferecida ao principiante e que avaliação poderá ser feita das novas produções pela comunidade de historiadores? E se a teoria fica acantonada na introdução da tese, o que terá sido feito na tese? A tese é uma construção, uma criação, uma obra. A teoria são as fundações, as vigas, as cintas, os pilares, as tubulações elétricas, eletrônicas, hidráulicas, enfim, a estrutura da obra, com seus pesos, materiais e formas. A discussão teórico-metodológica se dirige ao sujeito da pesquisa histórica, ao historiador, ao construtor que formula os problemas, seleciona as fontes, as elabora e obtém os resultados, com o objetivo de "cultivar a sua subjetividade", tornando-os mais hábeis, mais eficientes, menos ingênuos, mais argutos, mais criativos, em sua sofisticada atividade (REIS, 2003).

É verdade que a teoria da história dialoga intensamente com a filosofia, porque não pode ser reduzida a uma simples metodologia e nem a uma mera epistemologia. A teoria da história envolve questões ontológicas, éticas, políticas, estéticas, teológicas e não pode evitar o diálogo com os filósofos. A teoria da história se distingue da filosofia da história porque os historiadores, é claro, não querem, não podem e não devem se deixar tutelar por outra comunidade intelectual. Um historiador não pode fazer "filosofia da história", porque precisa diferenciar e demarcar a sua identidade e o seu território de historiador. Ele faz "teoria da história", assim como os sociólogos fazem "teoria sociológica" e os antropólogos fazem "teoria antropológica". Mas os três dependem fortemente dos filósofos. Quando o assunto é "pensamento", não há como evitar os clássicos da filosofia e o diálogo das "teorias" das ciências humanas com a filosofia é intenso. É imensa a influência das filosofias da história kantiana, hegeliana, nietzschiana, marxiana, benjaminiana, foucaultiana, ricoeuriana sobre as "teorias da história" dos últimos três séculos. E essa influência se estendeu às teorias sociológica e antropológica: Weber, Durkheim, Elias, Bourdieu, Lévi-Strauss são, de certa forma, "filósofos sociais". E nem os economistas e os psicanalistas escapam da influência da filosofia. Adam Smith era um economista-filósofo e Freud foi um médico-filósofo. Portanto, a distinção entre as duas formas de tratar o pensamento histórico é necessária, para que fique bem demarcada a diferença dos sujeitos da pesquisa: o filósofo e o historiador. O historiador se "apropria" das ideias filosóficas, transformando-as e adaptando-as aos seus objetos. Em sua obra *A História*, Dosse recomenda aos filósofos a ler os historiadores e aos historiadores, ler os filósofos. Por isso, elevar um muro entre uma e outra, afirmar que uma não precisa dialogar com a outra ou, pior, que "uma é melhor do que a outra" é, no mínimo, uma ingratidão, ou melhor, um equívoco teórico (Dosse, 2003b; MALERBA, 2010).

Para nós, portanto, a teoria da história deve ser a oração vespertina de todo historiador, pois, há cerca de 2.500 anos, a história existe em constante e saudável crise. Surgiu nos séculos V/IV a.C. como "obra escrita em prosa e assinada", opondo-se ao mito, à lenda, ao poeta. Era um olhar novo, que buscava a verdade das mudanças humanas no tempo. Heródoto acreditava ser possível falar das coisas humanas, temporais, com verdade. Depois, a história se confundiu com a mitologia política, o historiador "investigava e pesquisava" para legitimar o poder romano. Depois, a história fundiu-se com a fé cristã, tornando-se o levantamento dos casos em que a Vontade de Deus se expressou. No século XVIII, apesar da busca da "história perfeita" dos séculos XVI/XVII, deixou-se dominar pela especulação filosófica e tornou-se uma metanarrativa especulativa, teleológica, utópica. No século XIX, quis outra vez romper com a intuição poética, com a retórica política, com a inspiração artística, com a fé, com a especulação filosófica, e inventou uma nova identidade, "ciência", rendendo-se ao sucesso das ciências naturais, buscando fatos concretos, documentos, e procurando estabelecer impossíveis leis de desenvolvimento histórico. Nos séculos XIX e XX, a história deixou-se fascinar por Marx, Weber, Durkheim, e pretendeu tornar-se uma ciência social. No início do século XXI, essa identidade não a satisfaz plenamente e ela volta a se relacionar mais intimamente com a literatura, com a poesia, a psicanálise, o cinema, a publicidade, enfim, retorna a Homero. E tudo indica que, em futuro breve, ela vai se envolver com problemas genéticos, físico-químicos, neurocientíficos, ambientais e da eletrônica virtual (MALERBA, 2011).

Por estar sempre em crise, a historiografia exige do historiador uma "reflexividade radical"; o historiador é também um "pássaro de Minerva". Para Bourdieu, não há oposição entre teoria e metodologia, pois as opções técnicas mais empíricas são inseparáveis das opções teóricas de construção do objeto. É em função de uma certa construção do objeto que tal método, tal técnica se impõe; é em função de uma teoria/hipótese que um dado pode funcionar como evidência. As fontes primárias não são provas em si mesmas; são construídas teoricamente por uma história-problema. Por um lado, a historiografia é feita de modo prático, não explícito, inspirada nos clássicos: "faça como eu". O risco desta "historiografia prática" é tornar-se instrumento da sociedade para se legitimar, como uma historiografia oficial, que faz o que todos fazem. Por outro lado, a historiografia é crítica, desafia os critérios correntes do rigor científico, desvencilha-se de encomendas burocráticas, dos problemas oficiais; o historiador torna-se sujeito dos seus problemas, o construtor da sua teoria. Ele pratica a dúvida radical e, de certa forma, põe-se fora da lei. O pré-construído está em toda parte, mas a construção do objeto exige a ruptura epistemológica com as representações compartilhadas. Para Bourdieu, o historiador deve praticar a dúvida radical, pôr em suspensão tudo que interiorizou como membro da sociedade e como historiador, para manter uma "reflexividade obsessiva", porque uma prática científica que se esquece de se pôr a si mesma em causa não sabe o que faz. O que diriam os pedagogos se um teórico/filósofo/sociólogo tão importante como Pierre Bourdieu fosse ignorado na licenciatura em história? (BOURDIEU, 1999).

Nós sustentamos, portanto, que a "atitude crítica" exigida ao historiador tem dois momentos inseparáveis, mas distinguíveis: 1) a história é teoria; 2) a história é rigorosa, criteriosa, crítica documental. Nós procuramos demonstrar a importância deste segundo momento na primeira parte deste artigo. Para demonstrar a importância do primeiro momento, devemos lembrar o ataque à história tradicional, epistemologicamente severo e consistente, que fez o sociólogo François Simiand em sua obra *Método histórico e ciência social*, de 1903, republicada em 1960 na revista dos Annales. A história tradicional era um empirismo, que julgava fazer uma representação do passado exata, imparcial, não tendenciosa, não moralizadora, não literária, não anedótica. Mas, para Simiand, esta "fotografia do passado" pretendida pela história tradicional não é integral, automática. A história é teoria: há sempre escolha, triagem, um ponto de vista, hipóteses. A história tradicional reúne fatos dispersos, heterogêneos, colocando-os em ordem por reinados. Mas os fatos sociais não se explicam pela ascensão e morte de reis; organizar os eventos por reinados é absurdo! A simples sucessão de datas não tem valor científico, é só um instrumento e não o trabalho da história. É como a ordem alfabética no dicionário, só isso. A ciência social é científica porque é teórica: formula problemas e hipóteses. Na pesquisa histórica científica, o problema é anterior às fontes, o espírito antecede a heurística. O "historiador historizante" queria oferecer uma representação do passado sem pontos de vista, sem teoria abstrata, apoiado em documentação criticada e fiel aos fatos. Ilusão empirista! Não há registro fotográfico dos fatos, mas operação ativa do espírito. Não há constatação que já não seja uma escolha, uma perspectiva. O acúmulo de fatos não acrescenta nada à ciência social. O historiador colecionador deve ser superado, pois não é cientista. Era preciso libertar a história do historiador tradicional e fazer uma história que interessasse ao presente, uma "história teorizante", problemática, e não uma "história historizante", automática (SIMIAND, 2003).

Os Annales aderiram radicalmente a esse ponto de vista simiandiano e passaram a praticar uma história-problema. A melhor teoria do método histórico dos Annales foi feita por Marc Bloch, em seu clássico *Apologia da história ou ofício de historiador*, já mencionado, fortemente influenciado por Simiand. A "história-problema" veio se opor ao caráter narrativo da história tradicional. A estrutura narrativa da história tradicional significava isto: narrar os eventos políticos, recolhidos nos próprios documentos, em sua ordem cronológica, em sua evolução linear e irreversível, "tal como se passaram". A história-problema veio reconhecer a impossibilidade de narrar os fatos históricos "tal como se passaram". Por ela, o historiador sabe que escolhe seus objetos no passado e que os interroga a partir do presente. Ele explicita a sua elaboração conceitual, pois não pretende se "apagar" na pesquisa, em nome da objetividade. Ao contrário, exatamente para ser mais objetivo, o historiador "aparece e confessa" seus pressupostos e conceitos, seus problemas e hipóteses, seus documentos e suas técnicas e as formas como as utilizou e, sobretudo, a partir de que lugar social e institucional ele fala. O historiador escolhe, seleciona, interroga, conceitua, analisa, sintetiza, conclui. Ele reconhece que não há história sem teoria (BLOCH, 1974; CERTEAU, 1982; FURET, 1982).

A pesquisa histórica é a resposta a problemas postos no seu início e a verificação das hipóteses-respostas possíveis. A partir da posição do problema, o historiador distribui suas fontes, dá-lhes sentido e organiza as séries de dados que ele também terá construído. O texto histórico é o resultado de uma explícita e total construção teórica e não mais o resultado de uma narração objetivista/empirista de um processo exterior organizado em si. A organização da pesquisa é feita a partir do problema que a suscitou: este vai guiar na seleção dos documentos, na seleção e construção das séries de eventos relevantes para a verificação das hipóteses, cuja construção ele exigirá. Portanto, ao romper com a narração, a história tornou-se uma empresa teórica, que segue o caminho de toda ciência: formula problemas e levanta hipóteses. Febvre a definiu como "estudo cientificamente conduzido" e não como "ciência", que lhe parece um termo que define resultados adquiridos e mais ou menos fixados. E, para ele, essa história conceitual, problematizante, analítica é uma inquietação permanente, que repõe em causa, de forma racional e metódica, as "verdades tradicionais". Essa nova história reabre constantemente o passado em vez de reconstituí-lo definitivamente. Ela o retoma, o remaneja, o rediscute, estimulada pelas experiências do presente, que é sempre novo, e exige, para se pensar, a reabertura do passado. Febvre insiste: "pôr um problema é precisamente o começo e o fim de toda história. Sem problema, não há história, mas narrações, compilações [...] A história 'cientificamente conduzida' realiza as duas operações que se encontram na base de todo trabalho científico: formular problemas e construir hipóteses". Febvre foi um resenhista de plantão: examinava cuidadosamente cada obra de história que saía, de forma rigorosa e às vezes injustamente severa. O que é uma boa resenha senão uma competente avaliação teórico-metodológica de uma obra nova ou clássica? (FEBVRE, 1965).

A história dos Annales era uma "nova história" porque era conduzida por construções teóricas elaboradas e explícitas. Foi por se tornar uma "empresa teórica" que ela se opôs à velha história dita positivista. O historiador mudou de posição e de disposição: se antes era proibido, em tese, de aparecer na pesquisa, o que é uma interdição impossível de ser cumprida, agora, ele é obrigado a aparecer e a explicitar a sua estrutura teórica, documental e técnica e o seu lugar social e institucional. A história tornou-se uma empresa racional de pesquisa, na qual o leitor tem condições de verificar por si mesmo os resultados, pois foi posto a par dos seus pressupostos, conhece os documentos e seus meios de processamento, e sabe o que o historiador quer demonstrar e aonde ele quer chegar. A história deixou de ser intuitiva, fundamentada em *a priori* indemonstráveis e passou a ser "comunicável", criando as condições de uma "intersubjetividade", que não se confunde com a imposição de um consenso artificial. Mesmo na discordância dos pontos de vista e dos resultados das pesquisas, é possível o diálogo entre pesquisadores, pois cada um sabe o que o outro pretendia e o que ele conseguiu ou não conseguiu e o que deveria fazer para conseguir o que queria. A obtenção de resultados divergentes não é erro, mas uma informação nova. Um estudioso norte-americano da obra de Fernand Braudel, J. H. Hexter, considera a história-problema próxima da Matemática – tem a elegância de uma "demonstração" (HEXTER, 1972, em: REIS, 2008).

A história-problema só foi possível porque os Annales passaram do fato histórico "bruto" ao fato histórico "construído". A história tradicional considerava os fatos como já presentes nos documentos. Era a crítica do documento, sua restituição à autenticidade externa e interna e sua disposição em uma ordem cronológica, que faria "naturalmente" brotar fatos. O historiador, para Febvre, não poderia continuar a fazer a história ensinada pelos "vencidos de 70". Não poderia continuar a se reduzir a colecionador de dados: "dê-nos uma história não automática, mas problemática". Assim, o historiador compreenderá a história e fará compreendê-la os seus contemporâneos, trará elementos para a solução dos problemas de seu tempo. Assim como o fato não é "dado", o passado também não é "dado": o passado e o fato histórico "dados" não engendram o historiador e a história, mas é o historiador em seu presente que reabre o passado e constrói os dados necessários, a partir dos documentos, à prova de suas hipóteses, que responderiam aos problemas postos, ligados à sua experiência do presente (FEBVRE, 1965).

Para Febvre, o realismo "positivista" é uma impossibilidade. Nenhum pesquisador manipula dados "brutos", mesmo aqueles que desejam fazê-lo. Os ditos positivistas têm um respeito supersticioso pelo fato, alimentam um tipo de fetichismo do fato, mas estes são construídos sempre, mesmo se os empiristas não se deem conta disso. Na "nova história" dos Annales essa construção do fato pelo historiador é admitida explicitamente, o que faz com que não sejam construídos implicitamente, inocentemente. Aqui, a realidade histórica é apreendida pelas formas do espírito, não através de *a priori* inverificáveis, incomunicáveis, intuitivos, mas através de problemas e hipóteses, através de conceitos, que devem ser verificados pela documentação rigorosamente criticada. Conduzida por problemas, Febvre propôs a ampliação do "arquivo do historiador". A história, para ele, pode ser feita com todos os documentos que são vestígios da passagem do homem. O historiador não pode se resignar diante de lacunas na informação e deve procurar preenchê-las. Para isso, usará os documentos não só de arquivos, mas também um poema, um quadro, um drama, estatísticas, materiais arqueológicos. O historiador tem como tarefa vencer o esquecimento, preencher os silêncios, recuperar as palavras, a expressão vencida pelo tempo (FEBVRE, 1965).

Antes, somente a História Antiga não se submetia à tirania do documento escrito e utilizava os achados da arqueologia. Mas a História Medieval e, sobretudo, a Moderna, só se explicava através de textos. Segundo Febvre, o historiador ignorava a realidade econômica que sacudia a sociedade, não sabia ler documentos estatísticos, jurídicos, não conhecia os temas econômicos, como a moeda, o câmbio, o sistema financeiro. Limitava-se a conhecer datas, lugares e nomes de indivíduos. A partir desse domínio do documento escrito, até se dividiu a história em uma pré-história, que Febvre considera uma noção ridícula. Só porque não havia documentos escritos? Mas o pesquisador que estuda a difusão de tal cerâmica neolítica faz história exatamente como aquele que trabalha com uma fonte estatística moderna. Ambos procuram conhecer as manifestações do gênero inventivo da humanidade, que, se são diferentes na forma, não são diferentes em "engenhosidade". Essa abertura e ampliação do campo das fontes históricas estão inteiramente associadas ao projeto da "história-problema", pois não há mais a tirania da heurística. É o problema posto que dará a direção para o acesso e a construção dos *corpus* necessários à verificação das hipóteses que ele terá suscitado, o que devolve ao historiador a liberdade na exploração do material empírico (Cf. sobre o que Febvre disse, em: Aymard, 1972, em: Reis, 2008).

Para Michel de Certeau, seguindo a orientação neonietzschiana de Foucault, o historiador, quando faz história, é um olhar que olha e sabe de onde olha e o que olha! Ele sabe que seleciona, constrói, defende posições e interesses, propõe ou reproduz um "regime de verdade". E sabe que o universal e o global são uma impossibilidade cognitiva. A história é uma fabricação do historiador a partir de um lugar particular. A verdade histórica não se refere a um além filosófico, exterior a um lugar-tempo determinado. Este lugar-tempo é uma sociedade, uma política, uma instituição. A pesquisa histórica é uma prática enredada nesses lugares. A história é uma atividade humana entre outras e faz parte da realidade social que ela trata. Este mundo social previu instituições em que se poderia praticar a história, instituições que estão conectadas às redes de poder que constituem uma realidade social determinada. Toda ideia emerge de um lugar; o gesto de historiador é aquele que leva as ideias ao seu lugar. A pesquisa histórica não é sem raízes e âncoras, não desce do céu à terra; é a combinação de um lugar social com práticas científicas. Ela supõe uma instituição: uma profissão, postos, grupos, pressões, subserviências, privilégios, interesses. O historiador é fabricado, moldado, esculpido, plasmado por inúmeras coerções e prêmios, pressões e reconhecimentos, fracassos e sucessos. Pouco a pouco, ele aprende as regras, a hierarquia, a linguagem, as referências e contrarreferências, o jogo da sua atividade. O conhecimento histórico não é e nem pretende ser isento ou expressar alguma universalidade. A obra histórica tem a marca da época e da instituição da qual ela emerge. A obra histórica emerge e retorna a uma "comunidade científica", que a recebe ou a proíbe ou se silencia. A obra histórica não é individual, mas institucional. A instituição define linguagens, doutrinas, disciplinas, rituais de verdade, cargos e posições, hierarquias, títulos, privilégios (Certeau, 1982; Foucault, 1979).

Assim, o historiador sabe que a "verdade histórica" não pode ser um discurso sobre o atemporal. A teoria com a qual o historiador trabalha não se refere a um não lugar-tempo. Ao contrário, ligada à prática, "teorizar" é levar as ideias ao seu lugar. Para ser "objetivo e confiável", o historiador precisa explicitar sua relação com a particularidade do seu lugar. A teoria não universaliza mais o particular; revela desde já a sua raiz particular insuprimível. No máximo, os historiadores usam o "nós" para pedir a garantia e o aval da sua comunidade e instituição para o seu discurso particular e que, mesmo com este aval e garantia, continua particular. A obra histórica é percebida como relativa à estrutura da sociedade; nenhuma obra é exterior à sociedade. Febvre só pôde criticar Seignobos porque sua história era relativa a outra sociedade e não porque oferecia uma verdade mais universal. É preciso saber como funciona a história em uma sociedade para saber o que ela diz. O discurso universalizante, que visa a uma "verdade mais ampla", é ideológico porque suprime a particularidade. A "verdade histórica" é teórica neste sentido: procura explicitar sua origem, controlar sua base subjetiva, definir quem fala e para quem fala, assumindo uma relatividade e, ao mesmo tempo, procurando superá-la assumindo-a, explicitando-a, tornando-a objetiva e controlável. Mas jamais universal (CERTEAU, 1982).

Contudo, os Annales, apesar de praticarem a história-problema, contraditoriamente, foram hostis à discussão teórico-metodológica e prestaram um desserviço à historiografia ao separarem a pesquisa histórica da teoria da história. Este, talvez, tenha sido o principal "defeito" da Escola dos Annales: o afastamento da história da "discussão alemã sobre a história", excluindo alguns importantes teóricos da história na França como Berr, Aron, Marrou, Ricoeur, Dosse. É estranho que tenham acolhido tão bem Michel de Certeau e François Hartog. Este ataque dos Annales à teoria da história surpreende por ser tão contraditório, pois a maior herança que deixaram foi teórico-metodológica; o que os tornou tão inovadores e tão importantes para a historiografia contemporânea foi a sua história-problema, a história estrutural, a reconstrução da temporalidade histórica, a interdisciplinaridade. Contudo, para François Hartog, nos últimos 20 anos, "l'histoire est tentée par l'epistemologie", ela teria entrado em sua fase epistemológica e assumido uma "atitude mais reflexiva". Houve uma aproximação dos termos "epistemologia" e "historiografia", evitando-se a epistemologia dura, distante e abstrata, e evitando-se também uma historiografia internalista, uma espécie de obituário da profissão, para ser atenta aos conceitos e contextos, tornando-se uma "epistemologia histórica" ou uma "historiografia epistemológica".

O tempo presente é de crises e incertezas, o presentismo atual fecha o futuro e visita compulsivamente o passado, a história precisa redefinir seus projetos e suas práticas, para responder ao abandono dos grandes paradigmas (Hartog, 2005; Dosse, 2003a; Burke, 1992).

A partir de 2011, a discussão teórica está na ordem do dia em novas revistas, em novas instituições, em novos autores e de forma interdisciplinar, reunindo, como no início do século XX, filósofos, sociólogos, historiadores, antropólogos, teóricos da literatura. No exterior, em revistas como *History and Theory*, *Rethinking History*, *The Journal of Theory and Practice*, *Contributions to the History of Concepts*, *Intelectual History Newsletter*, *Philosophy of History Archive*, *Left History*, *Quaderni Storici*; em instituições como *Wesleyan University*, *York University*, *Institut d'histoire du Temps Present*, *University of Cambridge*, *University of Oxford*, *University of California*, *Universidade de Bochum*, *Universidade de Bielefeld*, *Universidade de Gronigen*; em historiadores, sociólogos e filósofos como Ginzburg, Elias, Hartog, Chartier, Ankersmit, Rüsen, Koselleck, Habermas, Ricoeur. No Brasil, em revistas como *Varia Historia*, *Topoi*, *Tempo*, *Anos 90*, *Estudos Históricos*, *Revista Brasileira de História*, *Síntese-Nova Fase*, *História*, *Pós-História*, *Locus* e revistas eletrônicas como *História da Historiografia*, *Saeculum*, *Fênix*, *Cantareira*; em instituições como PUC-RJ, PUC-RS, Unicamp, Unesp, UFRGS, UFRJ, UFF, UFMG, UFPB, ICHS-UFOP, UFU; em historiadores, sociólogos, teóricos da literatura e filósofos como Ciro Cardoso, Jurandir Malerba, Edgar de Decca, Durval Albuquerque Jr., Manoel Salgado, Astor Diehl, Luis Costa Lima, João Adolfo Hansen, João Paulo Rouanet, Roberto Machado, Marilena Chaui, Valdei Lopes Araujo, Sérgio da Mata, Mateus Pereira, Douglas Attila Marcelino, Temístocles Cezar, José d'Assunção Barros, e outros, que o leitor conhece e deve acrescentar (Reis, em: Malerba, 2010).

Para nós, Henri Berr tinha razão: "sem teoria não há ciência e isto vale para a história". Sem a sua teoria da história, aliada à dos durkheimianos, não teria ocorrido a "revolução francesa na historiografia" (Burke). Sem a teoria marxisto-frankfurtiana-thompsoniana, sem a genealogia nietzschiano-foucaultiana, sem o *linguistic turn* americano, sem a *mise-en-intrigue* ricoeuriana, sem a história dos conceitos e os conceitos formais da temporalidade koselleckiana, sem a teoria do poder simbólico, de Bourdieu, sem o configuracionismo sociológico e o processo civilizador, de Elias, sem o jogo de escalas, de Ginzburg, Levi e Revel, onde estaria a historiografia, hoje, no mundo pós-Annales? A história sempre manteve ou teve de mudar seus "programas de pesquisa" (paradigmas) seguindo as inovações teóricas oriundas de obras exteriores ao campo historiográfico. A historiografia sempre andou a reboque em matéria de teoria-metodologia! Quando irá reconhecer sua dívida e acolher e dialogar calma e serenamente, sem medo e sem ressentimento, com filósofos, psicanalistas, antropólogos, teóricos da literatura, sociólogos e até físicos, biólogos e matemáticos? (REIS, em: MALERBA, 2010)

Recentemente, as obras de um filósofo, Paul Ricoeur, estimularam uma radicalização da reflexão teórica sobre a história. Desde *História e verdade,* de 1955, até as suas grandes obras mais recentes, *Tempo e narrativa* (1985) e *A história, A memória, O esquecimento* (2000), Ricoeur faz uma defesa radical da discussão teórico-metodológica para a historiografia. Para ele, a credibilidade da operação historiográfica não se resolve apenas na dimensão epistemológica, pois a epistemologia da história se apoia em algo mais profundo, em uma ontologia histórica: a condição humana, que é ser no tempo. A hermenêutica histórica se funda em uma hermenêutica ontológica. Fazemos história e lemos/discutimos o passado porque somos históricos; a própria historiografia tem a sua historicidade. Ricoeur explica que a dimensão ontológica é tão essencial que, para Heidegger, a rigor, a historicidade como "inquietação com a finitude" *(souci do Dasein)* é incompatível com a sua objetivação pela historiografia. A condição histórica não é um objeto possível da ciência: é inenarrável, e sua objetivação é impossível. O filósofo critica o uso instrumental da experiência vivida, como coisa dada e manipulável, que o historiador faz. Para Heidegger, como Ricoeur esclarece, o passado é indisponível, a experiência vivida não é objetivável, e quando a historiografia a narra, a "vulgariza", a "banaliza". Não se pode conhecer o passado pelos vestígios, pelas coisas-vestígios não se reconstitui a passeidade do ser. A partir dos vestígios, o-que-não-é-mais, o mundo ao qual estas coisas pertenceram não é apreensível como tendo sido. "Coisas" não expressam o ter sido. A historiografia pertence ao tempo vulgar, não coincide e não resgata o tempo autêntico da inquietude do ser-aí *(dasein)* (RICOEUR, 2003).

Em defesa dos historiadores, Ricoeur discorda de Heidegger: é a experiência da finitude que exige a operação historiográfica. A historiografia é uma forma de enfrentamento da finitude/morte, na medida em que realiza o "dever de memória" e resgata a dívida com o outro passado. Ricoeur sustenta que o passado foi um presente-passado, um tendo-sido vivo, que exige a fidelidade do conhecimento histórico. Por um lado, o historiador trata dos mortos do passado, a história mostra o desaparecimento de homens vivos. Mesmo a história estrutural trata da morte, porque falar do anonimato das massas não elimina o fato de que cada indivíduo morre. A operação histórica é um "ato de sepultamento", um trabalho de perda e luto, um discurso sobre o "presente que falta", sobre "a voz que não se ouvirá mais", sobre o "rosto que desapareceu". Diz a tradição que um homem insepulto não gozará jamais da paz eterna. O historiador dá voz, faz falar os mortos. A linguagem sobre a perda é a morte pacificada e a operação histórica é um face a face com a morte, o trabalho do historiador é um "trabalho de memória", um "trabalho de luto". A história articula o silêncio diante da finitude, dá sentido à experiência, e, escrevendo, sepulta na cultura histórica os homens desaparecidos. A historiografia é um gesto de carinho e respeito pelos antepassados: registra o seu desaparecimento, lembra-os, guarda-os, mantendo-os vivos na linguagem do presente (RICOEUR, 2003).

Por outro lado, o historiador não trata só dos mortos, aos quais dá sepultura. Ao pacificar a experiência da finitude, ao fazer o trabalho de luto, a historiografia é uma promessa de vida. Para a memória elaborada e liberada, os mortos continuam vivos e a historiografia faz a celebração da vida-vivida. O referente do historiador é o vivo passado; a história é a ciência dos vivos, aborda os mortos quando foram vivos no presente-passado. O historiador é o homem da retrospecção: repensa o que foi pensado, recria o que foi feito, redesenha e analisa trajetórias, itinerários. Os vivos do passado agiam, tinham a capacidade de produzir vínculo social e identidades. O ponto de vista historiográfico é um "choque em retorno" do futuro sobre o passado. O historiador retorna ao presente-passado, pois sabe que aqueles homens tinham expectativas, previsões, desejos, temores e projetos. A operação historiográfica não pode ser cega às possibilidades não realizadas do passado; seu objetivo é dizer a verdade e resgatar a dívida com os antepassados. O historiador é o mediador, o intermediário, que viabiliza um diálogo impossível entre os homens do presente e os homens do passado, que, para ele, são vivos ainda. Lembrando Benjamin, com a operação historiográfica, que, em Ricoeur, restabelece a articulação entre história-problema e narrativa ("a história sempre foi narrativa"), o historiador é como o "anjo da história" (quadro de Klee) que conseguiu retornar... e leva com ele o leitor-cidadão, que vai se apropriar/ressignificar sua interpretação do passado e, aplicando-a ao seu mundo presente, transformá-lo (RICOEUR, 2003; BENJAMIN, 1985; REIS, 2010).

Conclusão

Para concluir, daremos um exemplo para demonstrar o lugar central da teoria-metodologia na cultura histórica: a análise da escravidão brasileira. Haveria uma "verdade objetiva", positiva, empírica, extraída diretamente das fontes, que impediria qualquer divergência? Não, a cada presente, a imagem, o sentido, o significado e a "verdade" da escravidão brasileira mudaram. A diferença de análises é impressionante! Ficamos perplexos e nos perguntamos: seriam os mesmos temas, as mesmas fontes primárias, seria o mesmo passado escravista brasileiro? Isso demonstra que é preciso ser um historiador muito despreparado para afirmar que "a questão teórico-metodológico permanece na introdução", como frequentemente se ouve. Ela é o olhar que sustenta, que estrutura, que dá sentido à pesquisa do princípio ao fim. Vamos mostrar três momentos históricos e historiográficos que abordaram a escravidão em perspectivas teórico-metodológicas diferentes.

Nos anos 1930/40, a historiografia viveu sob um regime de historicidade passadista, nostálgico. A crise das oligarquias fez com que as relações entre senhores e escravos fossem interpretadas de modo a permitir, no presente, uma aproximação dessas elites em crise com a população ex-escrava. O senhor de engenho se representava, agora, como bom, paternal, generoso, afável, democrático. Gilberto Freyre, o expoente dessa historiografia, identificou patriarcalismo e paternalismo e ofereceu a imagem de uma escravidão amena, suave, humana. Para ele, no Brasil, ao contrário do sul dos Estados Unidos, a escravidão foi amena, suave, porque o senhor de engenho se miscigenou, deixou-se civilizar pelo negro, porque a Coroa e a Igreja Católica protegeram os negros. Aqui, os libertos e mestiços não eram rejeitados e excluídos, porque o tipo especificamente brasileiro era o "moreno". Freyre, empático com a elite em crise, fez o elogio da sua ação colonial-imperial, edulcorando-a, heroizicando-a. O presente em crise, o passado foi descrito como glorioso, feliz, humanista, genial. A colonização brasileira foi um sucesso! E esta interpretação inovadora era apresentada como "a verdadeira história da escravidão no Brasil: vejam a documentação!" (FREYRE, 1987).

Nos anos 1960/70, a historiografia brasileira viveu sob o regime de historicidade marxista-futurista: o historiador, empático com as lutas sociais do presente-futuro, via no passado o escravo rebelde e, ao contrário de Freyre, denunciava o passado escravista. A ênfase era sobre a violência que o escravo sofreu, a história brasileira era descrita como violenta e a tese nordestina da "democracia racial" era denunciada pelos historiadores do PCB e da USP como absurda: nunca houve democracia racial no Brasil! Para os historiadores e sociólogos do grupo de Florestan Fernandes, o escravo era oprimido e se transformou no presente em um ser amorfo, incapaz de se integrar à sociedade de classes. No presente, o proletariado brasileiro repercutia o passado escravo, um homem-mercadoria, sem qualidades humanas, que continuava a viver em péssimas condições de vida e de trabalho. Os negros eram comprados e vendidos como coisas e submetidos a um regime brutal. A sociedade era estratificada, sem possibilidade de mobilidade social. Os historiadores denunciavam a "coisificação do negro" e a associava à discriminação racial, hoje. Não houve benevolência na escravidão; a violência física era onipresente e quanto mais capitalista era a produção, mais brutal era a exploração senhorial. O mundo da cafeicultura foi mais violento do que o Nordeste açucareiro. E esta interpretação original era "a verdadeira história da escravidão no Brasil: vejam a documentação!" (FERNANDES, 1987; GORENDER, 1990).

Nos anos 1980/90, a historiografia mudou para o regime de historicidade presentista e temos uma nova interpretação da relação senhor-escravo no Brasil, a da "escravidão consensual", onde os conceitos de "senhor bom e paternal" ou "senhor mau, violento" tornaram-se inadequados. O ponto de vista do historiador é ainda tão generoso quanto o marxista, mas sua empatia, agora, é com o escravo que nunca pegou em armas, que sofreu a escravidão e agia/reagia dentro de suas possibilidades. Ele compreende a posição deste escravo que não tinha meios de destruir a ordem escravista, que era obrigado a aceitá-la, a suportá-la, e até a dizer: "é a ordem ideal!". O historiador não o despreza por isso: o escravo tinha de aceitar aquela realidade que não criara (*amor fati*) e dizer sim, para sobreviver ali. O historiador não exige que o escravo parecesse um herói, para ser considerado e respeitado como "sujeito", "humano", "sedento de liberdade", um "combatente pela democracia". O historiador não exige que o escravo se tornasse "vítima" e derramasse seu sangue pelo futuro livre da humanidade. Ele compreende que o escravo consentisse com sua escravidão, que nunca a contestasse seriamente e mesmo assim o considera sujeito, humano e respeitável. E conclui: tudo o que se disse antes sobre a escravidão era só teoria, abstração, erro, mentira: eis "a verdadeira história da escravidão brasileira: vejam a documentação!" (FURTADO, 2003; LARA, 1988).

Então, são três "verdades objetivas, "empíricas", sobre a escravidão? As fontes primárias, tão exteriores e objetivas, poderiam oferecer verdades tão diferentes sobre o passado? Alguns historiadores, sobretudo os pós-1989, trocam a palavra "verdade" por "verossimilhança", querendo dizer que a narrativa que fazem da escravidão é muito mais "plausível", "aceitável", "próxima da realidade". Ora, é a narrativa mais aceitável para o presente pós-1989. As outras duas eram mais plausíveis para os anos 1930/40 e 1950/60. Na noção de "verossimilhança" é o presente que governa: aceita-se a descrição do passado mais familiar, mais reconhecível, menos "diferente", o que é ferir mortalmente a definição da história como "estudo cientificamente conduzido das sociedades humanas no tempo", em que "tempo" quer dizer "diferença temporal", em que "passado" não significa o familiar, o verossimilhante, mas a alteridade do presente. Ou será que este passado-alteridade jamais existiu na historiografia, que sempre praticou o "pecado mortal" do anacronismo? Apesar de os diferentes historiadores da escravidão acreditarem que é a documentação ("vejam a documentação"!), não é a documentação que decide sobre essas três "verdades/verossimilhanças", mas perspectivas teórico-metodológicas vitoriosas nos três presentes/contextos.

Nosso objetivo neste capítulo era demonstrar que, primeiro, a história é teoria, no sentido estrito: epistemologia, metodologia, gnosiologia, ontologia, ética, política, estética, linguística, e só depois, e a partir de escolhas, decisões, definições, seleções, reflexões e construções teóricas, é crítica documental. Para nós, o lugar da teoria-metodologia é central na cultura histórica porque o nome "historiador" requer um adjetivo, dizer "eu sou historiador" não é suficiente para definir a sua identidade. O interlocutor perguntará: historiador de que tipo, de qual tendência, em que perspectiva? O historiador terá de se redefinir: sou historiador marxista-leninista ou marxista-thompsoniano, sou micro-historiador ginzburguiano ou reveliano, sou historiador estrutural braudeliano ou da 3ª geração, sou historiador positivista rankiano, sou historiador cultural empirista. Aliás, "empirismo" é uma teoria da história, é um conceito que define uma prática, é a escolha de uma atitude adotada pelo sujeito diante das fontes. Toda obra histórica é uma "teoria" em movimento, implícita e realizada, mesmo quando não explicitada.

Enfim, fechando o círculo, voltando ao início: é comum também, e muito estranho, que historiadores tão importantes como Evaldo Cabral de Mello, Weber, Febvre, Bloch, Braudel, logo após minimizarem a importância da "questão teórico-metodológica", afirmar que são devedores de grandes teóricos/filósofos/sociólogos/antropólogos e tornarem-se agudos epistemólogos-metodólogos da história. Weber e os Annales tiveram uma importância e uma repercussão imensa; deram uma contribuição inestimável, que todos conhecem (ou deveriam) exatamente nesse domínio. Quanto a Ginzburg, o brilhante teórico-metodólogo da micro-história, ele mesmo sabe que a teoria-metodologia é uma "tomada de distância", é uma "atitude reflexiva" em relação à prática concreta. Talvez seja por não assumirem essa "atitude crítica" que a prática concreta dos historiadores não tem sido tão adequada e vem sendo substituída por jornalistas, cineastas e outros profissionais. Quanto a Evaldo Cabral de Mello, apesar de ser diplomata e não um historiador de formação, para muitos historiadores brasileiros, tornou-se a referência teórico-metodológica atual da historiografia brasileira e, em *Rubro veio*, admite a sua dívida com Cornelius Castoriadis pelo seu conceito de "imaginário social".

Qual seria a sua hipótese, caro ouvinte/leitor, para essa posição contraditória de historiadores tão ilustres? Está longe de mim a pretensão de encerrar a polêmica com essa simples comunicação e até admito que seja possível que esteja equivocado, que esteja defendendo uma posição superada, talvez eu seja já, quem sabe, um "dinossauro historiográfico", desses que propõem discussões que não interessam mais a este presente cultural pós-1989. Por isso, estou curioso e atento. Quero saber o que pensam os jovens historiadores da era pós-1989 sobre o lugar da teoria-metodologia na cultura histórica como ensino e pesquisa (MELLO, 2008; WEBER, 1992).

Bibliografia

BENJAMIN, Walter. Sobre o conceito de História. In: _____. *Obras Escolhidas*. São Paulo: Brasiliense, 1985.

BLOCH, Marc. *Apologie pour l'histoire ou métier d'historien*. Paris: Armand Colin, 1974.

BOURDÉ, Guy; MARTIN, Hervé. *As escolas históricas*. Mem Martins/Portugal: Europa-América, [S.d.].

BOURDIEU, Pierre. *O poder simbólico*. São Paulo: Bertrand, 1999.

BRAUDEL, Fernand. Personal Testimony. *The Journal of Modern History*, Chicago/USA: The University of Chicago Press, v. 44, n. 4, dez. 1972.

BURKE, Peter. *A escrita da história*. São Paulo: Unesp, 1992.

CASTORIADIS, Cornelius. *A instituição imaginária da sociedade*. Rio de Janeiro: Paz e Terra, 2000.

CERTEAU, Michel de. *A escrita da história*. Rio de Janeiro: Forense Universitária, 1982.

CHARTIER, Roger. *À beira da falésia*. Porto Alegre: Ed. da UFRGS, 2002.

DOSSE, François. *A história em migalhas*. Bauru: Edusc, 2003a.

DOSSE, François. *A História*. Bauru/SP: Edusc, 2003b.

FEBVRE, Lucien. *Combats pour l'Histoire*. Paris: Armand Colin, 1965.

FERNANDES, F. *A revolução burguesa no Brasil*. [1974]. 3. ed. Rio de Janeiro, Guanabara, 1987.

FOUCAULT, Michel. *Microfísica do poder*. Rio de Janeiro: Graal, 1979.

FREYRE, G. *Casa Grande & Senzala*. [1933]. 25. ed. Rio de Janeiro: J. Olympio, 1987.

FURET, François. *L'Atelier de l'Histoire*. Paris: Flammarion, 1982.

FURTADO, Júnia. *Chica da Silva e o contratador de diamantes*. São Paulo: Cia das Letras, 2003.

GINZBURG, Carlo. *Relações de força*. São Paulo: Cia das Letras, 2000.

GORENDER, J. *A escravidão reabilitada*. São Paulo: Ática, 1990.

HARTOG, François. *Évidence de l'Histoire: ce que voient les historiens*. Paris: EHESS, 2005.

HARTOG, François. *Régimes d'historicité*. Paris: Seuil, 2003.

LANGLOIS, Charles; SEIGNOBOS, Charles. [1898] *Introdução aos Estudos Históricos*. São Paulo: Renascença, 1946.

LARA, Silvia. *Campos da violência*. Rio de Janeiro: Paz e Terra, 1988.

LOPES, Marco Antônio; MUNHOZ, Sidney. *Historiadores de nosso tempo*. São Paulo: Alameda, 2010.

MALERBA, Jurandir (Org.). *A história escrita: teoria e história da historiografia*. São Paulo: Contexto, 2006.

MALERBA, Jurandir. *Ensaios*. Londrina: Eduel, 2011.

MALERBA, Jurandir. *Lições de história*. Rio de Janeiro: FGV; Porto Alegre: PUCRS, 2010.

MELLO, Evaldo Cabral de. O acaso não existe. In: SCHWARCZ, Lilia Moritz. *Leituras críticas sobre Evaldo Cabral de Mello*. Belo Horizonte: Ed. da UFMG; São Paulo: Perseu Abramo, 2008. (Entrevista.)

POMIAN, Krzysztof. *Sur l'histoire*. Paris: Gallimard, 1999.

PROST, Antoine. *Douze leçons sur l'histoire*. Paris: Seuil: 1996.

REIS, José Carlos. Introdução. In: *Nouvelle Histoire e o tempo histórico: a contribuição de Febvre, Bloch e Braudel*. 2. ed. São Paulo: Annablume, 2008.

REIS, José Carlos. *A História, entre a Filosofia e a Ciência*. 4. ed. Belo Horizonte: Autêntica, 2011.

REIS, José Carlos. *Escola dos Annales: a inovação em história*. São Paulo: Paz e Terra, 2000.

REIS, José Carlos. *História & teoria: historicismo, modernidade, temporalidade, verdade*. Rio de Janeiro: FGV, 2003.

REIS, José Carlos. *História da "consciência histórica" ocidental contemporânea: Hegel, Nietzsche, Ricoeur*. Belo Horizonte: Autêntica, 2011.

REIS, José Carlos. *O desafio historiográfico*. Rio de Janeiro: FGV, 2010.

REVEL, Jacques. *Jogo de escalas*. Rio de Janeiro: FGV, 2000.

RICOEUR, Paul. *A memória, a história, o esquecimento*. Campinas: Unicamp, 2003.

SIMIAND, François. *Método histórico e ciência social*. Bauru: EDUSC, 2003.

THOMPSON, Edward Palmer. *A miséria da teoria*. Rio de Janeiro: Zahar, 1981.

WEBER, Max. Estudos críticos sobre a lógica das ciências da cultura (Eduard Meyer). In: _____. *Metodologia das ciências sociais*. São Paulo: Cortez, 1992.

Regimes de historicidade e historiografias[3]

Reinhart Koselleck escreveu o livro, talvez, mais importante sobre os temas da historicidade e temporalidade, por sua originalidade e impacto na historiografia ocidental, na passagem do século XX ao XXI. Trata-se de *Futuro passado: contribuição à semântica dos tempos históricos*, publicado na Alemanha, em 1979, na França, em 1990, e no Brasil, em 2006. Sua proposta de uma "história dos conceitos" tornou-se incontornável e, especialmente, seus conceitos de "espaço ou campo da experiência" e "horizonte de expectativa" tornaram-se referência obrigatória. Este capítulo é uma manifestação desse impacto e um dos meus objetivos será "estudar" esse livro, procurando "desocultar", "decriptar" e "desenvolver" o seu pensamento sobre a temporalidade histórica. O último capítulo da Parte III, intitulado "'*Espaço da experiência*' e '*horizonte de expectativa*', duas categorias históricas", talvez, seja o mais importante do livro, porque funciona como uma conclusão que ilumina o livro de trás para frente. Esse capítulo, ao mesmo tempo, é a conclusão do seu pensamento e a introdução ao que foi desenvolvido. Ele é o princípio e o fim, estruturando o seu pensamento de forma circular: "aqui cheguei, porque daqui parti". Nesse capítulo central, "conclusivo-introdutório", digamos assim, Koselleck sustenta que "o tempo calendário não resolve o problema posto pelo tempo histórico, que continua sendo a questão mais difícil para o conhecimento histórico". Para ele, "é importante datar com precisão, mas isso é apenas a condição prévia e não define o tempo histórico, que só aparece para quem percebe as rugas no rosto do velho, os meios de comunicação modernos convivendo com os antigos, a sucessão de gerações. O tempo histórico se liga a ações sociais e políticas, a seres humanos concretos, que agem e sofrem, às instituições sociais, às experiências vividas reais". Nesse primeiro momento, ele

---

[3] Este artigo é fruto das discussões com os alunos da última disciplina oferecida pelo autor no Programa de Pós-Graduação em História da Universidade Federal de Minas Gerais, em 2015, intitulada Tempo, História e Historiografia.

parece ter uma "perspectiva ontológica" sobre o tempo histórico: é experiência concreta, exterior ao pensamento e à linguagem historiográfica (KOSELLECK, [1990] 2006a).

Mas, em um segundo momento, a temporalidade histórica se confunde com a linguagem do historiador, que cria categorias "meta-históricas", vazias de conteúdo, a-históricas, trans-históricas, que dão forma e visibilidade ao "tempo histórico", que agora é uma epistemologia. Ele considerou o tempo calendário insuficiente para abordar a historicidade/experiência, que ficava aquém e além da sua capacidade de apreensão e criou as categorias "vazias de conteúdo" capazes de responder à questão que "faz aparecer" o tempo histórico. Para ele, a questão é essa: "como, em cada presente, as dimensões temporais do passado e do futuro foram postas em relação?" Sua hipótese: "determinando a diferença entre passado e futuro, entre 'campo da experiência' e 'horizonte de expectativa', em um presente, é possível apreender o tempo histórico". São essas "categorias meta-históricas, categorias formais de conhecimento, sem conteúdo determinado, 'espaço da experiência' e 'horizonte de expectativa', que fundam a possibilidade de uma historiografia, porque apreendem o tempo vivido. Os conceitos de 'experiência' e 'expectativa' referem-se um ao outro, não se pode ter um termo sem o outro. Sem essas categorias a historicidade seria impensável, a historiografia seria impossível". Enfim, para mim, parece haver uma ambiguidade em seu pensamento: o "tempo histórico" são as experiências vividas e as expectativas reais ou é uma construção teórica através das categorias meta-históricas? O tempo histórico está situado na história ou na historiografia, é vivido pelos homens ou construído pelos historiadores? Ele é a experiência de mudanças/diferenças/tempos sociais múltiplos por sociedades que possuem uma temporalidade plural ou a "representação" (historiografia) em cada presente da tensão passado/presente? Se as sociedades se relacionam diferentemente em cada presente com o seu passado e futuro, se mudam de perspectiva sobre si mesmas, isso é vivido ou só aparece em discursos e, entre eles, o historiográfico? A tensão/diferença/assimetria entre experiência e expectativa é tempo vivido ou uma representação discursiva? No título do capítulo, as categorias são denominadas "duas categorias históricas" e ao longo do texto são denominadas "categorias meta-históricas". Afinal, a "temporalidade histórica" aparece em "categorias" ou "nas rugas do rosto do velho"? (KOSELLECK, [1990] 2006a).

Outro livro importante sobre o tempo histórico, na passagem do século XX ao XXI, é o de François Hartog, *Regimes de historicidade: presentismo e experiências do tempo*, publicado em 2003 e traduzido no Brasil em 2013. Hartog, ao mesmo tempo, apoia-se nos conceitos de Koselleck e procura avançar criando o conceito de "regime de historicidade". De fato, faltava um conceito para sintetizar e definir essa relação entre passado e futuro em um presente e Hartog criou o conceito de "regimes de historicidade" ou "ordens do tempo", inspirando-se também em Salins, Krystoff Pomian e Michel Foucault. Esse conceito revela o caráter político dessa relação entre passado/futuro em um presente, que é como uma "ordem" que se impõe a todos os que vivem em uma época determinada. Para Hartog, "o "regime de historicidade" é a forma como as sociedades tratam o seu passado, é a "consciência de si" de uma comunidade humana", que permite e interdita projetos e ações. A relação bem definida por Koselleck entre passado e futuro em um presente define "'o regime de historicidade' em vigor em uma sociedade, que se instala muito lentamente e dura por muito tempo". O "regime de historicidade" é uma "representação coletiva do tempo histórico", que só pode ser desafiada por outra representação coletiva no interior dessa sociedade, conduzindo os conflitos que estão no interior de toda sociedade. Para Koselleck e Hartog, o fundamento da "consciência histórica", da "representação de si" de uma sociedade é uma relação determinada entre passado e futuro em um presente, a "temporalidade histórica" é a base e o centro da cultura. Em Hartog também o "regime de historicidade" é um "conceito", uma "representação", uma "consciência histórica", que aparece em discursos, especialmente, o historiográfico. Portanto, parece haver uma "tensão" no pensamento desses autores, que aparece no título do capítulo central de *Futuro passado,* "Espaço de experiência e horizonte de expectativa, duas categorias 'históricas'": afinal, essas categorias são "históricas" ou "meta/trans-históricas"? Elas possuem conteúdo ou são vazias de conteúdo? Elas pertencem às fontes primárias, à "realidade", ou são construtos dos historiadores? São categorias ontológicas ou categorias epistemológicas, ou melhor, elas pertencem à história ou à historiografia? A temporalidade histórica é "real" ou "consciência histórica" construída, entre outros discursos, pelo pensamento historiográfico? (HARTOG, [2003] 2013).

No capítulo "História dos Conceitos e História Social", Koselleck reconhece essa tensão/ambiguidade e procura esclarecer as relações entre conceitos e contextos. Para ele, o gesto do historiador é fazer uma "semântica dos conceitos": buscar as palavras em sua historicidade, o sentido variável dos conceitos em seus contextos. Toda época vive uma "batalha semântica", e o esforço é articular textos e contextos, conceitos e realidade concreta. A História dos Conceitos revela ressignificações de termos, criações de neologismos, a busca de conceitos adequados a novos horizontes de expectativa. Por isso, a História dos Conceitos deve se articular à História Social, porque, embora sejam "domínios distintos", não são paralelos. São as duas disciplinas que respondem às questões: qual é a relação entre as palavras e as coisas, entre a linguagem e o mundo? A partir de quando certos conceitos apareceram ou se alteraram? A História dos Conceitos não se restringe a uma hermenêutica ou semiótica de textos. Há uma realidade extratextual, que se quer apreender através dos textos. A História dos Conceitos é subsidiária da História Social, porque a História Social precisa conhecer a linguagem dos atores do passado que aparecem nas fontes. A História dos Conceitos estabelece uma tensão entre texto e contexto, deve ser intelectual e material, vocábulo e fato/época. Não se pode depreender diretamente a realidade a partir do conceito. A investigação de um conceito não pode ser somente semasiológica, restringindo-se ao significado das palavras e às suas modificações. A permanência e alteração das palavras não corresponde necessariamente à permanência e alteração dos contextos. Todo conceito é linguagem e realidade concreta, texto e contexto. Todo conceito é efetivo como fenômeno linguístico e indicativo de algo que está além da língua. Um conceito se relaciona sempre com aquilo que quer compreender e é uma relação tensa. Koselleck considera um erro reduzir a história a um fenômeno de linguagem, como se a língua fosse a última instância da experiência histórica. Todo conceito se articula a um determinado contexto, tornando-o compreensível. Eles se articulam uns aos outros formando uma cadeia, dizem respeito a uma situação específica e concreta tornando-a inteligível. Mas, após aproximar conceito e mundo, a tensão se agudiza: ele volta a enfatizar a "autonomia" da História dos Conceitos: "a História dos Conceitos é autônoma em relação à História Social. A História dos Conceitos é de palavras teorizáveis: Democracia, Totalitarismo, Guerra, Imperialismo, Capitalismo, Escravidão, Liberdade, República, Revolução, Tecnologia, Ciência, História, Morte". Isso significa que ela se aproximaria de uma "história teórica", uma "filosofia da história", uma "história das ideias"? Sem linguagem e conceitos não existe "realidade"? (KOSELLECK, [1990] 2006b).

Penso que essa "ambiguidade" se relaciona à tradição hegeliana do Espírito Universal, que é concebido ao mesmo tempo como Conceito/Consciência e realidade histórica/temporal. É a tese hegeliana da "dialética do Espírito Universal", em que "o racional é real e o real é racional", não havendo dicotomia entre pensamento e realidade. O Conceito, em Hegel, é a consciência de si e para si de uma realidade. O "real" se confunde ou se funde à sua "representação/conceito", o real só é "realizado" quando há consciência e linguagem (para si). Penso que essa ambiguidade tem também sua origem na busca heideggeriana de uma ontologia da temporalidade do ser em geral, mas que só pode ser atingida através da temporalidade do *dasein*, que é o "ser cujo ser é compreender o ser". Mas parece-me que o projeto heideggeriano de uma ontologia do ser em geral torna-se um projeto epistemológico, porque busca "compreender" o ser em geral através da linguagem do *dasein*. Se a linguagem é a "casa do ser", só existe o ser domesticado pela linguagem? Mas e a imensidão do ser ainda não reconhecido pela linguagem? Koselleck também se inspira em Heidegger ao privilegiar a dimensão futura: no presente, as sociedades sempre realizam ações em direção ao futuro e, para isso, precisam fazer um recuo estratégico ao passado. O tempo histórico é a abordagem do passado por um presente que se dirige ao futuro. O tempo histórico não se refere somente ao passado, mas à tensão entre as três dimensões do tempo no presente, que se dirige ao futuro. Para Heidegger, o homem é um ser para-o-futuro; ele antecipa a sua finitude para intensificar a sua Pre-sença. Ele tem uma percepção do futuro-finitude, que emerge no presente, que articula de forma própria e diferenciada ao passado (HEIDEGGER, [1927] 1989; REIS, 2011).

Neste capítulo, explorando propostas teóricas, vou refletir sobre a tensão entre "tempo histórico real-representado" e historiografia, procurando descrever criticamente as relações entre os "regimes de historicidade" "passadista" (até 1789), "futurista" (1789-1989), "presentista" (pós-1989), e suas respectivas historiografias. O que significa escrever história para uma sociedade voltada para o passado ou direcionada para o futuro ou mergulhada no presente? O objetivo é mostrar a estreita relação entre a representação/realidade do tempo histórico de uma época e o conhecimento histórico que produz. Minha hipótese: os fundamentos epistemológicos, axiológicos, políticos, estéticos, da historiografia se enraízam em uma "cultura" cujo centro é uma determinada representação hegemônica da temporalidade. É o "regime de historicidade" que gera discursos com sentido lógico e ético sobre as experiências humanas. As ditas "escolas históricas", quando gritam seus manifestos, brandindo suas "palavras de ordem", agredindo e rompendo com os predecessores, estão apenas procurando se localizar e se adaptar às mudanças "reais", as quais elas percebem que estão aparecendo na "representação da temporalidade" da sociedade, que tornam a historiografia hegemônica até então, os paradigmas historiográficos dominantes até então, infecundos, ineficazes, pois ligados a uma temporalidade/historicidade superada. Geralmente, os historiadores se atrasam na percepção dessa mudança, que exige uma "sensibilidade teórica" que não têm. Eles seguem os alarmes de filósofos, sociólogos, antropólogos, cientistas naturais, artistas e até teólogos, quando percebem tardiamente que a sociedade não se interessa mais por sua produção "tradicional". É somente quando os jovens historiadores começam a ler/ouvir as novas teorias sobre a representação da temporalidade é que começa a haver uma resistência à tradição historiográfica e, então, uma nova "escola" emerge, desafiando a "historiografia tradicional" e propondo novos problemas, novos objetos, novas abordagens, novos valores, novas técnicas, nova escrita, baseados em uma nova representação da temporalidade, em um novo "regime de historicidade", que está se estabelecendo e configurando a cultura da época.

Neste capítulo, repercutindo e prosseguindo as pesquisas de Koselleck e Hartog sobre o pensamento histórico ocidental, e correndo o risco de certo "determinismo historicista", o meu objetivo é mostrar os fundamentos sócio-político-temporais "reais" de toda obra historiográfica. Uma "representação do tempo histórico", um "regime de historicidade", uma "ordem do tempo hegemônica" é o que fundamenta o trabalho dos historiadores. A historiografia não pode fugir ao "regime de historicidade" que se impõe sobre os homens de uma época. Nesse sentido, ela é sempre política e não um "conhecimento científico", objetivo, acima das condições históricas. A questão da objetividade do conhecimento histórico não se resolve em uma epistemologia abstrata; ela envolve as condições de representação do tempo histórico de uma época. O historiador não tem como fugir dessa representação da historicidade de sua época. Koselleck elaborou de forma extremamente fecunda a relação entre o regime de historicidade moderno e a filosofia da história, o pensamento da história que prevaleceu entre 1789 a 1989. E, para mostrar a mudança profunda que representou o regime de historicidade moderno, ele mostrou de forma clara e densa a relação entre o regime de historicidade e a historiografia anterior à modernidade, que foi deslegitimada por ela. Hartog deu continuidade à sua pesquisa ao elaborar a relação entre o regime de historicidade pós-moderno e a historiografia gerada por ele. Portanto, concluindo, para mim, um "regime de historicidade" é uma "representação" do tempo histórico, é uma "consciência histórica" construída pela linguagem, que, uma vez "representado", torna-se "realidade", uma jaula pouco flexível que a todos cerca e se impõe. O "regime de historicidade" é "real", quer dizer, é uma "representação-realidade", uma "consciência-mundo", uma "linguagem-realizada", que gera uma "historiografia-histórica".

O "regime de historicidade 'passadista'" e sua historiografia tradicional (até 1789)

Nos regimes de historicidade pré-modernos, o impulso para o futuro e para a vida era regulado fortemente pelo passado. O futuro devia se inspirar nos gestos dos heróis, nos grandes eventos, nos costumes e regras trazidas pela tradição. Era uma percepção do tempo histórico "passadista": o presente devia se dirigir ao futuro preservando e prolongando o passado. Não deveria haver ruptura entre o "espaço da experiência" e o "horizonte de expectativa": "quanto maior a experiência, mais prudente e menos aberta é a expectativa". Nesse esforço anti-histórico de negar as mudanças, os eventos, que trazem o novo, havia um "medo do tempo", que levava ao culto das origens e à submissão da história ao ritmo repetitivo da natureza ou aos desígnios divinos. Os povos arcaicos tendiam a ver a história como per-feita desde a origem, criada por deuses e semideuses, cujos gestos arquetipais deveriam ser repetidos pelos antepassados e descendentes. Não havia necessidade de se criarem novos eventos e ninguém deveria se candidatar a herói, pois os verdadeiros heróis estavam na origem e seus gestos inaugurais deveriam ser apenas lembrados e repetidos. Aliás, os jovens que desejavam "fazer diferente" eram vistos como perturbadores da ordem e eliminados ou exilados. Essa humanidade arcaica temia a passagem do tempo, que via como corrupção do mundo perfeito da origem. O novo era proibido por significar decadência. Os gregos também concebiam a temporalidade histórica de forma circular, inspirados na regularidade do movimento dos astros que contemplavam no "espelho do céu" e no eterno retorno das estações e demais fenômenos naturais. Os homens teriam uma "natureza" interna e se comportariam como a natureza externa, de forma regular e contínua. Enfim, para essa humanidade que temia o futuro como mudança e novidade, o passado deveria eternizar-se. Esses regimes de historicidade pré-modernos, por mais diferentes que fossem suas representações temporais, tinham em comum esse princípio "passadista": o passado é o mestre do presente-futuro (ELIADE, 1969).

Na Europa, reis e nobres sustentavam seus poderes apoiando-se em dinastias, genealogias, linhagens. Os privilégios dos grupos poderosos no presente eram garantidos por uma herança, pela tradição, pela metáfora do "sangue azul", recebido de ancestrais heroicos, pais fundadores, cujas propriedades, riquezas, nomes e prestígio tradicionais garantiam o direito a privilégios no presente-futuro. Os que não podiam ostentar uma árvore genealógica que entrasse profundamente no passado e com ramos de maior prestígio e poder ou falsificavam a sua genealogia (era comum), ou não tinham direito a nada, reduzindo-se a servos. Para esses, a história ensinava que, desde a origem, nasceram apenas para servir aos reis e nobres que, por sua gloriosa estirpe, tinham todo o direito à riqueza e ao poder. No Antigo Regime, a sociedade era hierarquizada em ordens, uma hierarquia rígida, com baixíssima margem de mobilidade, cuja legitimidade garantida pelo passado não era possível questionar. Esse "regime de historicidade" era uma "representação/consciência da temporalidade", uma criação dos homens, mas, uma vez imposto e defendido pelos costumes, pela lei e pela força, tornava-se uma "dura realidade". O regime de historicidade do Antigo Regime, como todos os ditos "pré-modernos", tinha em comum esse princípio "passadista": o passado é o mestre do presente-futuro (KOSELLECK, [1990] 2006c).

A esses regimes de historicidade correspondia uma "cultura" cujo centro era uma percepção conservadora da temporalidade. O passado era mais importante do que o futuro e o "futuro melhor" seria a continuidade desse passado. O passado não provocava sentimentos de culpa e remorso, pelo contrário, reacendia sentimentos de orgulho e glória dos vencedores. Esse regime de historicidade, essa experiência/representação do tempo criou discursos para se justificar. O "regime de historicidade passadista" gerou uma historiografia *magistra vitae*. A teologia e a historiografia eram os saberes dominantes e tinham a função de criar discursos legitimadores dessa ordem histórica "natural" e "sagrada", conforme a Criação. A tarefa da historiografia era demonstrar com genealogias e feitos exemplares que, de fato, o passado deveria ser visto, e sem questionamentos, como "mestre da vida". Foi Cícero quem cunhou a expressão "história *magistra vitae*", dando à pesquisa histórica a função de oferecer exemplos que orientassem os homens do presente em sua busca do futuro. Por que o passado seria o mestre do futuro e a historiografia tradicional, a "mestra da vida"? Koselleck oferece vários sentidos para esse *topos*:

a) porque aquilo que não podemos vivenciar, devemos recorrer à experiência dos outros. A historiografia seria um cadinho contendo múltiplas experiências alheias, das quais nos apropriamos com um objetivo pedagógico;
b) porque a historiografia nos permite repetir os sucessos do passado e evitar os erros dos antigos. Ao longo de 2.000 anos, a historiografia foi a escola na qual se podia aprender a ser sábio e prudente e a não cometer erros. Tudo podia ser comprovado pela historiografia;
c) o uso do *topos* remetia à possibilidade de compreensão prévia das possibilidades humanas, pois indicava uma "natureza humana" constante, uma semelhança entre os homens e eventos de todas as épocas. A historiografia abordava uma natureza humana que não se modificava e se repetia, os exemplos do passado eram úteis ao presente-futuro, e a política usava assim a historiografia;
d) algumas metáforas esclarecem a expressão "história *magistra vitae*": a historiografia é "a testemunha dos tempos", "a luz da verdade", "a vida da memória", "a mensageira da velhice";
e) Maquiavel exortava à admiração e à imitação dos antigos, pois a historiografia apresentava tudo aquilo que poderia ser usado de novo em uma oportunidade semelhante;
f) a historiografia instruía sobre os negócios privados, os do Estado, as artes da guerra e da paz, era a escola dos governantes, cujas decisões e ações se apoiavam nos casos anteriores. As cenas e personagens da história universal se repetiam com nomes diferentes: Alexandre, Maximiliano,

Napoleão, Hitler, Stalin. O papel da historiografia era garantir a continuidade do passado no futuro (KOSELLECK, [1990] 2006c).

Enfim, para Koselleck, o *topos* história *magistra vitae* conferia à historiografia a função de defender e legitimar o poder e a riqueza dos descendentes, daqueles que conseguissem provar que sua família tinha um longo, profundo e nobre fio condutor no passado. Contudo, a confiança nessa capacidade do passado de, através da historiografia, conduzir e orientar o futuro se justificava? A "historiografia passadista" era de fato *magistra vitae*? Koselleck lembra que, para Frederico II, "ninguém pode ser melhorado por exemplos. As tolices dos pais não valem para os filhos, cada geração tem de cometer as suas próprias. O que se aprende com a história é que as nações jamais aprenderam com a história". Para Marx, se a história se repetia, era como farsa, querendo dizer que quando os descendentes procuravam imitar os antepassados, desejando instrumentalizar seu prestígio e respeito, pois vistos de forma quase mítica pelo presente, acabavam perdendo a especificidade do seu tempo e historicidade e faziam gestos inadequados, impróprios, confusos, ineficazes, e a "história repetida" acabava em ridículo e comédia. Koselleck também lembra que Ranke, em *História dos povos românicos e germânicos*, opunha-se a essa "função" da historiografia, a de instruir o contemporâneo e o futuro. Ranke se resignava ao passado e só queria "mostrar as coisas como realmente aconteceram". Ele era contra as filosofias da história e queria fazer uma abordagem "científica" do passado, i.e., conhecê-lo por ele mesmo e em seus próprios termos (KOSELLECK, [1990] 2006c; RANKE, 1824).

Entretanto, por mais críticos e céticos que sejamos em relação ao *topos*, pode a historiografia obter reconhecimento e respeito e, portanto, sobreviver, sem pretender ser mestra da vida? Nietzsche, em seu brilhante ensaio *Da utilidade e desvantagem da história para a vida*, atacou essa pretensão rankiana da "história científica" que pretendia conhecer tudo do passado sem querer instruir o presente-futuro, que, para ele, era um conhecimento inútil, "um saber que não servia à vida". Nietzsche valoriza uma "historiografia monumental", que, se evitasse certos riscos, insuflaria aqueles que queriam ser grandiosos e originais no presente a se inspirar nela e a repeti-la, sem se tornarem ridículos. Ele valoriza também uma "historiografia antiquária", que, também dentro de certos limites, ama o passado e quer preservá-lo apenas por ser passado. Pode-se identificar a "história *magistra vitae*" à visão nietzschiana da "historiografia que serve à vida"? Seria Nietzsche mais tradicional do que inovador em sua concepção crítica-positiva das historiografias monumental e antiquária? Afinal, se a historiografia não pretender ser "mestra da vida", qual seria sua utilidade, por que deveria ter financiada sua pesquisa e por que deveria ser ensinada aos jovens? Contudo, o que significa "servir à vida", a quem interessa essa história *magistra vitae*? É preciso ir além da dimensão cognitiva do *topos* e perceber sua dimensão política: é a historiografia dos vitoriosos. Os grupos vencedores tornavam-se "exemplares", dignos de serem louvados e imitados. Eles venceram e contratavam historiadores para contar/louvar/legitimar sua história, caricaturando/ridicularizando/demonizando os vencidos. Esses historiadores "contratados" (todos somos!), para sobreviverem, também reivindicavam sua função como "mestra da vida": faziam o elogio do passado-presente e ensinavam os jovens a reconhecer, aceitar, imitar, repetir os "grandiosos feitos", os "gloriosos heróis". Instruídos por essa historiografia, os jovens deviam agir para manter a tradição e lutar contra o crescimento da diferença entre o "espaço da experiência" e o "horizonte de expectativa" (KOSELLECK, [1990] 2006c; NIETZSCHE, 2003).

Entre 1500 e 1800, segundo Koselleck, convivendo e confundindo-se com a temporalidade passadista da nobreza do Antigo Regime, três representações do futuro, que pareciam ser uma superação desse "passadismo", disputavam entre si a hegemonia cultural e a direção política: o futuro-Fim do Mundo, da Igreja Católica, o futuro-Prognóstico Racional, do Estado absolutista, e o futuro-Progresso, dos Iluministas. Essas representações do futuro conviviam disputando a hegemonia, mas pode-se perceber uma sequência de vitórias. Primeiro, o futuro hegemônico durante séculos fora o dos cristãos, que era a espera do Apocalipse, a expectativa do final iminente da história. A vinda do Anticristo poria fim à história e os homens teriam seu destino definido pelo Juízo Final. Depois, com a Reforma e as guerras religiosas, o futuro-Prognóstico Racional do Estado absolutista tornou-se hegemônico. Houve uma inversão da relação Igreja-Estado em que este ficou mais poderoso. A ascensão do Estado instituiu um novo e inédito futuro que obrigou a Igreja a adiar o futuro-Fim do Mundo, que passou a ser calculado matematicamente, e até Newton o previu para o ano 2000! O Estado absolutista tinha outra relação com o futuro, fundada no prognóstico racional e no cálculo político. Um tempo novo foi inaugurado, que não falava do fim do mundo, mas de planejamento e cálculo do sucesso nesse mundo. O prognóstico racional substituiu as profecias pela previsão racional, que tomava o futuro como indeterminado. O futuro tornou-se um campo de possibilidades finitas, organizadas segundo o maior ou menor grau de probabilidade. Prognosticar racionalmente o futuro levava a uma ação política consciente, a escolhas, decisões e ações, que eram feitas baseadas em "previsões" e não em "profecias" (KOSELLECK, [1990] 2006d).

Numa primeira abordagem, pareciam duas representações da temporalidade bastante diferentes entre si e opostas à representação passadista, mas Koselleck mostra que continuavam submetidas à lógica do *topos* "história *magistra vitae*". Nessas duas abordagens, o futuro apenas desenvolvia as tendências do passado; o futuro era previsível enquanto já conhecido como prefigurado no presente. Para o profeta e o calculista, nada de fundamentalmente novo podia acontecer. A diferença entre ambos é que, para o futuro-Fim do Mundo, a Bíblia era a *magistra vitae*, o passado exemplar era o da história sagrada; as palavras de Deus transmitidas aos homens por seus profetas e pelos Papas é que descreviam o futuro. Havia uma parte da Bíblia que anunciava e descrevia o Apocalipse, o Juízo Final, que os homens deviam aguardar e não discutir. O futuro profético já estava antecipado na Bíblia. Para o futuro-Prognóstico Racional, a historiografia era ainda *magistra vitae*, pois ela reunia todos os fatos já conhecidos que serviam de orientação para o que se podia esperar. A diferença entre elas é que, para o profeta, os eventos já eram conhecidos, ele nunca se enganava, e as profecias, se falhavam, podiam ser salvas e prolongadas. Quanto ao prognóstico racional, o futuro era concebido de forma indeterminada e limitada. Ele se contentava com a previsão de possibilidades no âmbito dos acontecimentos temporais e mundanos. Os prognósticos, se falhavam, podiam ser refeitos, atualizados e até refutados. O Estado podia prever cenários políticos futuros, porque as situações históricas do presente permitem prever desdobramentos possíveis. O futuro era contemplável se as forças políticas atuais se mantivessem. Koselleck explica que, para Leibniz, "o mundo que está por vir já se encontra no presente, completamente modelado". O prognóstico racional podia ser de curto, médio e longo prazo, lidando com constantes, com uma "natureza humana" e, portanto, a possibilidade do novo absoluto, nas duas representações da relação passado-futuro, era restrita.

Embora sejam abordagens bem diferentes da relação passado-futuro, eram, no entanto, ainda tímidas, amarravam o futuro às suas raízes passadas, e a historiografia tradicional, "passadista", continuava *magistra vitae* (KOSELLECK, [1990] 2006d).

O "regime de historicidade moderno 'futurista'" e sua historiografia revolucionária (1789/1989)

Para Koselleck, a grande mudança na abordagem da relação passado-futuro ocorreu a partir do século XVIII com a ideia-ação do "futuro-Progresso", formulada pela filosofia da história: "o tempo histórico ganhou uma nova qualidade, é a época dos 'tempos modernos'". Desde a Revolução Francesa, surgiu uma nova representação do futuro que rompia com a sua submissão ao passado, seja bíblico ou humano. Agora, o futuro se descolou do passado, tornou-se aberto, indeterminado, inédito. O passado significava tudo o que deveria ser esquecido e destruído por esse "futuro novo", revelado pela nova descoberta dos Iluministas: a Razão. A Razão impunha o esquecimento/supressão dos passados religioso e humano por uma representação do tempo histórico que criava uma assimetria abissal entre o "campo da experiência" e o "horizonte de expectativa". A Razão vislumbrou um "futuro dourado", em que uma sociedade dirigida pelos princípios da bandeira da Revolução Francesa, "Liberdade, Igualdade e Fraternidade", e pela Declaração Universal dos Diretos do Homem, deveria ser criada urgente e aceleradamente pelos homens. Segundo Koselleck, para Robespierre, "a Revolução, uma tarefa dos homens, devia acelerar o Progresso da Razão, que traria Felicidade e Liberdade". O futuro-Progresso descortinava um "horizonte de expectativa" capaz de ultrapassar a experiência tradicional, incitando os homens a terem a ousadia de se dirigirem impetuosamente em direção ao desconhecido. O futuro tornou-se ruptura radical com o passado, o tempo acelerado do Progresso abreviava o "campo da experiência", roubava-lhe a continuidade, e o presente escapava em direção ao ainda não experimentado futuro. O presente se sacrificava para se tornar futuro já, pois este significava a emancipação do cidadão da submissão ao Estado absolutista e da tutela da Igreja. O filósofo do Progresso era um entusiasta que não conseguia esperar o futuro: queria produzi-lo aceleradamente, pois o que considerava o melhor deveria ser realizado ainda em seu tempo de vida. A aceleração/abreviação do tempo não era mais escatológica, pois conduzia de forma irreversível a uma "utopia", a uma sociedade governada segundo a Razão, na Terra, no tempo, e feita pelos homens (KOSELLECK, [1990] 2006d).

Para Koselleck, a ideia de "Progresso" da filosofia da história foi uma representação "revolucionária" da temporalidade. A "aceleração", i.e., a produção vertiginosa de eventos radicais, criava um fosso entre passado e futuro. "Quanto menor a experiência, maior é a expectativa, essa era a fórmula que caracterizava a estrutura temporal da época moderna." Na interpretação progressista, havia uma situação final determinada que movia o processo histórico. A conquista da liberdade para todos seria resultado de uma ação violenta e legítima: a "Revolução". Para Koselleck, "poucas palavras foram tão disseminadas no vocabulário político moderno quanto o termo "Revolução". Era uma expressão usada de forma enfática, mas tinha um campo semântico tão amplo e impreciso, que se tornou um clichê". Afinal, o que era a "Revolução"? Até então, segundo ele, "ela era associada a desordem, golpe, guerra civil, o conteúdo do termo não era unívoco, o uso concreto do termo variava de país a país". Foi a modernidade, a "era das Revoluções", que o ressignificou e o disseminou desde a Revolução Francesa. A "Revolução" era uma aceleração para um futuro desconhecido através de eventos novos, nunca vividos. A "Revolução" era movida por um desejo de experiências diferentes de todas as experiências vividas até então. O futuro seria outro que o passado e sempre melhor. O presente se tornava inexperimentável, pois a sua "causa" era suprimir-se para dar lugar ao futuro utópico. A história foi compreendida como um processo de aperfeiçoamento constante e crescente, que estava nas mãos dos homens realizar. Kant, o inventor da expressão "Progresso", acreditava que novas experiências como a da Revolução Francesa se acumulariam no futuro. O conceito de Progresso, separando "experiência" e "expectativa", conduziu à avalanche de eventos da Revolução Francesa, que destruiu o mundo político e social da experiência tradicional (KOSELLECK, [1990] 2006d, e).

Fazendo a história do conceito de "Revolução", Koselleck sustenta que o termo já existia bem antes, mas queria dizer o contrário: retorno, volta ao ponto de partida do movimento. Antes, "o conceito tinha um sentido naturalista: ciclo das estrelas, movimento circular dos corpos celestes. Era um conceito físico-político, em que os protagonistas estavam submetidos a leis naturais. Nesse círculo havia a consciência de uma decadência e um retorno à origem, que a sílaba 're' indicava".

O exemplo era o círculo das Constituições de Aristóteles, em que havia um número limitado de formas constitucionais que não podia ser ultrapassado: a) a monarquia, que se tornava tirânica e se dissolvia na aristocracia; b) a aristocracia tornava-se oligarquia, que era deposta pela democracia, que degenerava em oclocracia; c) retornava o domínio de um indivíduo/monarquia. E recomeçava o círculo como se fosse um círculo natural, como as estações do ano. Nada de novo advinha, pois sempre se voltava ao ponto de partida. A revolução era a destruição da monarquia inicial, do velho Direito, da antiga Constituição, e o retorno a eles, após o fracasso das Constituições alternativas. O tempo histórico "revolucionário" era visto como um círculo fechado em si mesmo, a história se repetia, e essa "historiografia revolucionária" era *magistra vitae*. Na modernidade, "Revolução" tornou-se o oposto desse movimento físico-político. Agora, "o termo designava a comoção social que visava à emancipação social, opondo-se à "guerra civil", que eram conflitos violentos entre grupos, em geral religiosos, que não levavam para fora da sociedade estamental". A Revolução Iluminista descortinou um novo horizonte; era uma luta que entrava por um futuro aberto. Não era só terror, como nas guerras civis, pois oferecia um sentido à violência necessária: a "emancipação da humanidade". Após 1789, a Revolução tornou-se uma esperança utópica, mas o que viria depois era desconhecido. A novidade absoluta seria a sociedade organizada segundo a Razão, pelos princípios da Liberdade, Igualdade, Fraternidade, princípios cujos conteúdos concretos ninguém sabia. A Revolução era a abertura ao futuro como novidade absoluta, rompia com o espaço da experiência, conduzindo a um futuro desconhecido e presumivelmente superior. Koselleck enumera os vários sentidos do conceito pós-1789:

> a) o real é racional. A Revolução era o próprio movimento da história para chegar à Luz/Razão. O processo revolucionário e a consciência histórica revolucionária tornaram-se inseparáveis. Era a "parteira da história";
> b) era uma "aceleração do tempo". Robespierre quis trazer a Liberdade ao presente à força. A Revolução Francesa, como descoberta da Razão e da Humanidade, foi um evento maior do que qualquer outro evento, comparável à vinda de Cristo;

c) a Revolução apontou uma direção irreversível para o futuro. Os conceitos de Revolução/evolução se contaminaram, mas eram antitéticos. O seu uso análogo se referia ao processo geral de emancipação;
d) passou-se da Revolução política à Revolução social. Era inédita a ideia de que o objetivo da Revolução política fosse a emancipação de todos os homens e a transformação da estrutura social. A Revolução não seria interrompida enquanto não fossem abolidas a exploração do homem e a escravidão. Toda Revolução política tinha um objetivo social, apesar de as Revoluções social e política andarem em ritmos temporais diferentes: a Revolução social queria adiantar-se em 100 anos, mas a Revolução política não podia se afastar das massas e do presente vivo e imediato. O grau de articulação plena entre as Revoluções política e social foi uma das questões fundamentais da história moderna. Por exemplo: a Independência americana (política) e a Abolição (social) estão separadas por décadas;
e) a Revolução será universal, geograficamente, e permanente, historicamente. Ela continuará a ser feita enquanto seus objetivos não forem atingidos. O conceito de Revolução universal se impôs. As Internacionais Comunistas tinham essa tarefa: universalizar a Revolução. A Revolução Permanente construiria a "utopia" da sociedade comunista universal (KOSELLECK, [1990] 2006e).

Esse regime de "historicidade moderno 'futurista'" gerou uma historiografia igualmente "revolucionária e 'futurista'", que se apresentava paradoxalmente como uma "ciência da história". A filosofia do Progresso dissolveu o *topos* história *magistra vitae,* estabeleceu uma nova relação entre passado e futuro, redefinindo o conteúdo da historiografia. A modernidade foi um novo tempo que rompeu com a temporalidade anterior: o passado deixou de lançar luzes sobre o futuro; o passado não era mais exemplo. Na língua alemã, segundo Koselleck, houve um deslocamento lexical: a palavra *historie* (relato, *varia historia* de fatos acontecidos) foi preterida pela palavra *Geschichte* (a história em si e não o relato), por volta de 1750. Essa mudança de uma palavra para definir a historiografia foi uma "revolução historiográfica" que repercutia a

"Revolução histórica": a história tornou-se o conhecimento de si própria, i.e., a narrativa historiográfica coincidia/recobria o processo histórico. Se a história-*historie* era *magistra vitae*, instruía o presente através de relatos de eventos exemplares, agora, concebia-se um "processo histórico" que tomava consciência de si através da narrativa histórica. O historiador precisava "ouvir" os fatos e buscar conhecer/decifrar o seu sentido, para saber em que direção ia o "processo histórico". A historiografia tornou-se "mestra da vida" de outra forma, quando selecionava os eventos que conduziam ao futuro e valorizava as ações dos protagonistas da Revolução, que eram capazes de decifrar o sentido da "história em si" e de "fazê-la", tornando o "processo histórico para si". A historiografia só instruía quando buscava apreender o "processo histórico" e narrava os fatos que indicavam a direção da Razão. A história ganhou um novo significado: havia uma "história em si" que se realizava com ou sem a consciência dos homens, mas quando esses tomavam consciência do "processo histórico", podiam "fazer a história", interferir, acelerando a chegada do futuro. O objetivo do historiador não era apenas relatar eventos, mas "decifrar" o sentido do "processo histórico" nos eventos produzidos pelos homens. Todos os eventos eram a manifestação ou do futuro de Liberdade, que devia ser necessariamente realizado, ou expressão da Reação, da ditadura, daqueles grupos que queriam impedir a aproximação do futuro de Liberdade, e que deviam ser combatidos. Os historiadores se dividiram em "revolucionários" e "reacionários", que era a glória dos primeiros e a desmoralização dos segundos (KOSELLECK, [1990] 2006d, e).

O novo historiador era ao mesmo tempo um "filósofo da história", que fazia uma historiografia reflexiva/filosófica, e um protagonista/militante/engajado na marcha dos homens: "fazer história" e "fazer a história" se recobriam e, por isso, a historiografia era uma "ciência" do "processo histórico" e não um mero relato. O historiador precisava se posicionar ao lado dos revolucionários, pois esses eram os portadores da Razão e, portanto, da Verdade. Após a Revolução Francesa, "a história tornou-se sujeito", havia um "trabalho da história", que dominava os homens. A história era um "coletivo singular", do qual o historiador participava como cidadão e devia orientar como historiador. A história-*geschichte* significava que a humanidade era um "coletivo singular", que ninguém escapava ao seu movimento e o melhor seria tomar consciência do seu lugar no processo e agir. O futuro-Razão tornou-se o "mestre da vida", e não será repetição do passado, pois o passado era o lugar da ignorância, do obscurantismo, da superstição, da violência, da escravidão, das trevas, que geravam sentimentos de remorso, pesar, vergonha e indignação. A historiografia tornou-se uma "grande narrativa" da história universal da humanidade, que assumiu uma unidade épica. A historiografia era uma "consciência histórica"; não era somente uma sequência cronológica, e devia mostrar os eventos em sua lógica interna, que deviam ter a direção da Liberdade. A "narrativa histórica" era um todo, com princípio, meio e se dirigia a um fim, que conectava e dava direção aos eventos heterogêneos. Kant e Hegel encontraram na história um fio condutor e fizeram da historiografia um sistema racional. Considerada como "sistema", a história e a historiografia, a realidade e a escrita adquiriram uma unidade épica; os eventos desordenados tinham um sentido/significado e um sentido/direção. Cada fato singular fazia parte de um todo, cada evento tinha uma força interna que fazia mover o todo. A história era um plano oculto que se manifestava nos eventos, um poder que se impunha aos homens. Do plural se fez a singularidade: as justiças tornaram-se a Justiça, as liberdades tornaram-se a Liberdade, os progressos tornaram-se o Progresso, as revoluções tornaram-se a Revolução, as histórias tornaram-se a História, os homens tornaram-se a Humanidade (KOSELLECK, [1990] 2006d, e).

Embora tenha sido a Revolução Francesa que realizou a história como "História Universal da Humanidade", embora tenha sido o Terceiro Estado, o povo francês, que levantou a bandeira dessa "nova história", para Koselleck, foram os alemães que criaram o pensamento histórico/historiografia desse novo mundo. A "história" revolucionária era francesa, mas o conhecimento/historiografia dessa história era alemão. Para ele, os pensadores dessa "nova história" foram os "filósofos da história" alemães, Humboldt, Herder, Kant, Hegel, menosprezando, talvez, as imensas contribuições de Rousseau, Voltaire, Diderot e dos próprios revolucionários franceses, como Robespierre e Marat, que não somente agiam, mas articulavam as novas ideias em discursos inflamados para legitimar suas ações. Contudo, Koselleck desqualifica essa "historiografia revolucionária": "essa filosofia da história gerou histórias conjecturais, hipotéticas ou prescritivas, destruindo o caráter modelar dos acontecimentos passados em nome do Progresso. A filosofia do Progresso separou natureza e história, percebendo o Progresso como uma temporalidade especificamente histórica. A Razão impedia que o homem aprendesse diretamente a partir da experiência passada, pois o todo está agindo agora e o futuro prevalece na avaliação do processo". O futuro e o passado jamais coincidiam porque não havia repetição, mas irreversibilidade, e uma "previsibilidade imprevisível": o futuro de Luzes era previsível, mas os eventos e os atores que vão realizá-lo emergirão no próprio processo e competia ao filósofo da história reconhecê-los e apoiá-los. O processo histórico moderno era imprevisível, porque era o inédito futuro o "mestre da vida" e o historiador era obrigado a julgar e a instruir o presente tomando essa utopia como "mestra da vida". O conceito de "ciência" da história não exigia neutralidade e renúncia às paixões, ao contrário, conhecer o processo histórico "cientificamente" era saber da utopia e engajar-se, ter a paixão de lutar por sua realização. A historiografia Iluminista tornou-se um tribunal severo, que julgava e executava a história do mundo. O "tempo revolucionário" da "história em si e para si" era um tempo punitivo: o dever-ser futuro avaliava o que foi e condenava os eventos e os atores "reacionários", que freavam ou impediam o surgimento do novo absoluto. O Iluminista não tolerava qualquer inclinação para o passado, que não podia ensinar nada ao novo futuro e nem impedi-lo de ser inaugurado já (KOSELLECK, [1990] 2006d, e).

Para a vitória da Revolução, a historiografia precisava buscar no passado os eventos/atores que, "em germe", a anunciavam. O novo futuro será uma criação dos homens e o filósofo/intelectual da história tinha a função de decifrar a direção da Razão em meio ao caos dos eventos e personagens. Ele devia compreender o sentido da marcha dos homens e descrever a sociedade futura segundo a Razão. O Progresso era um tempo genuíno da história, que impôs uma confiante aceleração do tempo em direção à esperança de uma sociedade Moral, Justa, Livre. A Revolução Francesa despertou/revelou o futuro desejado e, por isso, não havia mais dúvidas: esse futuro devia se instalar imediatamente no presente, pois era a "Verdade da História". A historiografia-*geschichte* tornou-se uma "ciência reflexiva", não relatava casos isolados, não era mais uma coletânea de exemplos, mas o único caminho para o esclarecimento da "fase" em que se encontrava o presente na marcha universal para o futuro. Os marxistas recebiam lições do futuro! O professor de História não devia ensinar o aluno a repetir as lições do passado, mas a "reagir" à história presente e a "agir" para a realização da utopia, sobre a qual a Razão não deixava nenhuma dúvida sobre a necessidade e a possibilidade da sua realização (KOSELLECK, [1990] 2006d, e).

Koselleck é crítico desse regime de historicidade moderno-futurista e de sua historiografia-revolucionária, porque, opondo-se à história *magistra vitae,* criava uma ruptura crescente entre o "espaço de experiência" e o "horizonte de expectativa", assumindo riscos inaceitáveis ao entrar pelo túnel do futuro, com uma confiança ingênua na "Razão" e em seus "oráculos", e só se viram/viveram "tempestades revolucionárias". A "era das Revoluções" era legítima? Para ele, era de "um otimismo comovente!" Para mim, talvez, ele tenha escrito esse livro para, aliviado, proclamar que esse futuro, felizmente, já era passado! Para ele, o discurso da "emancipação da humanidade" era "um discurso moral que escondia um projeto político, era a reivindicação de dominação dos iniciados nas leis do Progresso, o 'revolucionário'". O ativismo tornou-se profissional, as lideranças revolucionárias se sentiam autorizadas a fazer a história radicalmente, protegidas pela máscara/farsa do discurso moral. A filosofia do Progresso se considerava a "Revelação", a legítima, e criou seus antônimos, a Reação e a Contrarrevolução. Ela produzia seus inimigos para perpetuar-se. O revolucionário podia se servir de todos os meios porque a Revolução era legítima e o fim justificava os meios. Dizia-se que o objetivo da Revolução era a extinção de toda forma de dominação com a utópica reunião entre a sociedade civil e o Estado, que seria uma tarefa dos homens e infinita. A modernidade desligou-se do passado/experiência e disparou perigosamente em busca de um futuro inédito cujo conteúdo desconhecia. Mas, afinal, o que seria, concreta e historicamente, uma sociedade Livre, Justa e Solidária? Afinal, quem podia dizer o que significava a palavra "Liberdade"? Os homens nunca tiveram essa experiência, nunca houve uma sociedade assim, e os filósofos e agentes da Revolução divergiam, se confundiam, se dividiam e se enfrentavam, com violência, quando tentavam construir um modelo dessa utopia. Para Koselleck, "a historiografia desse regime de historicidade tornou-se mais manipulável do que falseável, a documentação era secundária, mais importantes eram os juízos, projetos e ideias que motivavam os homens", que os levavam ao "lugar nenhum" da utopia.

Para mim, o enorme impacto de *Futuro passado* pode ter também esse sentido político conservador: foi uma pá de cal lançada sobre o pensamento histórico da "modernidade" ao mesmo tempo em que, implicitamente, legitimava a chegada de um outro regime de historicidade, o "pós-moderno 'presentista'". Penso que o regime de historicidade moderno-futurista foi de uma ousadia surpreendente! Os homens se sentiram capazes de pensar a história por si mesmos e de fazê-la, afastando a submissão aos "círculos naturais", aos desígnios da Providência e ao autoritarismo da Monarquia Absolutista de Direito Divino. Foi a primeira vez que se codificou uma moralidade humanista na Declaração Universal dos Direitos do Homem, que se contestou a hierarquia e a desigualdade, o racismo, a guerra, a violência, o poder não baseado na vontade popular. Foi a primeira vez em que se percebeu e se pensou a História como sendo da Humanidade e do Planeta/Universo. Foi a primeira vez em que se ouviu a voz do Terceiro Estado, uma voz, secularmente, abafada, reprimida, e que, para se ouvir e ser ouvida, tinha de ser articulada aos gritos e acompanhada de gestos violentos. Para mim, foi um momento áureo da experiência histórica e do pensamento histórico. Koselleck reconhece que a representação moderna da temporalidade era original, inédita, abrindo-se de forma ousada e corajosa ao futuro. A história-*geschichte* inverteu a relação entre o "espaço da experiência" e o "horizonte de expectativa", colocando o segundo como primeiro e mestre da vida! Ele reconhece a genialidade dos filósofos da história e dos revolucionários, que criaram conceitos históricos inéditos, "futuro como novidade absoluta", "recusa da história *magistra vitae*", "história-*geschichte*", "História Universal", "história feita pelos homens", "Revolução", "utopia", "Igualdade, Liberdade, Fraternidade", "aceleração do tempo", que, para ele, significavam um "tempo com uma nova qualidade, moderna". Um "futuro livre" tornou-se o critério para a avaliação do passado e de aprovação das ações humanas no presente.

Contudo, ele procura diminuir esse ineditismo surpreendente aproximando esse tempo revolucionário das concepções do futuro-Fim do Mundo e do futuro-Prognóstico Racional. Para ele, esse "tempo moderno futurista" foi uma síntese de "prognóstico racional" e de "desejo de salvação". Uma teleologia substituiu a tradição como fio condutor explicativo do processo histórico, "História" passou a se referir à marcha do presente ao futuro e a "historiografia", paradoxalmente, não tratava mais do passado, mas do futuro, discursos feitos para justificar a Revolução. Koselleck reduz esse "tempo inédito" a um mero "processo de secularização das expectativas apocalípticas de salvação". A filosofia do Progresso era uma mistura de prognósticos racionais, típicos do Estado absolutista, e previsões de caráter salvacionista, típicas do futuro-Fim do Mundo. A filosofia da história do Progresso se impôs porque o Estado absolutista e seus prognósticos racionais não eram capazes de satisfazer à exigência soteriológica, mas, assim como o futuro-Fim do Mundo, a Revolução também não se realizava nunca, a "salvação" era sempre adiada, um imperativo que se eternizava. A filosofia do Progresso se aproximava das profecias religiosas quando criava ficções como o "Império que vai durar mil anos" ou a "sociedade sem classes". Koselleck questiona também a atualidade/adequação do pensamento histórico moderno, porque, na segunda metade do século XX, já eram visíveis os riscos e perigos que impunha à humanidade. Após a Segunda Guerra Mundial, ficou perigoso tentar realizar a Revolução Universal, porque o Planeta encolheu, tornou-se um espaço interdependente, e havia o risco de a desejada "Revolução emancipadora" tornar-se uma destruidora "Guerra Nuclear Universal". E, por tudo isso, proclama Koselleck, felizmente, esse "futuro-revolucionário" já era passado. Se o seu livro tivesse sido publicado 20, 30 anos antes, teria tido a mesma repercussão, teria sido tão bem acolhido e se transformado na referência incontornável que se tornou para os historiadores? Ou teria sido amaldiçoado como um "historiador antônimo"?

O "regime de historicidade dito 'pós-moderno' 'presentista'" e sua historiografia liberal (pós-1989)

Se Koselleck descreveu a "modernidade" como uma "era de Revoluções", como uma "história em si em busca do seu para si", como um distanciamento abissal entre o "espaço da experiência" e o "horizonte de expectativa", como um "futuro-Progresso" aberto ao inédito e desconhecido, Norbert Elias, em seu *O processo civilizador*, descreveu-a com outro conceito de "Progresso", oferecendo outra interpretação do "regime de historicidade moderno". Agora, não há mais um "Progresso-Revolução" dirigido a partir do final utópico, mas um "Progresso-Evolução" em que o contínuo movimento da história faz aparecer outro conceito de "Razão". Em Elias, a "modernidade" é um "processo civilizador", que também vai rompendo com o passado, mas gradualmente, ora se retardando, ora se acelerando, em busca de uma "racionalidade" muito diferente daquela vislumbrada pelo Iluminismo revolucionário. A conquista dessa racionalidade não será através de uma ruptura radical, revolucionária, com o passado. Para Elias, "o "processo civilizador" vai em frente, progride, minimizando as diferenças nacionais, enfatizando o que é universal". Nessa visão da "modernidade", o "futuro-Progresso" não realiza uma ruptura abissal entre o "espaço da experiência" e o "horizonte de expectativa": a Revolução Francesa não foi a "Revelação" da Razão. O "Progresso moderno" é um processo que não se explica por considerações lógicas e morais, pela busca da "consciência para si" de um "processo histórico reflexivo" em busca da Liberdade, Igualdade e Justiça, mas pela "modelação de pulsões e sentimentos". A "Razão" não é uma "consciência de si" da Humanidade universal, o processo histórico não se dirige a um "para si" final, a um reconhecimento e reencontro de toda a Humanidade. Para Elias, os homens tornam-se "racionais" por "modelação social", pela canalização das pulsões e emoções dos indivíduos, pelo controle e autocontrole do seu comportamento. O "processo civilizador" é uma mudança que ocorre na conduta e sentimentos, uma mudança não planejada e não realizada por medidas conscientes, intencionais, deliberadas. A "civilização" não é o produto da Razão humana, a organização final, para a qual a história progride, não será fruto de um planejamento e cálculo a longo prazo e não será resultado de um gesto violento, feito pelos homens, para a conquista de uma sociedade justa e livre. O "processo civilizador" não é uma "ordem racional", intencional, deliberada, e nem "irracional", incompreensível, ininteligível; ela consiste na contínua modelação social dos impulsos e paixões individuais (Elias, 1993).

Elias elaborou uma sociologia figuracional, examinando o surgimento de configurações sociais como consequências inesperadas da interação social. No "processo civilizador", planos e ações, impulsos emocionais e racionais de pessoas isoladas, se entrelaçam, criando um tecido/ordem que ninguém planejou. Surgiu uma ordem acima da vontade de pessoas isoladas, que Kant chamou de "natureza" e Hegel, de "espírito universal". Na mudança social civilizadora, o controle efetuado por terceiras pessoas tornou-se autocontrole. As atividades mais animalescas foram excluídas da vida em comum e investidas de sentimento de vergonha. A regulação da vida instintiva e afetiva por um firme autocontrole tornou os indivíduos cada vez mais estáveis e uniformes. Modelados, os adultos modelavam as crianças. Para ele, os fatores da mudança civilizadora foram: "a diferenciação das funções sociais, a monopolização da força física, a centralização dos impostos, o crescimento das cadeias de interdependência". As pessoas passaram a sincronizar as suas ações umas com as outras; a teia de ações exigia do indivíduo uma conduta regular, uniforme. Foi posto no indivíduo um cego aparelho automático de autocontrole, que pressupunha a redução do medo do outro. A pacificação do espaço público pelo Estado levou à mudança civilizadora do comportamento: "moderação das emoções espontâneas, controle dos sentimentos, ampliação do comportamento mental além do momento presente, o hábito de ligar causas e efeitos, o cálculo de custos e benefícios de uma ação, a previsão a longo termo". Na vida civilizada, o medo não é mais externo, mas interno. O processo civilizador ocidental tem longas cadeias de interdependência, um nível maior de divisão de funções, um nível maior de tensões internas. A competição entre os indivíduos é estimulada, mas com regras pacificadoras, cooperativas (ELIAS, 1993).

Na perspectiva de Elias, portanto, a "modernidade" não surgiu de uma ruptura radical com o Antigo Regime, pelo contrário, a ocidentalização do mundo começou na Corte francesa, no Estado Absolutista, alastrou-se pelas sociedades nacionais até os níveis mais baixos, estendeu-se pelos países colonizados, atingindo os interiores mais remotos do Planeta. A tendência era a diminuição progressiva das diferenças de comportamento entre os grupos, embora o modelo sofresse adaptações na própria Europa e no mundo colonizado. Foi na Corte francesa, nos séculos XVI-XVII, que esse processo se acentuou. A cerimônia, a etiqueta controlava gestos, passos, distâncias com o poder. O gesto era sincronizado e supervisionado. Os guerreiros tornaram-se cortesãos. Surgiu a boa sociedade, dirigida pela palavra, pela intriga e não mais pela força física. Os indivíduos lutavam não mais fisicamente; faziam uma luta surda, com previsão, cálculo, autocontrole, alianças. Havia mistura de reconhecimento e distanciamento, e cada cumprimento, cada conversa participava de um combate. O comportamento tornou-se estratégico: reprimia-se o mau humor, cumprimentavam-se os inimigos. O comportamento civilizado era de vigília. A luta passou para dentro do indivíduo, que se tornou complexo, agindo contra seus próprios sentimentos, estudando o outro e a si mesmos. Analisavam o outro, não isoladamente, mas como elo do entrelaçamento social. A estruturação da personalidade acompanhava as mudanças da estrutura social (ELIAS, 1993).

Elias definiu o "processo civilizador" como "o movimento de ocidentalização do Planeta, como se os europeus fossem a classe alta da Terra. Foi o autocontrole e a previsão que levaram as elites ocidentais ao poder mundial. Todo afrouxamento do modelo era desaprovado, os membros das elites se supervisionavam, o menor deslize levava à degradação, à vergonha". O "Progresso" mudou as relações mútuas, a configuração indivíduo/sociedade. Elias descreveu a temporalidade desse processo civilizador com a metáfora do rio: um processo contínuo, gradual, sem repetição e sem saltos. Havia mudança e continuidade, nenhum evento/indivíduo podia ser isolado ou se isolar desse movimento perpétuo. A ocidentalização seria um fluxo sem interrupção, um gerúndio: "sendo", "desenvolvendo", "desdobrando", "processo", "progresso", "evolução". O sentido desse processo: a integração de todos os indivíduos à sociedade sob o domínio dos grandes Estados. Os indivíduos eram obrigados a reestruturar sua personalidade, ocorrendo uma interpenetração de valores de classes diferentes. Esse processo gerou crise e reflexão, porque os padrões antigos eram contestados e novos ainda não tinham surgido. Havia contramovimentos maiores e menores, recuos, e houve momentos em que os indivíduos voltaram a explodir, mas sem interromperem o processo. Nessa perspectiva, não houve "Revolução Francesa" e nem outras revoluções, que foram apenas "contramovimentos" mais radicais, que tiveram como consequência a consolidação do movimento contínuo do "progresso civilizador". O Antigo Regime não ficou para trás, pelo contrário, impôs-se ao mundo burguês, que passou a mimetizar os valores, os rituais, a representação de si dos nobres, que se imaginavam "homens superiores", porque refinados, modelados, possuíam autocontrole, agiam com previsão e cálculo, sabiam usar a linguagem como uma espada, sabiam usar símbolos que intimidavam, sabiam colocar o outro "em seu lugar e à distância" apenas ostentando seus sinais, linguagens, objetos, vestuários, que expressavam, sem que o outro percebesse, o seu "poder simbólico" (Elias, 1993; Bourdieu, 1999).

O ponto de vista de Elias sobre a "modernidade" pode ser visto pela "outra modernidade" como expressão do "discurso reacionário" dos burgueses enobrecidos, que traíram o projeto de Igualdade, Solidariedade e Liberdade da Revolução Francesa. Contudo, na perspectiva da "Reação", quem agia de forma responsável e consequente, em nome da Razão e do Progresso, era a burguesia, que soube preservar a tradição, soube aproveitar o que havia de positivo no Antigo Regime. A burguesia revolucionária não impôs uma distância abissal entre o "espaço da experiência" e o "horizonte de expectativa", pelo contrário, mais "realista", soube articulá-los de tal forma que o futuro continuaria a ser a expectativa do novo, sem romper com o passado. Elias parece otimista em relação às conquistas do "processo civilizador": a vida tornou-se menos perigosa, a presença do outro se tornou menos terrível, a violência física e contra a vida foi controlada, os choques físicos diminuíram. Mas reconhece que também houve consequências desfavoráveis: a vida se tornou menos prazerosa, as satisfações reais dos desejos foram substituídas por livros, poemas, artes, cinema, sonhos. O campo de batalha foi transferido para dentro do indivíduo, que vivia uma luta interna entre ID e superego. A vida social tornou-se tensa, a expressão moderada perdeu ímpeto, vitalidade. As pessoas se frustravam porque não podiam realizar seus desejos sem modificá-los. O indivíduo tornou-se insensível aos seus impulsos, sua energia emocional foi represada, a modelação pessoal os atormentava e houve indivíduos que adoeceram para sempre. Para Elias, o "processo civilizador" exigia muito dos indivíduos, mas raramente era só favorável ou só desfavorável, os civilizados viviam entre esses dois extremos. A estruturação da personalidade era permanente, era na infância e adolescência que era mais bem constituída, mas a vida adulta era atormentada por fantasmas infantis. Esse processo evolutivo, contínuo, acima de todos os envolvidos, parecia irresistível, pois realizava um "aperfeiçoamento" de fora para dentro, institucional, e de dentro para fora, pelo autocontrole. A "modernidade revolucionária futurista" interpela esse "processo civilizador", que vem de cima para baixo, do centro para a periferia: ele conduzirá a mais Liberdade e Justiça ou à violência cada vez mais "refinada" do autocontrole? (ELIAS, 1993; REIS, 2011).

Michel Foucault, em *Vigiar e punir*, também descreveu a "modernidade" como um processo de "disciplinarização" dos corpos dos indivíduos para que se integrassem de forma "dócil" e produtiva à sociedade. O enfoque de Foucault é a "modelação" do corpo através de pressões institucionais e de "microrrelações de poder", mostrando como funciona em escala micro a macrovisão da modernidade de Elias. Para Foucault, a "modernidade" criou uma nova tática política "civilizadora" que prendia os corpos com suas próprias ideias. Nos séculos XVIII/XIX, surgiu o poder disciplinar, a coerção controlada do corpo. O corpo era manipulado, moldado, treinado, para obedecer, para tornar-se hábil, útil, adestrado, "dócil", para ser submetido, utilizado, transformado, aperfeiçoado. O corpo era fabricado pelo poder: movimentos, gestos, atitudes, rapidez. O corpo era disciplinado nos colégios, hospitais, exército, templos, por mandamentos, regulamentos, inspeções, exercícios. A disciplina quadriculava os espaços, distribuía os indivíduos; cada um tinha o seu lugar, sua célula e função, a sua posição na fila. As atividades eram controladas: horários bem determinados, gestos medidos, eficiência. A aprendizagem era organizada, passo a passo, calculada, numa complexidade crescente. A individualidade evoluía, era aperfeiçoada. O modelo do poder disciplinar era o panóptico de Bentham: vigiado, o indivíduo passava a se controlar por dentro, e vigiava. O poder tornava o corpo mais eficaz, mais sutil. Nessa "microfísica do poder", todos lutam, todos têm estratégias, disposições, manobras, táticas. Seu modelo de "sociedade civilizada" é uma batalha perpétua. Um corpo "dócil" não o é porque é submisso, mas porque é bem treinado para os seus enfrentamentos. Como afirma Elias, "os indivíduos lutavam não mais fisicamente, faziam uma luta surda, com previsão, cálculo, autocontrole". O poder não era só da classe dominante, do Estado; todos tinham poder, mesmo os que pareciam não ter. As relações de poder são capilares e se aprofundam na sociedade, não se concentrando no Estado. São inúmeros focos de luta, de instabilidades, de inversões de poder. A derrubada desses micropoderes não obedece à lei do tudo ou nada, ele não é adquirido ou suprimido de uma vez por todas. Assim como Elias, Foucault não avalia esse "processo disciplinador", não discute se construía uma sociedade melhor ou pior, apenas o descreve, embora perceba que a "civilização" funcione em um clima de penitenciária, de reformatório, de mosteiro, de exército. Elias e Foucault não concebem a Razão como criadora de uma "sociedade emancipada", para eles, a "sociedade civilizada" será cada vez mais autocontrolada, disciplinada, automatizada (FOUCAULT, 2008).

E. P. Thompson, em *Tempo, disciplina do trabalho e capitalismo industrial*, também descreveu o "regime de historicidade" da "modernidade" como um "processo racionalizador", que significou disciplina, controle do tempo e das emoções. Entre 1600-1800, segundo ele, "mudanças importantes ocorreram na percepção do tempo na cultura europeia". Para Thompson, não existe desenvolvimento econômico que não seja também uma mudança cultural. O cerne da cultura é a percepção do tempo e, nesse período, na Europa ocidental, surgiu o contraste entre o tempo da natureza e o tempo do relógio, surgiu um tempo urbano, o tempo do mercador e, depois, o tempo da indústria. Surgiu uma disciplina puritana, metodista, com uma exatidão burguesa: precisão da hora comprada, do peso comprado. A ascensão do capitalismo na Inglaterra impôs à classe operária disciplina, autocontrole, submissão ao tempo do relógio. O relógio mecânico passou a regular o trabalho e a referência do ritmo mais produtivo era a máquina, que os operários deviam imitar. O relógio tornou-se central para a cultura burguesa. O capitalismo nascente tornou o relógio um equipamento indispensável e, talvez, fosse a máquina mais importante de uma indústria. Ele regulava os ritmos da vida industrial, a sincronização do trabalho era essencial. As máquinas da Revolução Industrial trouxeram disciplina ao trabalho industrial, ensinaram o operário a trabalhar de forma regular e contínua; ensinaram o cálculo da produção, o quanto se podia produzir em determinado período de tempo; e ensinaram a valorizar os minutos para se ter maior produção. O discurso moralista dos puritanos legitimava esse "processo disciplinador" do capitalismo industrial emergente: "o trabalhador que preferisse o ócio só poderia esperar a pobreza como recompensa. Era preciso ir cedo para a cama para levantar cedo". A educação era vista como um treinamento para a aquisição do hábito de trabalho: pontualidade, regularidade, continuidade, disciplina. Os metodistas ofereciam seu próprio relógio moral interior: era preciso "empregar todo o tempo para o dever, para evitar o pecado. O ócio é do demônio, se dormirem agora, irão despertar no inferno". Thompson descreve o processo civilizador, de Elias e Foucault, do ponto de vista da classe operária inglesa, do ponto de vista da "modernidade-Revolução", e o considera um processo irresistível de "refinamento e aprofundamento" da opressão e repressão da burguesia-enobrecida monarquista e lamenta a sua expansão para os povos não europeus (THOMPSON, 1998).

Segundo Zygmunt Bauman, Freud não era um "revolucionário", mas, como filósofo-médico, também era crítico desse "processo civilizador", e, em 1930, publicou *Mal-estar na civilização,* onde fazia uma leitura da civilização próxima à de Elias. A tese de Freud: "quando se ganha alguma coisa, perde-se outra". Na civilização moderna, com a disciplinarização e modelação dos corpos, com a imposição do autocontrole, ganhou-se beleza, limpeza, ordem, harmonia, pureza, organização, mas o preço foi doloroso: a coerção dos instintos, o sacrifício da sexualidade e da agressividade. O princípio do prazer foi reduzido ao princípio de realidade, o homem civilizado trocou a felicidade pela segurança. Bauman sustenta que, para Freud, "a ordem moderna é compulsão, regulação, repressão, renúncia forçada". O "sonho de pureza" da modernidade era o excesso de ordem, que trouxe a escassez de liberdade. Houve uma troca da felicidade por segurança, para que o processo civilizador pudesse prosseguir. Mas o trabalho de purificação, de pôr as coisas em ordem, não era manter as coisas tal como existiam, pois "progredir" era mudar as coisas como estavam, criar uma nova ordem, mais "racional", mais "perfeita". O cuidado com a ordem/pureza era introduzir uma nova ordem, artificial, um novo começo. A colocação em ordem dependia do desmantelamento da ordem tradicional. "Ser" significava um novo começo permanente, até a rotina, até o familiar tornavam-se "sujeira". Nada era mais seguro, prevalecia a desconfiança e a incerteza, e não é surpreendente que tenha desembocado em regimes totalitários, que produziam "novos estranhos", vizinhos podiam se tornar monstros. Era um mundo em movimento constante, o medo impregnava a vida diária. Criava-se a estranheza para a assepsia absoluta. A ordem moderna tornou-se autoritária em relação a estranhos, a limpeza era planejada e total. Os Estados nacionais reforçaram a uniformidade da "identidade" dos seus cidadãos, a purificação foi uma coletivização. O nazismo e o comunismo tinham ideais de pureza meticulosas. O "paradoxo moderno": a impureza eram os "revolucionários", que, na verdade, só eram modernos radicais em sua luta contra a tradição, pois queriam construir uma ordem ainda mais pura, uma pureza total, uma sociedade racional perfeita, utópica! (BAUMAN, 1998).

Em 1989, foi esse "regime de historicidade", essa "modernidade civilizadora, disciplinadora, integradora, racionalizadora, instrumentalizadora, modeladora", dos indivíduos, que venceu a outra "modernidade revolucionária". O futuro-Progresso venceu o futuro-Revolução e, sem a resistência dos seus antônimos, acelerou a implantação da sociedade-mercado global. O Progresso venceu a Revolução: a marcha da história devia ser gradual, contínua, segura, estável, e se houvesse alguma aceleração, seria em direção a uma sociedade planetária "civilizada". Superada a "aceleração futurista" da Revolução permanente, o "processo civilizador" desembocou na euforia de um "presentismo" vitorioso. O Planeta se ocidentaliza paulatinamente, mimetizando seus padrões: políticos (democracia), econômicos (capitalismo), sociais (mobilidade através da liberdade individual de empreender), culturais (autocontrole, laicidade). François Hartog designa esse novo "regime de historicidade" de "pós-moderno", porque concebe a "modernidade" como futuro-Revolução. Se aquela modernidade era "futurista", para ele, "a temporalidade contemporânea é dominada pelo presente" (HARTOG, [2003] 2013). Para Hartog, "o grande evento que definiu a nossa época foi a

Queda do Muro de Berlim, em 1989, que representou o fim do projeto comunista e da Revolução e a ascensão de múltiplos fundamentalismos. Houve um corte no tempo, o fim da tirania do futuro, que se tornou imprevisível. A crise do futuro estremeceu a relação do Ocidente com o tempo, a história tornou-se um túnel escuro, sem segurança, incerto". Para Hartog, "vivemos uma 'ordem do tempo desorientada', entre dois abismos: de um lado, um passado que não foi abolido e esquecido, mas que não orienta mais o presente e nem permite imaginar o futuro; de outro, um futuro sem a menor imagem/figura antecipada". Para ele, "vivemos em uma brecha temporal: o presente parece já passado. Vivemos já no absoluto, pois temos a velocidade onipresente. Para que olhar para trás? Veloz, o presente torna-se eterno! Cada dia será o último dia e se quer apreciar cada hora, porque só o presente é felicidade. O passado e o futuro são desvalorizados em nome da vida e da arte". Os pensadores que valorizam o presente são resgatados, Nietzsche, Maio de 68: "esquecer o futuro", "tudo agora". Para Hartog, esse "presentismo" é contra o caráter emancipador da marcha revolucionária para o futuro e significa o fim de uma ilusão. O presente não é mais Revolução e por isso é chamado de "pós-moderno" (HARTOG, [2003] 2013).

Zygmunt Bauman também considera "a temporalidade contemporânea como 'pós-moderna', e o 'sonho de pureza' da pós-modernidade trocou a segurança por alguma felicidade, o princípio do prazer/a liberdade individual se impôs, apesar dos riscos". Com a vitória sobre o futuro-Revolução, tende-se à desregulamentação e a novas experiências, novas aventuras, opções abertas. O mercado mantém essa insatisfação, excita a busca por novos prazeres. Hoje, as fronteiras se deslocaram, tudo é menos claro, as categorias são confusas, as diferenças não são enquadradas, mas se multiplicam, em novas composições e configurações. E pergunta: "será que o mundo pós-moderno seria mais tolerante, democrático, apreciaria o outro, a diferença?". Segundo ele, não. Há um severo "teste da pureza": "você tem de se adaptar ao mercado consumidor, ser capaz de vestir e despir identidades, de passar a vida em busca de novas sensações e experiências". A "sujeira" são os não consumidores, os consumidores falhos, que não têm possibilidade de fazer escolhas, porque não têm recursos. São objetos fora do lugar, que os supermercados e shoppings mantêm à distância com câmeras e guardas fortemente armados. Carros e casas são verdadeiras fortalezas elétricas contra essa "sujeira". O Estado se afasta da economia, desregulamentando o mercado. Os que são sorvedouros de dinheiro público, do dinheiro dos contribuintes, os funcionários, escolas e hospitais são mantidos ao menor custo possível. Os problemas sociais voltaram a ser "casos de polícia". O "paradoxo da pós-modernidade" é que a "sujeira" são os que desrespeitam a lei, fazem a lei com as próprias mãos, ladrões, terroristas, servidores corruptos. Mas eles são apenas pós-modernos radicais, porque radicalizaram a desregulamentação e a privatização. A "impureza" é a extremidade oposta da forma pura (BAUMAN, 1998; HARTOG, [2003] 2013).

Contudo, se vemos esse "presentismo" a partir da segunda interpretação da "modernidade", a de Elias, ele não é uma "ordem do tempo desorientada", pelo contrário, é a expressão plena do "regime de historicidade moderno", pois encontra sua raiz nas Cortes francesas do Estado Absolutista, na aliança entre nobreza e industriais da Inglaterra, e em sua visão do futuro como "prognóstico racional", do qual a Bolsa de Valores é a concretização mais sofisticada. Esse "presentismo" dominante expressa o tempo imperioso da globalização, que é a confiança no futuro-Progresso e na sua realização. O Progresso tecnológico continua a galopar, a sociedade de consumo se expande, as palavras-chave desse presentismo são produtividade, flexibilidade, mobilidade, consumo a crédito, que expressam o tempo empresarial capitalista. O tempo mercadoria se radicalizou e deve ser usado/comprado e consumido até o nano segundo. Euforia empresarial, mercantilização absoluta do tempo, que escamoteou a morte, ninguém mais se sente finito. Portanto, esse "regime de historicidade 'presentista'" pode ser considerado de duas formas: os intelectuais descendentes do Iluminismo o veem dramaticamente como "pós-moderno", como o fim do sonho do futuro-Revolução-Emancipação da Humanidade, uma tragédia que se abateu sobre a Humanidade; e, pela burguesia-enobrecida, é visto como "neomoderno", como uma "aceleração" da "modernidade-Progresso", como o auge da "modernidade". Por um lado, estamos na "pós-modernidade" da "modernidade revolucionária futurista" e todas as avaliações nessa direção, em geral, decepcionadas, fazem sentido; por outro, não estamos em um regime de historicidade posterior ao da "modernidade-processo civilizador", mas na eufórica época da sua vitória sobre seus antônimos. Os pós-modernos sentem-se derrotados, desorientados, pois perderam o significado e o vetor da História Universal, a utopia da sociedade justa e livre. Mas os "neomodernos", vitoriosos em 1989, sentem-se no auge da sua glória, pois o seu juízo sobre o "Fim da História" prevaleceu, e, agora, podem fazer escolhas e governar sem obstáculos em sua busca de uma sociedade adestrada, disciplinada, modelada, integrada, educada, empreendedora, competitiva e eficiente, e, sobretudo, garantida pelo "autocontrole" dos seus membros tão bem implantado pelo seu sistema institucional-educacional (BAUMAN, 1998; HARTOG, [2003] 2013).

Se a dita "pós-modernidade" corresponde à vitória da "neomodernidade", como ficou a historiografia nesta sociedade-mercado livre? Qual seria a utilidade da historiografia para esta vida veloz, irrefletida, intensa e efêmera? O conceito "história *magistra vitae*" ainda faz sentido ou foi definitivamente eliminado do "regime de historicidade neomoderno presentista"? O que pode ensinar um professor de História e o que é a pesquisa histórica, hoje? Eu tratei mais detidamente desse tema no capítulo "A historiografia pós-1989: pós-modernismo, representações e micronarrativas", do meu livro *Teoria & História: tempo histórico, história do pensamento histórico ocidental e pensamento brasileiro* (2012), numa perspectiva "pós-moderna", do qual retomo alguns parágrafos. Para Linda Hutcheon, por um lado, de fato, "a história tornou-se uma questão problemática na dita 'pós-modernidade'". Há hostilidade à historiografia, porque ela é vinculada aos pressupostos culturais e sociais da "modernidade-revolucionária futurista" contestados: "crença em origens e fins, unidade e totalização, lógica e Razão, consciência, progresso-Revolução, teleologia, linearidade e continuidade do tempo". Para muitos, a realidade do passado não interessa mais e a história é um saber inútil porque não dá lucro. Se a lógica cultural presentista é a do mercado, por que alguém investiria ou compraria a crítica social do presente produzida pelos historiadores? Contudo, por outro lado, Hutcheon é otimista, porque, para ela, a "neomodernidade" não recusa a história, mas produz uma redefinição da sua representação para a sociedade e do sentido do trabalho do historiador. A historiografia deixou de ser a "história ciência futurista-revolucionária" para se adequar à nova "fase" do "regime de historicidade neomoderno": enfatiza a natureza provisória e indeterminada do conhecimento histórico, suspeita da neutralidade e objetividade da narrativa, questiona o estatuto ontológico e epistemológico do fato histórico. A "neomodernidade" dá à historiografia a mesma função que dá à literatura: atribuir sentido ao passado. O sentido não está nos acontecimentos, mas nos discursos construídos sobre eles. Os valores não são vistos como atemporais e universais, mas contextuais. Contra a síntese, defende-se a multiplicidade e a pluralidade das histórias. A narrativa neomoderna fragmenta, desestabiliza a tradicional identidade unificada. Não há mais historicidade autêntica, porque as identidades são atravessadas pela ficção. É este o produto que o historiador oferece no mercado: sentidos atribuídos ao passado, interpretações, uma pluralidade de histórias, que permitem aos seus consumidores construírem as suas identidades/representações de si (HUTCHEON, 1991).

Para Hutcheon, "a história neomoderna ensina a reavaliação do passado, não a sua destruição". É uma atualização do saber histórico, a sua adequação ao mundo pós-1989. Todos os sentidos mudam no tempo e o nosso tempo não quer ser nostálgico do passado. Para ela, não se deve lamentar, mas exultar: "perdemos a ingenuidade em relação à historiografia. Sabemos que nossas opiniões sobre a história não são isentas de valor e deixamos de supor que a linguagem coincide com o real". Os historiadores, hoje, narram os eventos em uma perspectiva parcial e explícita, expondo seus valores, para que os leitores julguem por si mesmos. Não há diferença entre fato e ficção, porque os próprios documentos já são textos. Há desconfiança em relação à teoria da história que exige rigor, objetividade e verdade. O objetivo da pesquisa é menos demonstrar que o fato ocorreu do que saber o que significou para um determinado grupo ou cultura. A historiografia neomoderna é formada por leituras múltiplas, por uma visão pluralista do passado. O evento retorna à história, o passado é abordado como já semiotizado, textualizado e autointerpretativo. Para White e para Jenkins, esse relativismo é positivo, uma libertação, porque joga "verdades" no lixo, desmascara privilégios. Desconstruiu-se a história processo-verdade universal para a construção de histórias pessoais e de grupos. O relativismo não é desesperança, mas emancipação (HUTCHEON, 1991; WHITE, [S.d.]; JENKINS, 2005).

Hutcheon considera a obra histórico-filosófica de Michel Foucault a referência maior da teoria da história contemporânea. Na neomodernidade, as descontinuidades, as lacunas, as rupturas são privilegiadas em oposição à continuidade, ao desenvolvimento, à evolução. O particular e o local substituem o valor universal e transcendental. A cultura é feita em redes de discurso, o sentido é dominado por poderes institucionais. O social é um campo de forças, de práticas, discursos e instituições, em que temos diversos focos de poder e resistência. Penso que Hucheon, Jenkins e Veyne têm razão em considerar que a historiografia neomoderna possui a sua maior expressão na obra histórico-filosófica de

Foucault, mas, para mim, é preciso levar em conta que ela mantém implícita outra filosofia da história, ainda maior do que ela, que lhe dá sustentação e sentido: a teoria do processo civilizador de Norbert Elias, conforme apresentado acima. O ponto de vista de Foucault sobre a história torna-se, então, a dimensão micro de um processo macro, o processo civilizador ocidental. As rupturas e descontinuidades da teoria foucaultiana são locais, pontuais, e não comprometem, mas realizam o avanço de um processo maior que envolve todos os povos, liderados pelo Ocidente, onde não há rupturas e descontinuidades. As práticas e os discursos, os enfrentamentos entre as forças, as lutas entre os regimes de verdade, a história dos saberes, os poderes disciplinares, em Foucault, portanto, se inscrevem, preservando a sua descontinuidade, em uma "evolução sem sujeito", o processo civilizador ocidental. Não é preciso alterar em nada a filosofia da história original de Foucault para fazê-la entrar em um quadro mais amplo, que lhe dá legitimidade e sentido. Pode-se entrar no processo civilizador por dois caminhos: o micro (Foucault) e o macro (Elias). Os micropoderes vitoriosos realizam um projeto maior sem que saibam disso; eles não percebem o sistema que os envolve. Mas suas paixões e vontades de potência são o combustível, as energias que movimentam um processo mais amplo, que domina todo o Planeta (HUTCHEON, 1991).[4]

Penso que os historiadores têm respondido com alguma agilidade a essa nova temporalidade contemporânea, mas parecem ainda nostálgicos do horizonte de expectativa do futuro-Revolução. Isso os faz perder espaço para os jornalistas, que possuem equipamentos eletrônicos poderosos, além de estarem muito bem integrados à nova lógica do mercado de consumo cultural. François Dosse mostrou a hegemonia da mídia, do jornalismo, sobre a historiografia, com o retorno do "Acontecimento monstro", do "Acontecimento mundo", em seu livro *O renascimento do acontecimento*. Para Dosse, desde 1968, o jornalista veio fazer concorrência ao historiador, porque, no tratamento da atualidade, a sua informação aproxima o Acontecimento das massas, que passam a participar dele. Os *mass media* não são externos ao Acontecimento, eles os constituem; é através deles que o Acontecimento existe, torna-se conhecido. É através

---

[4] Ver José Reis. A historiografia pós-89: pós-modernismo, representações e micronarrativas. In: *Teoria & história: tempo histórico, história do pensamento histórico ocidental e pensamento brasileiro*. Rio de Janeiro: FGV, 2012.

da mídia que o Acontecimento nos atinge. Antes, a imprensa e o rádio conduziram as massas nos Acontecimentos. Hoje, com a TV e a internet, a "fabricação" do Acontecimento se acentuou. Os primeiros passos do homem na Lua foram um Acontecimento mundial, assim como o 11/09/2001. Os telespectadores o viram acontecer e ouviram a narração e a interpretação imediatas. Para Dosse, o trabalho do jornalista, por um lado, é um "construtivismo": informação, análise e persuasão, um narrar/explicar para criar impacto, interação com o telespectador/ouvinte/leitor. Por outro, é manipulação também: substituem o tempo real por um tempo real-virtual, vendem notícias e servem ao poder. O tempo real-virtual da mídia não permite distância temporal, os acontecimentos são narrados e até comemorados enquanto acontecem. O Acontecimento é definido como "o que se afasta da norma, o que é improvável, singular, acidental. O Acontecimento é eruptivo, explosivo, rompe a norma e surpreende. Ele é carregado de afetos, sentimentos, emoções, e aberto a um devir de sentido plural. É um enigma-esfinge. É o novo que se quer compreender" (DOSSE, 2013).

Para compreendê-lo, a mídia o descreve, produz um enredo e o normaliza, para diminuir sua diferença. A economia midiática produz e consome o evento e até a guerra tornou-se espetáculo. Mas a descrição não fala do Acontecimento em si; seu sentido atribuído é configurado já na descrição. O fato de aparecerem na mídia e a recepção pública fazem parte do seu sentido. Ele é o acontecido, mas pesa sobre ele a construção da mídia e a recepção do público. Diante dessa temporalidade acelerada para a integração e não para a ruptura, Dosse questiona o caráter "estrutural e hegemônico", de "ordem do tempo" que se impõe a todos, do conceito de "regime de historicidade" de Hartog. Para ele, a vitória do liberalismo neomoderno criou um regime de historicidade fragmentado, composto por "temporalidades laminadas". O novo "regime de historicidade" permite considerar uma pluralidade de microrrelações, temporalidades múltiplas, "lâminas de tempo", que se entrelaçam em tensão, o que consolida a centralidade da obra histórico-filosófica de Foucault. O tempo é "laminado" porque é individual e de grupos: quantitativo, estatístico, genealógico (famílias), institucional, micropolítico, valores locais. A "laminação" desses tempos pode ser medida cronologicamente. Os Acontecimentos-mundo tornam-se, então, centrais, porque são como "nós de tempo", que tornam visíveis os "feixes de temporalidades", tornando-se fontes para uma história das sensibilidades. Entendido assim, o Acontecimento-mundo é prioritário sobre estruturas: o Sacrifício de Cristo, a Revolução Francesa, o Holocausto, o 11/09/2001, a Queda do Muro de Berlim. Para Dosse, por um lado, o Acontecimento tem um status relativo ao regime de historicidade em que se manifesta, mas, por outro, pode ser uma ruptura, a abertura de um novo regime de historicidade. Quem os aborda são os jornalistas e de forma tão impactante, por causa dos recursos tecnológicos que dispõem e da linguagem menos "técnica" que praticam, colocando o espectador "dentro" do Acontecimento, porque a sociedade neomoderna tem preferido o seu "estilo" também para a abordagem do passado. Nessa vitoriosa "ordem do tempo liberal", a "historiografia-mercadoria" tende a ser feita por outros profissionais já treinados para a produção de cultura de massa para consumo imediato. Pergunto eu: nós, historiadores, conseguiremos nos adaptar a essa cultura imediatista presentista? Ou preferiremos procurar alguma "lâmina temporal" onde ainda seja possível nos manter em uma posição crítica, de "Resistência", de "antônimos", desse "presentismo" liberal? Ou apenas sucumbiremos? (DOSSE, 2013).

Conclusão:
amor fati ou "dominar a dominação"?

Afinal, onde estamos? Para Luc Ferry, um "nietzschiano-Iluminista", uma espécie de "filósofo-oxímoro", em *Aprender a viver, filosofia para os novos tempos,* esse regime de historicidade "presentista" é culturalmente caracterizado pelo pensamento "desconstrucionista", pós-moderno, sobretudo de Nietzsche, "que revelou coisas demais e não é possível e nem desejável voltar atrás". Para ele, depois de Nietzsche, que não era utópico, mas "realista", "não podemos mais pensar como antes, sobreveio um desencanto do mundo, mas também novas formas de lucidez e de liberdade. A vontade de restaurar paraísos perdidos se origina sempre da falta de sentido histórico, pois os problemas a serem resolvidos pela democracia não são mais os do século XVIII". Para Ferry, "a alternativa atual é ou continuar pelo caminho aberto pelos pais fundadores da desconstrução ou retomar o caminho metafísico orientado pelos valores superiores das Luzes". Para ele, se escolhermos seguir o estilo da filosofia de Nietzsche, o risco será muito grande: "podemos recair no *amor fati*, uma atitude diante do real que o aceita do jeito que ele é. Todos irão buscar uma adaptação ao real, os intelectuais críticos sociais e os revolucionários de ontem se deixarão converter ao *business*. A 'desconstrução' pode tornar-se cinismo e sacralizar o mundo tal como ele é, pois tornou-se, sem querer, um novo servilismo à dura realidade da globalização". Para Ferry, "não deveríamos abdicar da Razão, da Liberdade, do Progresso, da Humanidade, mas reconstruir esses valores levando em consideração os fortíssimos argumentos dos 'filósofos da suspeita' e seus seguidores pós-modernos, Nietzsche, Marx e Freud, para tentarmos superar a dureza do capitalismo triunfante" (FERRY, 2010).

Para Ferry, Heidegger é o principal filósofo contemporâneo. Foi também um dos fundadores da desconstrução, mas o primeiro que soube dar ao mundo de hoje, que chamou de "mundo da técnica", uma interpretação que pode nos levar além do *amor fati* de Nietzsche, que nos torna cúmplices da realidade/globalização. Para Ferry, "a globalização tem seus lados positivos, como o aumento da riqueza, mas possui efeitos devastadores sobre o pensamento, a política e a vida dos homens. Geralmente, ela é censurada por aumentar as desigualdades, devastar culturas e identidades regionais, reduzir a diversidade biológica, enriquecer ricos e empobrecer mais os pobres, mas isso não é o mais importante e talvez nem seja verdade". Segundo ele, o que Heidegger nos fez compreender é que "a globalização liberal está traindo uma das promessas fundamentais da democracia: aquela segundo a qual poderíamos coletivamente fazer ou participar da nossa história dirigindo-a a um rumo melhor". Mas ocorre uma tragédia: "o universo no qual entramos nos escapa, é desprovido de significado e direção. O imperativo atual é o do avanço tecnológico acelerado, a competitividade é global. A história se move longe da vontade dos homens e nem os empresários são seus protagonistas. Tornou-se uma espécie de fatalidade e nada indica que se orienta para o melhor". E continua: "A tecnologia pode tornar o mundo mais livre e feliz? Nenhum ideal inspira o curso do mundo, apenas o movimento pelo movimento. Somos forçados a progredir e a competir para sobreviver. O problema maior do capitalismo não é aumentar a pobreza, mas nos desapossar de qualquer influência sobre a história e privá-la de qualquer finalidade". Na globalização, "a ideia de Progresso mudou de sentido: não tem um sentido transcendental, é o resultado mecânico da concorrência livre entre as empresas. O conhecimento só faz sentido se aplicável à indústria, ao consumo. A economia moderna funciona como a seleção natural de Darwin: ou a competição acelerada ou a morte" (FERRY, 2010).

Para Ferry, Heidegger nos fez compreender que "perdemos todo controle sobre o desenvolvimento do mundo que prometia a democracia". Ferry enfatiza a importância desse diagnóstico de Heidegger: "o domínio do mundo pela técnica é sem propósito, sem sentido, pois ligado apenas ao crescimento econômico e financiado por ele. Ninguém sabe para onde o mundo nos leva, pois é mecanicamente produzido pela competição. O mundo planetário da técnica não visa à emancipação da humanidade, o jogo é o de progredir ou perecer. Esse 'mundo da técnica' possui uma racionalidade instrumental, que não se relaciona a fins". Para ele: "a finalidade é multiplicar o domínio dos homens sobre o universo. É a doutrina nietzschiana da 'vontade de potência' que destruiu todos os ideais superiores. Essa é a diferença última que nos separa das Luzes: não marchamos para o melhor". Para Ferry, "pela primeira vez, a humanidade tem os meios para destruir todo o planeta, mas não sabe para onde vai. É preciso tentar 'dominar a dominação' e recuperar a condição de sujeitos". Heidegger não acreditava que a democracia estivesse à altura desse desafio e, talvez, seja por isso que se atirou nos braços do nazismo. As democracias se submeteram à estrutura do mundo da técnica; ela é ligada à concorrência liberal, a política é demagógica, controlada por medidores de audiência. Heidegger aceitou o nazismo porque pensou que somente um regime autoritário poderia vencer o mundo da técnica. Para Ferry, "o diagnóstico de Heidegger é original e faz avançar o pensamento sobre o regime de historicidade contemporâneo, mas a saída totalitária que ofereceu é equivocada e lamentável. Seria preciso reencontrar e reconstruir os valores iluministas, reinventar a democracia, para voltarmos a ser sujeitos de uma história com significado e direção" (FERRY, 2010).

A descrição e a avaliação de Ferry sobre a temporalidade contemporânea, que transcrevi acima, para mim, têm a importância de um "farol de neblina", que nos permite ver o nosso "presentismo" de forma crítica, precisa, clara e inquestionável. E se a historiografia se fundamenta no regime de historicidade em vigor, que Dosse (2013) considera "laminado", seja para legitimá-lo ou contestá-lo, a questão atual é: qual seria a contribuição dos historiadores para que se encontre uma saída para esse grave impasse contemporâneo? A historiografia deve legitimar essa temporalidade trágica presentista com um espírito e discursos de *amor fati* ou ir além reinventando o futurismo moderno, para "dominar a dominação"?

Bibliografia

BAUMAN, Zygmunt. O sonho da pureza. In: _____. *O mal-estar da pós-modernidade*. Rio de Janeiro: Zahar, 1998.

BOURDIEU, Pierre. *O poder simbólico*. São Paulo: Bertrand, 1999.

DOSSE, François. O acontecimento na era das mídias. In: _____. *O renascimento do acontecimento*. São Paulo: Unesp, 2013.

ELIADE, Mircea. *Le mythe de l'éternel retour*. Paris: Gallimard, 1969.

ELIAS, Norbert. Sugestões para uma teoria dos processos civilizadores. In: _____. *O processo civilizador*. Rio de Janeiro: Jorge Zahar, 1993. v. 2.

FEBVRE, Lucien. *Combats pour l'histoire*. Paris: A. Colin, 1965.

FEBVRE, Lucien. *Le problème de l'incroyance au XVIéme. siècle: la religion de Rabelais*. Paris: A. Michel, 1942.

FERRY, Luc. *Aprender a viver: filosofia para os novos tempos*. Rio de Janeiro: Objetiva, 2010.

FOUCAULT, Michel. *Vigiar e punir: nascimento da prisão*. 35. ed. Petrópolis: Vozes, 2008.

HARTOG, François. *Regimes de historicidade: presentismo e experiências do tempo*. Belo Horizonte: Autêntica, 2013. (*Régimes d'historicité: présentisme et expériences du temps*. Paris: Seuil, 2003.)

HEIDEGGER. Martin. *Ser e tempo*. Petrópolis: Vozes, 1989.

HUTCHEON, Linda. Historicizando o pós-moderno: a problematização da história. In: _____. *A poética do pós-moderno*. Rio de Janeiro: Imago, 1991.

JENKINS, Keith. *A história repensada*. São Paulo: Contexto, 2005.

KOSELLECK, Reinhart. "Espaço da experiência" e "horizonte de expectativa": duas categorias históricas. In: _____. *Futuro passado: contribuição à semântica dos tempos históricos*. Rio de Janeiro: Contraponto/PUC-Rio, 2006a. (*Le futur passé: contribution à la sémantique des temps historiques*. Paris: EHESS, 1990.)

KOSELLECK, Reinhart. Critérios históricos do conceito moderno de Revolução. In: _____. *Futuro passado: contribuição à semântica dos tempos históricos*. Rio de Janeiro: Contraponto/PUC-Rio, 2006e. (*Le futur passé: contribution à la sémantique des temps historiques*. Paris: EHESS, 1990.)

KOSELLECK, Reinhart. História dos conceitos e história social. In: _____. *Futuro passado: contribuição à semântica dos tempos históricos*. Rio de Janeiro: Contraponto/PUC-Rio, 2006b. (*Le futur passé: contribution à la sémantique des temps historiques*. Paris: EHESS, 1990.)

KOSELLECK, Reinhart. História *magistra vitae*: sobre a dissolução do *topos* na história moderna em movimento. In: _____. *Futuro passado: contribuição à semântica dos tempos históricos*. Rio de Janeiro: Contraponto/PUC-Rio, 2006c. (*Le futur passé: contribution à la sémantique des temps historiques*. Paris: EHESS, 1990.)

KOSELLECK, Reinhart. O futuro passado dos tempos modernos. In: _____. *Futuro passado: contribuição à semântica dos tempos históricos*. Rio de Janeiro: Contraponto/PUC-Rio, 2006d. (*Le futur passé: contribution à la sémantique des temps historiques*. Paris: EHESS, 1990.)

NIETZSCHE, Friedrich. *Segunda consideração intempestiva: da utilidade e desvantagem da história para a vida*. Rio de Janeiro: Relume Dumará, 2003.

RANKE, Leopold von. IN: HOLANDA, Sérgio Buarque de. *Ranke*. São Paulo: Ática, 1979. (Col. Grandes Cientistas Sociais).

REIS, José Carlos. A historiografia pós-89: pós-modernismo, representações e micronarrativas. In: _____. *Teoria & história: tempo histórico, história do pensamento histórico ocidental e pensamento brasileiro*. Rio de Janeiro: FGV, 2012.

REIS, José Carlos. *História da "consciência histórica" ocidental contemporânea: Hegel, Nietzsche, Ricoeur*. Belo Horizonte: Autêntica, 2011.

SCHMITT, JC. Marc Bloch. In: LE GOFF, J. *A nova história*. Coimbra: Almedina, 1990 [1978].

THOMPSON, Edward Palmer. Tempo, disciplina do trabalho e capitalismo industrial. In: _____. *Costumes em comum*. São Paulo: Cia das Letras, 1998.

VEYNE, Paul. Foucault revoluciona a história. In: _____. *Como se escreve a história*. Brasília: UnB, 1998.

WHITE, Hayden. O texto histórico como artefato literário. In: _____. *Trópicos do discurso*. São Paulo: Edusp, [S.d.].

Marc Bloch, o paradigma da história estrutural dos Annales[5]

O homem, a obra e o método histórico

Marc Bloch (1886-1944) foi um dos maiores historiadores do século XX e, para Burguière, o que influenciou mais fortemente a renovação da ciência histórica feita pelos Annales. Era descendente de uma família judia alsaciana, filho de Gustave Bloch, um reconhecido historiador do Império Romano, e de Sara Ebstein Bloch. Ele se preparou nas melhores escolas parisienses, na Escola Normal Superior, esteve em Berlim e Leipzig pesquisando "método histórico". Foi professor nos liceus de Montpellier e Amiens (1913-14). Em 1919, tendo a Alsácia-Lorena voltado a pertencer à França, muitos professores foram enviados para a Universidade de Estrasburgo, porque, estrategicamente, o governo francês passou a investir nessa universidade situada na fronteira alemã, em uma província fortemente germanizada. Bloch foi nomeado Professor Assistente e, depois, em 1920, após ter defendido a tese *Reis e Servos*, foi efetivado como professor. Ali, casou-se com Simone Vidal e constituiu família. Ensinou em Estrasburgo até 1936, teve amigos importantes como Lucien Febvre, Gabriel le Bras, Maurice Halbwachs, Charles Blondel e o medievalista belga Henri Pirenne. As grandes obras de Bloch foram produzidas em Estrasburgo: *Os reis taumaturgos (Les rois thaumaturges*, 1924), *Os caracteres originais da história rural francesa (Les caractères originaux de l'histoire rurale française*, 1931), *A sociedade feudal (La societé féodale*, 1939).

Na universidade de Estrasburgo ligou-se a Lucien Febvre e dessa amizade profunda nasceria os Annales. Depois, Febvre obteve uma vaga no Collège de France e Bloch foi recusado, talvez por sua ascendência judia e seus pontos de vista originais sobre a história. Decepcionado, voltou sua atenção para a Sorbonne, onde, em 1936, obteve uma cadeira

---

[5] Originalmente publicado em: *Os historiadores: clássicos da história*, organizado pelo professor Maurício Parada, v. 2: *De Tocqueville a Thompson* (Vozes, 2013).

de História Econômica e Social. A partir de 1929, sua atividade científica se confundiu com a dos Annales. Mas não abandonou sua obra pessoal, porque o paradigma que definiu a revista que criara com Febvre, a história econômico-social-mental, era também o que dominava sua obra: o estudo de grupos humanos e não de indivíduos, a ênfase nas constrições produtivas, monetárias, as trajetórias tecnológicas, as representações mentais, que controlam os conflitos e asseguram a coesão social. Por isso, neste artigo, preferimos não abordar a obra de Bloch isoladamente, mas como fundador dos Annales, como modelo da mais importante escola historiográfica do século XX (BURGUIÈRE, 1986).

Bloch era judeu, ateu, patriota, um intelectual engajado, que não se fechou na torre de marfim da erudição. Lutou nas duas guerras, não se exilou nos Estados Unidos, apesar de ter sido convidado, segundo Burguière, à New School for Social Research, de Nova Yorque, uma instituição criada para acolher intelectuais perseguidos pelos nazistas. Lutou na Primeira Guerra Mundial, feriu-se, foi condecorado e promovido a capitão. Em 1939, foi mobilizado novamente para a guerra. O exército francês foi derrotado em 1940 e grande extensão do território da França ficou sob o controle da Alemanha. Bloch e família fugiram para a região livre, para Clermont Ferrand, mas era perseguido pelos antissemitas de Vichy. Sem alternativa, aderiu à Resistência em 1943 e caiu na clandestinidade. Foi preso em Lyon, torturado e executado pelos alemães em junho de 1944. Durante a ocupação, continuou a colaborar na *Miscelânia de História Social* (*Mélanges d'Histoire Social*), o título que revelava a nova identidade da revista dos Annales, segundo Burguière, sob o pseudônimo de *Fougères*. Contudo, segundo Hughes-Warrington, "fougères" era um local da Suíça para onde tentou fugir e apuramos que é também o nome de uma pequena cidade francesa da região da Bretanha. Ele assinou a fraternal dedicatória da "Apologie de L'Histoire" a Febvre assim: "Fougères (Creuse), 10/maio/1941". Seria pseudônimo ou um local/data? Há este *quid pro quo* em relação à sua identidade "fougères". Após o desfecho trágico-hero Enfim, conclui ico da sua vida, os historiadores dos Annales tornaram ainda mais viva a sua herança intelectual. Uma excelente obra para se conhecer a vida, a obra e o método histórico de Marc Bloch é a coletânea organizada por Burguière e Atsma, *Marc Bloch aujourd'hui: histoire comparée & sciences sociales* (1990). André Burguière, em seus seminários na *École des Hautes Études en Sciences Sociales,* refere-se a

Bloch com emoção, perfilando-se, discretamente, e colocando um quepe imaginário junto ao peito.

Marc Bloch teria se aproximado do marxismo n'*A sociedade feudal*? Outro *quid pro quo* que alimenta seus intérpretes. Para uns, ele teria explicado atitudes morais ou afetivas pelo seu enraizamento econômico-social. Para Schmitt, a influência de Marx seria mais sensível, ainda que implícita, no plano de *A sociedade feudal* e em sua definição de *classe senhorial* – "seu traço característico reside na forma de exploração do trabalho dos camponeses". Para Duby, Bloch confessou sua admiração pela capacidade de análise de Marx da sociedade, mas não precisava de sua influência direta para fazer essa opção; havia as presenças de H. Pirenne, F. Simiand, H. Hauser, o que não descarta a presença indireta de Marx. Para outros, não, sua referência é Durkheim/Simiand, o oposto de Marx. Febvre, na resenha que fez em 1965 de *A Sociedade Feudal,* censurou o seu "sociologismo" (BURGUIÈRE, 1986; DUBY, 1974; SCHMITT, [1978] 1990).

Para Bloch, portanto, um durkheimiano-simiandiano, que (re)conhecia a obra de Marx, a história só pode ser uma ciência social na medida em que explica e a explicação só é possível pela comparação. As pesquisas e ideias sobre a história comparada valeram a Bloch, nos anos 1930, uma reputação internacional, tendo sido convidado a dar conferências na Inglaterra, Noruega, e outros países. Ele foi pioneiro do método comparativo, quis fazer uma história comparada das sociedades europeias e, para ele, o sucesso da disciplina histórica dependia do uso da comparação. Para ele, há dois modos de usar a comparação: a) pesquisar/comparar fenômenos universais em culturas separadas no tempo/espaço; b) estudar/comparar sociedades vizinhas ou contemporâneas. Ele preferiu a segunda via e quis fazer uma história econômica da França no quadro da civilização europeia ou uma história comparada da Europa. Ele escreveu um extenso artigo-programa "Por uma história comparada das sociedades europeias" (1928), tornando-se um pioneiro do atual projeto político-econômico-social da unidade europeia (BURGUIÈRE, 1986; BURGUIÈRE; ATSMA, 1990).

Ao falar do seu método, Bloch ([1949] 1979) considera-se um artesão e não um epistemólogo da história, mas suas bases epistemológicas são seguras. Além do comparatismo, uma das características mais inovadoras do seu trabalho foi a "interdisciplinaridade". Ele procurou integrar à sua abordagem os métodos e os conceitos das outras ciências sociais.

A aliança com a sociologia de Durkheim e Simiand, que enfatiza mais os grupos sociais do que os indivíduos, foi a mais forte. Para ele, a história é a junção da sociologia com o tempo. Sob a influência da revista de Durkheim, *l'Année Sociologique,* Bloch escreveu um dos seus livros mais originais, *Os reis taumaturgos.* É uma obra de história sociológico-antropológica, história da crença no poder de curar dos reis, um poder sagrado, uma dimensão mágica da realeza francesa, que ele compara com a da monarquia inglesa e outras monarquias europeias. Para ele, o poder real consagrado pela Igreja Católica gerou a crença popular no toque real curador de doenças. Os críticos elogiaram a maneira pela qual Bloch utilizou o toque real para elucidar a história política, mas censuraram-no por tê-lo abordado do ponto de vista do inconsciente coletivo e não em termos de ideologia. Mas era exatamente essa a sua novidade: o inconsciente coletivo explicando a história política, um caminho original para o passado. Essa obra revela que a etnologia também não esteve ausente das suas preocupações, embora tenha sido uma aliança interrompida. Ele não prosseguiu as suas investigações na linha antropológica de *Os reis taumaturgos,* o das mentalidades coletivas, para ele, um domínio inseparável da história social (BLOCH, 1928, em: SCHMITT, [1978] 1990).

Bloch foi também geógrafo; a observação das propriedades rurais o levou à história agrária. Ele foi sobretudo um historiador da sociedade e da economia rural medieval. Um de seus primeiros estudos foi sobre o desaparecimento da servidão nas regiões rurais ao redor de Paris nos séculos XII e XIII, *As formas de ruptura da Homenagem no direito feudal antigo* (*Les formes de la rupture de l'hommage dans l'ancien droit féodal,* 1912). Ele examinou a natureza da servidão e criou mapas que mostravam o desaparecimento da servidão na região de Île de France. Baseado em documentos senhoriais e eclesiásticos, esperava produzir um relato sistemático dos aspectos sociais, legais, econômicos, da ruptura de uma pessoa com o vínculo feudal em uma área específica. Sua tese era a de que as leis e crises do feudalismo não eram uniformes e procurou prová-lo estudando a variação na cerimônia da quebra do vínculo feudal. Ele negava que a Île de France fosse uma região unificada. Para ele, o espaço é objeto e suporte da investigação histórica, mas não é determinista: o espaço rural é uma construção, um processo social; o espaço rural é como um palimpsesto sobre o qual cada geração, cada migração, cada reorientação da vida socioeconômica teria imprimido sua marca.

Ele aplicou à geografia humana seu método regressivo: partia das formas presentes para reencontrar a repartição das paisagens agrárias no passado. Bloch era fascinado pela variedade dos campos franceses e pelo impacto na vida rural da transformação das terras comunais em propriedades individuais cercadas. Alguns consideram o seu livro de 1931, *Os caracteres originais da história rural francesa*, sua obra mais importante. (SCHMITT, [1978] 1990).

A última obra que Bloch viu impressa foi *A sociedade feudal* (1939). Nesse livro, ele esboçou uma descrição da estrutura econômico-sóciomental da Europa Ocidental e Central entre os séculos IX e XIII. Ele descreve dois períodos feudais, um que se desenvolveu com base na invasão e devastação, e outro marcado pela expansão econômica e pelo renascimento intelectual. Para Bloch, o sistema feudal foi um regime hierárquico baseado em laços recíprocos de dependência cujas formas de existência em toda a Europa e em outras partes do mundo foram mais ou menos semelhantes. Para discutir o feudalismo, ele escolheu um caminho intermediário entre os que acreditavam que existiu um sistema feudal unificado na Europa, por volta dos séculos X/XIII, e aqueles que julgavam que as diferenças eram muito grandes para qualquer tipo de conclusão geral e homogênea sobre o feudalismo. Ele comparou os sistemas feudais da França, Alemanha, Itália, Escandinávia e sistemas fora da Europa, como o do Japão. O quadro que pintou sobre as maneiras de sentir, pensar e a coesão social é amplo e rico em detalhes. O livro contém relatos sobre a compreensão medieval do tempo. Para outros, este é o seu livro mais importante, um clássico, a sua contribuição mais notável à historiografia (HUGHES-WARRINGTON, 2002).

Enfim, entre as suas três principais obras, é difícil ou impossível escolher a mais importante, pois trouxeram contribuições metodológicas e de conteúdo histórico excepcionais. Bloch ainda analisou, em um ensaio de história imediata, póstumo, *L'Étrange defaite* (1957), a tragédia europeia da Segunda Guerra Mundial. Sua obra mais conhecida é *Apologia da história ou ofício de historiador* (*Apologie pour l'histoire ou métier d'historien*, 1949), que não foi concluída, pois foi escrita quando lutava na Resistência. Essa obra começa com a pergunta singela de uma criança: O que é e para que serve a história?. Bloch respondeu definindo a história como "a ciência dos homens no tempo" e não apenas ciência do passado e das questões políticas ou das origens. Não há barreiras entre o passado e o presente, a história visa alcançar uma compreensão da experiência humana. A história se apoia em evidências, o historiador evita avaliar/julgar o passado, busca um vocabulário preciso. A incessante ida e volta ao passado, a combinação da história de longa duração com a história regressiva constituem, talvez, o aspecto mais original do seu método. O historiador não pode se afastar do presente e ele o provou com o sacrifício da própria vida.

O dever de compreender que Bloch atribuía ao historiador supõe um ir e vir constante entre a experiência vivida do presente e os traços documentais do passado. O movimento da sociedade envolve permanência e mudança, uma relação dialética entre passado e presente. Para ele, articular presente e passado é o papel do historiador. Bloch defendia a importância do espírito crítico para o historiador. O historiador é ao mesmo tempo propenso à fraqueza e à fragilidade da memória humana e quer identificar o falso e buscar a verdade. Por isso deve ser criterioso em seu uso das fontes primárias, deve cultivar o espírito crítico, sem decair em pirronista. O ceticismo, a incredulidade sistemática é tão prejudicial quanto o dogmatismo, a credulidade ingênua. Nós entendemos que Bloch sugeriu que o historiador crítico deve ser um "dogmático-cético": recebe a informação, confia no informante, mas verifica, confere, processa a informação (HUGHES-WARRINGTON, 2002).

Bloch desenvolveu mais detalhadamente em sua *Apologia da história*, duas proposições inovadoras, que caracterizarão a Escola dos Annales. Trata-se da nova concepção do objeto da história e do "método retrospectivo". Bloch, na verdade, fez as primeiras reflexões sobre a concepção da temporalidade dos Annales. Para ele, embora o termo "história" seja velho e ambíguo, ainda define o que quer ser a nova história dos Annales. No seu novo sentido, esse termo designa um conhecimento que não se interdita e que não privilegia nenhuma direção de pesquisa. Esse conhecimento não se fecha em nenhum credo e não engaja nada mais além da pesquisa. A história continua fiel à tradição: é ainda o "estudo dos homens, das sociedades humanas no tempo". É uma ciência dos homens em sua diversidade. Atrás da paisagem visível, dos instrumentos de trabalho, dos documentos os mais indiferentes e frios, os mais involuntários, atrás das estatísticas, das instituições, dos monumentos, "são os homens que a história quer apreender". Esse conhecimento dos homens escapa à matematização e é construído principalmente com o "tato das palavras", ("uma frase justa é tão bela quanto uma equação"). A perspectiva do historiador sobre esse objeto comum das ciências sociais é o "humano na duração". O tempo da história, ele afirma, é "o plasma em que se banham os fenômenos, o lugar de sua inteligibilidade". Esse tempo da história dos Annales é descrito por Bloch como uma realidade concreta e viva, um impulso irreversível, que é ao mesmo tempo continuidade e descontinuidade. Para ele, é da antítese desses dois atributos que nos vêm os grandes problemas da pesquisa histórica (Bloch, [1949] 1974).

A nova concepção da temporalidade que apresenta terá como consequência nada menos que a mudança dos objetos privilegiados do historiador, embora este não esteja impedido de estudar nenhum aspecto da realidade social. Se a história tradicional enfatizava o evento e o que ele significa, a mudança, o tempo curto, o que a levava a se fixar no Estado, em suas instituições, seus líderes, suas relações exteriores, suas guerras, e em suas instituições associadas, a Igreja, instituições intelectuais e culturais, que o legitimam, e a pensar a história como uma continuidade, uma evolução progressista, os Annales tratarão prioritariamente dos fenômenos "econômico-sócio-mentais". Essa mudança de objeto se associa e é fundada por uma nova concepção do tempo. Os fenômenos econômico-sócio-mentais são abordáveis cientificamente porque se repetem, são mensuráveis, quantificáveis, seriáveis, empiricamente verificáveis. Eles são pensáveis em termos de ciclos, interciclos, tendências. A inteligibilidade da história mudou através de uma nova periodização. O "acontecimental", rápido e dramático, o tempo das "decisões" individuais e declaradas foi substituído por uma temporalidade silenciosa, implícita, lenta, duradoura, "estrutural". A história tradicional tratava do evento político, visível, breve, narrável. A história dos Annales se quer mais sincrônica e procura estabelecer os laços entre esses eventos visíveis, e não exclusivamente políticos, com a sua base profunda, sua duração invisível (Reis, 2000).

Para Bloch, embora não se possa deixar de "narrar", a forma narrativa não é mais a marca exclusiva do discurso histórico. A abordagem desse "invisível estrutural" só pode se dar através da reconstrução conceitual. A história não se reduz a uma narração factual; é um esforço de conceituação, isto é, de reunião da diversidade factual sob a unidade do conceito. Mas temendo sempre a tendência do conceito à autonomização, à abstração, contrasta constantemente seus conceitos com a diversidade do real, para testar os limites temporais de sua validade. À questão essencial, "se o evento é impensável, como pensá-lo sem recair em uma filosofia da história?", a resposta da história sob a influência das ciências sociais será: a diversidade da realidade é pensável através da sua unificação conceitual, hipotética, testável, contrastável com os limites da duração concreta dos fenômenos. O evento é pensável, portanto, pelo conceito, que reconstrói as estruturas que emolduram a dispersão eventual. Esses conceitos possuem um correspondente real e não são criações subjetivistas, embora sejam uma construção subjetiva do historiador (POMIAN, 1984).

Os eventos interessam não por sua singularidade, mas enquanto elementos de uma série, por revelarem um fundo mais duradouro de tendências conjunturais e estruturais. O conhecimento do passado não é mais uma descrição de eventos "percebidos" imediatamente, mas uma mediata reconstrução conceitual. A história tradicional se limitava, sem dizer o porquê, a narrar os fatos ocorridos em tal lugar e data: ela tratava do perceptível, do visível. A história dos Annales não abandonou esse visível e não lhe deu um sentido providencial ou espiritual, mas situou-o em uma "duração" mais lenta, invisível, que o sustenta e explica, e somente apreensível mediatamente pelo "conceito". Esse conceito, é claro, não é a ideia hegeliana de uma "realidade em si", mas é mais próximo da ideia kantiana da construção pelo sujeito de "formas" que apreendem a realidade objetiva. São construções disciplinadas, controláveis, submetidas a regras, comunicáveis, falsificáveis, tecnicamente verificáveis (POMIAN, 1984).

Essa temporalidade mais duradoura é constatável menos nos fenômenos políticos do que nas estruturas econômico-sociais e nas relações dos homens com o meio geográfico e em suas estruturas mentais. Essas regiões duradouras da experiência vivida dos homens é o lugar das verdadeiras decisões históricas, construídas a longo prazo e de consequências mais permanentes. Nessa perspectiva, a instância política, antes dirigente e construtora de toda a realidade, é considerada epifenomênica. Essa história estrutural e conceitual não é constituída de abstrações formais, pois a "estrutura" não é concebida como um conjunto de elementos abstratos, independente da realidade objetiva. A estrutura do historiador é um quadro estável, que confere às atividades um caráter monótono, repetitivo; é uma "longa duração", concreta, mas "invisível", que só a pesquisa e a reconstrução conceitual podem apreender. Segundo Pomian, no conjunto da sua obra, Bloch elaborou mais, embora não definitivamente, a posição dos Annales em relação ao seu objeto: os homens na perspectiva da duração. Braudel retomará essa questão mais tarde e, se não dará sua teoria definitiva, pois ainda polêmica, vai elaborá-la e explicitá-la de maneira mais conclusiva (Pomian, 1984).

Outra proposta "inovadora" dos Annales será enfatizada por Bloch: trata-se do "método regressivo/retrospectivo", que já fora desenvolvido e defendido por Weber. Através dessa abordagem de seus materiais, o historiador quer vencer aquilo que Simiand denominou como "ídolo das origens". Este consistiria em sempre se procurar explicar o mais próximo pelo mais distante, o passado legitimando o presente, pois o preparou e construiu. As origens são concebidas como um "começo que explica" todo o desenrolar do processo. Mas, afirma Bloch, não basta conhecer o começo ou o passado de um processo para explicá-lo. Explicar não é estabelecer uma filiação. O presente guarda certa autonomia e não se deixa explicar inteiramente por sua origem (Bloch, [1949] 1974).

Enquanto os historiadores tradicionais interditavam o presente como objeto do historiador, que não seria abordável serena e refletidamente, pois espaço da experiência e não da reflexão, Bloch propõe que o historiador vá do presente ao passado e do passado ao presente. Os historiadores tradicionais separavam o passado, objeto da história, do presente, objeto dos sociólogos, jornalistas, politólogos, que jamais abordam o passado. Bloch, pelo ir e vir do historiador do presente ao passado, sustenta que o historiador não deve ser um pesquisador de origens. Para ele, por um lado, o passado explica o presente, pois o presente não é uma mudança radical, uma ruptura rápida e total. Os mecanismos sociais tendem à inércia, são prisões de longa duração: código civil, mentalidades, estruturas sociais. Ignorar o passado comprometeria a ação no presente. Entretanto, por outro lado, o presente não se explica exclusivamente pelo passado imediato, pois possui raízes longas; é também um conjunto de tendências para o futuro e o espaço de uma iniciativa original. O presente está enraizado no passado, mas conhecer essa sua raiz não esgota o seu conhecimento. Ele exige um estudo em si, pois é um momento original, que combina origens passadas, tendências futuras e ação atual (Bloch, [1949] 1974).

É a partir dessa concepção mais complexa das relações de determinação recíproca entre passado e presente que Bloch proporá o "método regressivo/retrospectivo". O passado não é compreensível se não se vai até ele com uma problematização suscitada pelo presente. O historiador não pode ignorar o presente que o cerca; ele precisa olhar em torno de si, ter a sensibilidade histórica de seu presente, para, a partir dele, interrogar e explicar o passado. Ele faz o caminho do mais conhecido, o presente, ao menos conhecido, o passado, para conhecê-lo mais. Ele sabe mais dos tempos mais próximos e parte deles para descobrir os tempos mais longínquos. Esta é a estratégia regressiva do conhecimento histórico, um conhecimento a contrapelo: do presente ao passado e de volta ao presente. Há um interesse vivo do presente pelo passado, perguntas que ele se faz para se compreender melhor enquanto continuidade e diferença em relação ao passado. A história, a ciência dos homens no tempo, "une o estudo dos mortos ao dos vivos". Evita-se, assim, a vinda mecânica do atrás para a frente e evita-se também a busca das origens, que leva a uma retrospecção infinita, que exclui definitivamente o presente da perspectiva do historiador. Esse "método regressivo" é o sustentáculo da "história-problema". Temática, essa história elege, a partir da análise do presente, os temas que interessam a esse presente, problematiza-os e trata-os no passado, trazendo informações para o presente, que o esclarecem sobre a sua própria experiência vivida (BLOCH, [1949] 1974).

O tempo histórico: Marc Bloch, entre Febvre e Durkheim/Simiand

Para compreender a obra de Bloch, uma questão que se põe é a das relações entre o seu pensamento histórico e o de Febvre: seriam pensamentos próximos, distantes, convergentes ou divergentes? As posições de seus analistas são diferentes sobre essa questão. M. Bloch teve sua formação na linguística, que o levou ao método comparativo; na ciência histórica da Alemanha, país em que estudou de 1908 a 1909 e onde aprendeu a reconhecer a solidez das técnicas eruditas, considerando-as como meio e não como fim da pesquisa; na sociologia durkheimiana e na geografia de Vidal de la Blache. *L'Année Sociologique* e Durkheim estão para Bloch assim como a *Révue de Synthèse Historique* e Henri Berr estão para Febvre. Bloch optou pela história econômico-social, sempre no quadro da longa duração, do método regressivo, da delimitação de áreas geohistóricas (ARIÈS, [1954] 1986; DUBY, 1974).

G. Iggers procura estabelecer algumas distinções entre os pensamentos de Febvre e Bloch. Para ele, enquanto Febvre dá mais lugar à consciência, Bloch progressivamente enfatizará a estrutura material dentro da qual a consciência se exprime. Embora fundadores de uma "nova história", Bloch se ligaria à tradição metódica e durkheimiana e

Febvre à tradição hermenêutica e diltheyana. Aymard vê entre eles mais diferenças do que coincidências. Para ele, seria um erro reduzi-los a uma identidade comum. Bloch, para Aymard, era mais "cientista social", utilizava as técnicas e as bibliografias das ciências sociais, fazia pesquisas geográficas e linguísticas, já na perspectiva da "longa duração". Febvre foi sempre mais ligado aos elementos concretos do tempo que estuda, era "humanista" e temia o formalismo conceitual. Aymard chega a concluir que Febvre e Bloch tinham pensamentos bem diferentes e concepções da história divergentes. Para ele, Febvre concebia a história no plural, isto é, como "o estudo dos homens no tempo", "estudo das mudanças", enquanto Bloch a concebia no singular, isto é, como "o estudo do homem no tempo", "estudo da mudança" (AYMARD, 1972; IGGERS, 1984).

T. Stoianovitch e H. D. Mann apontam para uma possível influência sobre ambos da "geração espanhola de 1898", composta por homens como Miguel de Unamuno, Angel Ganivet, José Martinez Ruiz (Azorin), cujo representante francês foi Paul Valéry. Os autores dessa "geração", afirma Mann, aprofundaram e alargaram o passado para além da esfera dos fatos e das tradições, convencidos de que a significação do presente se extrai de uma reconstrução imaginativa do passado. Miguel de Unamuno usava a metáfora do mar para definir o movimento da história: a história só poderia ser compreendida a partir de sua "profundidade", assim como o mar não é compreendido por suas ondas espumosas, mas por suas regiões profundas que as sustentam. Era uma "geração" deprimida com o momento em que vivia a Espanha, ex-imperial, e, naquele momento, em crise. Repensavam o Império Espanhol com nostalgia, mesmo considerando-o a causa da ruína espanhola; rediscutiam o etnocentrismo, o eurocentrismo, valorizando mais o que é durável, o povo, esvaziando a história de eventos e heróis. Ambos os analistas de Febvre e Bloch consideram que essa influência sobre eles tenha existido, pois essas ideias da "geração espanhola de 1898" expressavam o horizonte europeu daquela época e não somente o horizonte espanhol (STOIANOVITCH, 1976; MANN, 1971).

Para Burguière (1986), Febvre e Bloch tinham divergências que não eram secundárias. Elas apareceram no território que devia reuni-los, na noção de "mentalidades". Quando fundaram os Annales, Febvre acabara de publicar *Um destino, Martinho Lutero* (1928), o estudo das mentalidades era o centro das suas atenções. Febvre se apoia na *Révue de Synthèse Historique*, de Henri Berr (1911), que contesta a redução da ciência do homem ao social. A sociologia não esgota a história: nem tudo é social. A atividade psicológica é singular, individual, intelectual e afetiva, a consciência é individual. Febvre se decepcionou com o conceito de mentalidade de Bloch em sua resenha de *A sociedade feudal*: o indivíduo desapareceu, não há análise psicológica, Bloch é coletivista. Febvre usa mentalidades para fazer uma história da alma humana, concebe a história das mentalidades como uma psicologia histórica. Ele reconstitui o universo mental de uma época, das formas mais emocionais às mais reflexivas tal como se encontra sua unidade na consciência individual. Ele procurava "compreender" (*verstehen*) uma época, uma organização social, por dentro, pela consciência mais elaborada que teve um de seus membros. Ele enfatizava as manifestações mais reflexivas e intelectuais da vida mental de uma época e se especializou na estrutura mental da Renascença, no século XVI, que analisou através das obras individuais de Lutero, Rabelais e Margarida de Navarra (FEBVRE, 1942; BURGUIÉRE, 1986).

Bloch, ao contrário, usa mentalidades para fazer uma história das sociedades humanas; ele não quer encontrar a experiência vivida de um nobre medieval, mas as regras de uma cultura da distinção. A guerra e o amor cortês não são sensibilidades individuais, mas busca de honra e ganha-pão de uma classe que queria ser percebida como superior. Bloch quer identificar normas, justificações, atitudes. Os sentimentos são incluídos em representações e atitudes sociais. Para ele, a atividade psicológica não é individual, mas comandada pela realidade social. O coletivo é que orienta os indivíduos, e Bloch enfatiza o inconsciente coletivo. O inconsciente coletivo estrutura a sociedade e se encarna em instituições, hábitos, costumes. Há arquétipos mentais antigos que sobrevivem, permanecem ou ressurgem. As realidades sociais têm um horizonte comum: ideias, sentimentos, necessidades. Sem chegar a ser marxista, dá mais ênfase às constrições materiais (BURGUIÈRE, 1986).

Febvre abriu o caminho da psicologia histórica e Bloch, o da antropologia histórica. Bloch deu ao historiador o gosto de explorar estruturas mentais profundas, antecipando a abordagem estruturalista das ciências sociais. O tempo das mentalidades é o da permanência de hábitos ou a ressurgência de concepções antigas. É um tempo de longa duração, antropológico, feito de encavalamentos, recomeços e inovações súbitas, um fundo cultural antigo e praticamente comum a toda humanidade. Os homens mudaram muito, mas há um fundo de permanência sem o qual os nomes "homem" e "sociedade" não significam nada.

As mentalidades não são o cerne da ordem social, mas o que lhe dá sentido, o que permite regulamentar sua dinâmica. As mentalidades não são atividades da consciência, vida do espírito, mas estruturas mentais (BURGUIÈRE, 1986).

Apoiados nesses autores acima e em outros, nós sustentamos no livro *Nouvelle Histoire e o tempo histórico: a contribuição de Febvre, Bloch e Braudel* (1994 [2008]), que Febvre foi o último dos historiadores tradicionais e Bloch foi o primeiro historiador dos Annales, o paradigma da história estrutural. Os dois se encontraram na fronteira da mudança substancial que a historiografia sofreu, por iniciativa deles e de outros, na primeira metade do século XX. Como primeiro historiador dos Annales, foi Bloch quem, de fato, rompeu com o tempo histórico tradicional e deixou-se influenciar de maneira mais exclusiva pelas ciências sociais. O que não quer dizer que tenha esquecido/abandonado a historiografia anterior. Se aderiu de maneira mais radical ao movimento durkheimiano e se sobre ele a revista *L'Année Sociologique* exerceu influência tão significativa, guardava ainda as conquistas da tradição historiográfica: o método crítico, o sentido geral do conceito de compreensão, a sensibilidade propriamente historiadora da mudança. Nos "combates pela história" dos Annales, Bloch venceu pelo exemplo e pelo fato, é o paradigma da história estrutural; Febvre venceu pelas declarações e pelo gerenciamento do patrimônio. Portanto, do ponto de vista das orientações da pesquisa histórica, a Escola dos Annales é bem mais blochiana do que febvriana (Cf. BURGUIÈRE, 1983, 1986, 2006).

Para não ser tão simples e ingênuo como na formulação acima, pode-se dizer que Febvre não pertence exclusivamente à historiografia dos Annales. Ele pertence também à historiografia tradicional e à saída dos Annales pela hermenêutica. Ele teria ultrapassado a história tradicional, conservando-a, e teria ultrapassado os Annales mantendo-se no grupo. Quanto a Bloch, seria um historiador específico do século XX. Sua obra é representativa do tipo de conhecimento histórico que o século XX pode produzir. Ele pertence ao movimento dos Annales como o seu mais legítimo fundador, e sua obra ofereceu a formação principal que tiveram os historiadores franceses e ocidentais do século XX. Bloch abriu a via propriamente da história estrutural, também construída por Durkheim, Simiand e, depois deles, por Labrousse, Braudel, E. Le Roy Ladurie, G. Duby e J. Le Goff, entre outros. As origens dos Annales, paradoxalmente, são positivistas, no sentido durkheimiano do termo.

Para Dosse, ironicamente, os Annales é que tendiam ao positivismo (Dosse, 2003).

A outra corrente no interior dos Annales, a estrutural-historicista, de Febvre, ficará limitada a ele próprio, no início, e reaparecerá nas obras recentes que tratam do evento estruturado, na biografia, na história intelectual, nas ideologias formuladas por grandes pensadores. Os analistas da obra de Bloch são unânimes em conferir-lhe esta posição de verdadeiro precursor, de paradigma da historiografia dos Annales. Burguière considera que "a sua influência sobre a renovação da ciência histórica foi talvez a mais decisiva e a mais durável". Para Duby, "o seu método é o da história mais nova, a de hoje", isto é, dos anos 1945/70 (Burguière, 1983; Duby, 1974).

O que tornou Bloch exemplar para a historiografia que o sucedeu? Para nós, foi sua compreensão do tempo histórico sob a influência da sociologia durkheimiana. Bloch tenderá a apagar de sua obra a presença do evento e a pensar estruturalmente o tempo vivido. Ao contrário de Febvre, ele não vai do grande evento intelectual à sua estrutura, mas analisa estruturas onde os eventos são tratados como meros sinais reveladores e em posição secundária, como elementos. Bloch faz um estudo objetivo dos homens em grupos, retirando a ênfase das iniciativas individuais, da consciência dos sujeitos atuantes. Seu tempo não é o tempo da alma ou da consciência, de indivíduos capazes de uma reflexão mais profunda, mas o tempo inconsciente de coletividades. Entretanto, pode-se supor que esse tempo do inconsciente coletivo seja ainda o tempo da consciência em um momento de irreflexão, porque é passível de reflexão. Mas, enquanto tempo irrefletido, está submetido à necessidade e possibilita o seu estudo pela aplicação das características do tempo físico.

Esse tempo da consciência irrefletida pode, então, ser tratado como permanência, regularidade, homogeneidade, repetição. Bloch não chega ao extremo de "naturalizá-lo", como fazem as ciências sociais. Mesmo seguindo a orientação durkheimiana, Bloch não adere ao seu caráter positivista, não reduz o tempo humano ao tempo natural, mas produz naquele uma aplicação das características deste, sem ignorar a sua especificidade. Esta aplicação possibilitou a história da "longa duração". A análise quantitativa toma espaço à análise qualitativa; a homogeneização quantitativa possibilita a comparação entre épocas diferentes; a ampliação do quadro temporal possibilita a utilização de novas fontes massivas; a ênfase no aspecto inconsciente e coletivo possibilita a análise de novos objetos: as estruturas agrárias, estruturas econômicas, estruturas sociais, estruturas demográficas, as prisões de longa duração mentais, as técnicas, os costumes, as crenças.

R. C. Rhodes procurou mostrar a influência de Durkheim sobre Bloch e o momento em que este se afasta daquele. Para Rhodes, Bloch não via muita diferença entre o trabalho do historiador e do sociólogo. Tanto um como o outro deveria apreender atrás dos indivíduos o seu grupo social. O que interessa a ambos não é o homem, mas as sociedades humanas enquanto estrutura, isto é, uma coesão de elementos aparentemente dispersos. P. Burke considera *La societé féodale* como a obra mais durkheimiana de Bloch: "ele continua a usar a linguagem da 'consciência coletiva', 'memória coletiva', 'representações coletivas' [...] O livro trata essencialmente de um dos temas centrais da obra de Durkheim, a 'coesão social'" (RHODES, 1978; BURKE, 1990).

Retornando a Rodhes, o feudalismo, em Bloch, é uma estrutura social, ou seja, cada parte do mundo medieval é significativa em relação ao todo. A sociedade feudal correspondia mais a forças econômico-sóciomentais do que a movimentos políticos ou militares. Os grandes indivíduos aparecem mais como expressão dos movimentos de longo termo do que por eles mesmos. Bloch ainda defende uma história total, numa perspectiva diferente da de Febvre. Para ele, as estruturas econômico-sócio-mentais eram interdependentes, interagiam continuamente, formando uma totalidade social. Bloch privilegiava as estruturas econômico-sociais em suas análises, visava às condições materiais de existência, sempre pondo o aspecto estrutural acima dos eventos. A estrutura permanece independentemente de todo evento que possa determiná-la ou influenciá-la. Uma estrutura, entretanto, possui sua história, isto é, pode mudar, transformar-se, dissolver-se, mas somente a longo termo. A abordagem estrutural possibilitou a Bloch fixar estados sucessivos da sociedade e explicar suas mudanças em termos de processos longos. Uma estrutura social, no sentido amplo de sociedade global, para Bloch, é uma entidade envolvente, que incorpora o econômico, o social e o mental, que mudam muito lentamente. Ela pode ser analisada sob dois aspectos: o permanente e o mutante.

Como Durkheim, e diferente de Febvre, o ponto de partida da história blochiana era a sociedade e não o indivíduo. Seu realismo social, continua Rodhes, insistia em apreender o todo social antes de querer apreender as partes. Esse todo, composto de interações individuais, era concebido como não redutível à vontade dos indivíduos-membros. O indivíduo é que é reduzido à mera expressão da vida coletiva. Assim como Durkheim, Bloch considerava que a estrutura social, a solidariedade, a ordem ou coesão social são as realidades básicas onde se encontram os princípios explicadores da sociedade. E, aqui, confirma-se a hipótese de que esse tempo inconsciente é ainda tempo da consciência, pois Bloch denomina esta solidariedade social como "consciência coletiva", que forma comportamentos, impõe valores, constrói personalidades. O específico desta "consciência coletiva" é sua lentidão na mudança. Ela é um consenso, que envolve todos os membros da sociedade, oferecendo-lhes valores e normas de vida. É uma consciência pré-fabricada pronta para o uso individual e que aparece ao indivíduo como algo dado e natural. Mas trata-se de uma construção de longa duração (RHODES, 1978).

Enfim, conclui Rhodes, o que Bloch recebe de Durkheim é esta consideração primeira da consciência coletiva, a abordagem da mudança somente no longo termo, e o método comparativo. Bloch recusou de Durkheim o teoricismo sociológico e seu positivismo, isto é, sua naturalização do tempo humano. A influência de Durkheim sobre Bloch foi possível porque este havia percebido que a história política não sabia explicar os processos econômico-sociais. O mundo social era uma ordem determinada, necessária, que as iniciativas de indivíduos da esfera política não sabiam influenciar e controlar. Na verdade, quem controlava essas iniciativas livres era a ordem econômico-sócio-mental. Devia-se partir dela, então, para explicar aquelas decisões e atitudes individuais aparentemente livres. Finalmente, Rodhes avalia: "a maior contribuição de Durkheim a Bloch e de Bloch aos Annales é a abordagem coletiva. Isso quer dizer que os historiadores franceses após Bloch estarão preocupados com a estrutura da sociedade". E continua: "Bloch se interessou pela solidariedade do sistema social, pela inter-relação entre ideias e instituições [...] Uma nova história nasceu baseada no determinismo social. Uma história mais preocupada com sociedades e tendências coletivas do que com indivíduos e eventos" (RHODES, 1978).

Como Rhodes destaca, em Bloch, portanto, o tempo da (in)consciência coletiva impõe-se sobre o tempo da consciência individual. A diferença entre uma e outra é a reflexão, a retomada de si que ocorre somente na segunda. Enquanto coletiva, a consciência possui um tempo inconsciente, que se caracteriza pela tendência ao repouso, à continuidade, à permanência. Trata-se de uma consciência que mais realiza movimentos do que mudanças. Uma consciência inconsciente, irrefletida aproxima-se da temporalidade natural: produz movimentos, isto é, a sucessão articula o anterior, o posterior e o simultâneo. No movimento só há "deslocamento do mesmo", alteração espacial de posições. Enquanto produtora de movimentos, a consciência se repete, se homogeneiza, se automatiza, torna-se reversível, é sucessão sem mudança. São os mesmos hábitos, os mesmos modos, os mesmos gestos, as mesmas técnicas, os mesmos pratos, os mesmos horários, as mesmas palavras, os mesmos rituais, que se repetem continuamente, sem tematização ou problematização. Esses gestos repetitivos, porque eficazes, ou talvez não, pois gestos irracionais e ineficazes podem ser repetidos pela força da tradição, do hábito ou da inércia, são movimentos e não mudanças, porque não têm a força criativa do evento. E são também movimentos porque repetidos por uma massa anônima, isto é, um mundo humano sem identidade que age às cegas, sem se interrogar e sem refletir.

O tempo humano se naturaliza, pois assume as características do tempo natural: são massas de indivíduos, quantidades de homens que indiferentemente realizam os mesmos movimentos. E esses movimentos são passíveis de um controle científico, pois têm as características dos fenômenos de que a física trata. Pode-se, então, numerar esses movimentos, contá-los, medi-los, agrupá-los, relacioná-los e, finalmente, prevê-los. Quando a história começa a considerar uma humanidade naturalizada, pois constante, uniforme, ela tende a se cientificizar, porque, finalmente, o futuro, imediato pelo menos, pode entrar mais objetivamente em suas considerações. Não se pode prevê-lo com certeza, mas pode-se antecipá-lo com alguma probabilidade estatística. Ao mesmo tempo, o passado pode ser conhecido com rigor: os movimentos humanos são conhecidos através de fontes massivas e numéricas, involuntárias, e podem ser descritos por meio das curvas de um gráfico. O tempo coletivo é duro, sob o signo da necessidade, e, por isso, deixa-se apreender pelas técnicas das ciências sociais e pelos seus conceitos em um quadro temporal mais amplo. Esta perspectiva sobre o tempo histórico, de Bloch, permitia o seu controle conceitual e técnico. Pelo menos era o que Durkheim e ele próprio pensavam.

Entretanto, Bloch é também diferente de Durkheim. Bloch procurou marcar a diferença da sua história em relação à sociologia. À história interessa sobretudo a mudança, onde não há somente deslocamento do mesmo, alteração espacial de posições. Não se movimenta somente de posições anteriores a posteriores mantendo-se a identidade. Tendo como objeto o mundo humano, a história tematiza a produção da diferença, da alteridade, no tempo. O mundo futuro não é o mesmo do presente e do passado. O deslocamento no tempo, do passado ao futuro, produz mudanças, isto é, o ser do futuro não se identifica com o que estava no passado, não é o mesmo. Ao articular movimento e mudança, espaço e tempo, estrutura e evento, permanência e transição, os Annales querem tornar inteligível a mudança, o efêmero.

Em sua *Apologie pour l'histoire*, Bloch analisa as relações entre a sociologia e a história no início do século XX. Para ele, esse período da historiografia esteve dominado pela obsessão dos historiadores com o tempo da física. Eles consideravam que se se estendesse ao espírito o esquema temporal das ciências naturais, a história poderia oferecer um conhecimento autêntico, por meio de demonstrações irrefutáveis e pela descoberta de leis universais. Aplicada à história, Bloch explica, essa opinião teria dado nascimento a duas tendências opostas. Uns acreditavam ser possível instituir uma ciência da evolução humana nos moldes das ciências naturais. Para realizar essa ciência, propunham deixar de lado realidades que lhes pareciam rebeldes a um saber racional. Esse resíduo, que eles chamavam de evento, e Bloch lamenta, era boa parte da vida, a mais intimamente individual. Essa foi a posição da escola sociológica fundada por Durkheim e, afirma Bloch, "a este esforço, nossos estudos devem muito". Durkheim ensinou a história a analisar em profundidade, a definir mais nitidamente os problemas e a pensar mais rigorosamente. Outros, preocupados com as dificuldades, dúvidas e constantes recomeços da crítica documental, não teriam conseguido introduzir a história no legalismo físico. A história, então, não parecia capaz de conclusões. Em vez de conhecimento científico, tornou-se um jogo estético, prudente e mesmo impotente para concluir (BLOCH, [1949] 1974).

Bloch põe, aqui, a alternativa que se apresentava à história no início do século XX: ou ela se submetia ao tempo da física e se tornava uma história científica ou não fazia essa redução e continuaria sendo uma mera narrativa de eventos. A tendência de alguns analistas de Bloch é torná-lo imediatamente um discípulo de Durkheim e um promotor da história científica. Não é uma análise incorreta, pois o próprio Bloch confessa ser um devedor e seguidor de Durkheim. Mas ele não aderiu totalmente ao positivismo durkheimiano. A posição de Bloch é ambígua:

a história poderia produzir um conhecimento científico de estruturas sociais mesmo mantendo a especificidade do seu tempo, a mudança.

Ainda na *Apologie pour l'histoire*, ele prossegue sua argumentação. Aquela alternativa que se punha aos historiadores do início do século XX não obrigava a uma tomada de posição sem nuanças por uma ou por outra de suas indicações. A nova historiografia que ele queria fundar devia tomar uma direção intermediária: submeter-se ao tempo físico e manter a especificidade do tempo do espírito. Para ele, esse caminho intermediário era possível porque a ideia de ciência tinha se flexibilizado. A ciência vivia, então, em um tempo relativo, provável e até qualitativo. A história não precisaria abrir mão de seu tempo original para se tornar uma ciência. E se ela pode inspirar-se no tempo das ciências naturais, já reelaborada pelas ciências sociais, não precisava se reduzir a este para ser um conhecimento racional.

A historiografia dos Annales seria "a ciência dos homens no tempo", o conhecimento de uma humanidade plural, marcada pela pluralidade de suas durações. Bloch já compreendia a história como "dialética da duração": para ele, o tempo dos homens é feito de continuidade e mudança. A pesquisa histórica deve apreender esta dialética, revelando, na continuidade, a mudança e, na mudança, a continuidade. A influência das ciências sociais sobre Bloch e os Annales aparecerá na consideração da não mudança, o que a história tradicional sempre se recusou a analisar. Bloch será o primeiro historiador dos Annales porque foi o primeiro a introduzir a perspectiva da permanência em história. Ao introduzir tal consideração em história, a da permanência, e da maneira como o fez, Bloch realizou uma mudança substancial na compreensão do tempo histórico. Considerar o constante, em história, significou a mudança de objetos, de fontes, de técnicas, de problemáticas e de interlocutores, e alterou a relação da pesquisa histórica com o seu presente. Foi uma mudança substancial no modo de pensar as relações entre passado, presente e mesmo futuro. Nessa perspectiva, o tempo da pesquisa histórica se autonomiza do tempo vivido, mas sempre se referindo a este. A periodização da pesquisa não se refere às fases da humanidade, mas a cortes que o historiador realiza em tempos vividos particulares e plurais, isto é, que não se encadeiam necessariamente.

Bloch oscilava entre a aspiração de uma história total e a consciência de sua impossibilidade. Para ele, a sociedade é um jogo de perpétuas interações. A pesquisa deve, primeiro, distinguir as partes, analisá-las e, depois, recompor as ligações que existem entre elas. Mas, ele prossegue, para que se seja fiel à vida no seu constante entrecruzamento de ações e reações, não é preciso abraçá-la inteira, pois seria um esforço superior à capacidade do mais sábio pesquisador. Melhor será, ele propôs, centrar o estudo de uma sociedade sobre um de seus aspectos particulares e sobre um problema preciso que sugere esses aspectos. Os problemas bem-postos sobre um aspecto fazem aparecer claramente as suas relações. A análise exige uma linguagem bem definida, conceitos explicitados e bem articulados e, sobretudo, uma organização temporal, que é produzida pelos cortes feitos pelo olhar do historiador.

Bloch considera que o corte mais exato não é o que faz apelo a uma unidade de tempo menor, mas o mais bem adaptado à natureza das coisas. Cada fenômeno tem sua espessura de medida particular. As transformações da estrutura social, econômica e mental se deformariam em uma cronometragem muito fechada. E, no geral, não se recobrem. Bloch explicita a especificidade do tempo humano em relação ao natural: "o tempo humano permanecerá sempre rebelde à implacável conformidade comum às divisões rígidas do tempo do relógio. São necessárias medidas adequadas à variabilidade de seus ritmos [...] É somente ao preço desta plasticidade que a história pode esperar adaptar, segundo a expressão de Bergson, suas classificações às 'linhas mesmas do real', que é propriamente o fim último de toda ciência" (BLOCH, [1949] 1974).

Inspirado em Ricoeur, para nós, Bloch construiu um "terceiro caminho" para a sua historiografia e a dos Annales: "a história não interdita nenhuma direção de pesquisa. Ela pode se voltar de preferência para o indivíduo ou a sociedade, para crises momentâneas ou elementos mais duráveis. Ela não se fecha em nenhum credo, ela não engaja nada mais além da pesquisa". Não foi a partir de Marx, e sim de Durkheim/ Simiand que ele construiu este terceiro tempo. Mas, em Bloch, o tempo histórico tende, mas não atinge o positivismo, isto é, ele não é reduzido ao tempo natural. Este "terceiro caminho" entre uma história naturalista e uma história espiritualista significa a afirmação do caráter diferenciando do tempo humano e a possibilidade de se encontrar nele as características do tempo natural, mas sem naturalizá-lo por isso. Trata-se de um "terceiro tempo", um tempo intermediário entre o da consciência e o da natureza, inspirado, mas diferenciado, na perspectiva temporal das ciências sociais. Mas, embora assuma essa perspectiva, Bloch também não vai às últimas consequências. As ciências sociais tendem a negligenciar o aspecto sucessivo do tempo histórico, a mudança e seus aspectos conscientes tendem a eliminar o evento (RICOEUR, 1983, 1985; REIS, 2003).

Bloch segue essa orientação, mas, enquanto historiador, mantém a consideração da mudança qualitativa e olha para o inconsciente coletivo, que privilegia como tema, ainda como mundo humano e da consciência em certo nível. Ele aborda o aspecto coletivo e inconsciente da sociedade simplesmente porque este possibilita uma abordagem científica, isto é, a aplicação, e não a redução, das características do tempo natural à sociedade. As ciências sociais pretendiam objetivar o homem e torná-lo natureza. Bloch não chegará até lá. Ele reafirmará sua identidade de historiador dentro do quadro mesmo das ciências sociais. Para ele, a história tem por matéria, em última análise, consciências humanas. Expressões como *homo economicus* e *homo politicus* são fantasmas cômodos. Ele afirma que o único ser em carne e osso que reúne tudo isso ao mesmo tempo é o homem. O objeto da história, insiste, são os homens, no plural. A história é a ciência dos homens no tempo, pensa o humano em suas durações. A história tem como objeto "consciências humanas em suas durações diversas". Segundo Georges Duby, no prefácio da *Apologie pour l'histoire*, o pioneirismo de Bloch aparece na introdução em suas obras das diferenças de ritmo entre as estruturas econômica, política e mental, embora ainda discretamente; na pesquisa dos "silêncios" da história, no uso constante da documentação involuntária e em suas reflexões sobre as relações entre o individual e o coletivo.

No final da *Apologie pour l'histoire*, Bloch recusa explicitamente o sociologismo durkheimiano e volta a se aproximar da concepção da história de Febvre ao afirmar que "os fatos humanos são essencialmente psicológicos". O mundo humano se insere no mundo físico e sofre suas pressões, mas lá mesmo onde a intrusão dessas forças parece a mais brutal, sua ação se exerce orientada pelo homem e seu espírito. Bloch mostra, então, o modo da consciência histórica que estuda: não uma consciência clara, vontades lógicas, transparentes, pois já se conhece a espessura da vida. A causalidade histórica não se reduz a motivos, à vontade consciente e transparente de sujeitos humanos e não se reduz também a um movimento determinado e marcado pelo relógio. E conclui: "entre uma intenção e certas condições dadas, as causas em história não se postulam, pesquisam-se" (BLOCH, [1959] 1974).

Para ele, o tempo histórico é o da consciência, mas de uma consciência opaca, irrefletida, que possui uma espessura profunda. É uma dimensão do tempo da consciência mais repetitiva do que criativa, mais estrutural do que acontecimental. Essa consciência tende a uma duração mais longa, pois repetitiva; ela é homogênea, pois massiva; é regular, pois é mais movimento do que mudança; é reversível, pois circular; é quantificável, pois coletiva; é comparável, por possuir todas essas características. Mas não é natureza, pois essa inconsciência pode tomar consciência de si, mesmo que leve alguns séculos para isto, e produzir a mudança. A compreensão do tempo histórico, em Bloch, só é o reconhecimento deste lado obscuro e profundo da consciência, que não se revela em eventos, mas em estruturas, e que pode ser cientificamente apreendido, já que a ideia de ciência não é mais incompatível com a medida relativa e com formulações qualitativas. Para apreendê-la, Bloch proporá algumas estratégias: o método regressivo, a quantificação, a comparação, a reconstrução conceitual (Cf. os textos de Aymard e Bois, em: BURGUIÈRE; ATSMA, 1990).

Portanto, se queremos situar Bloch na história da historiografia, o tema da temporalidade histórica é o melhor ponto de observação. Se Febvre abriu o caminho subjetivista dos Annales, que não teve continuidade (mas retorna na historiografia pós-Annales), Bloch abriu o caminho objetivista, que foi o que venceu. E "objetivista" no sentido em que, mesmo não reduzindo o tempo da consciência ao da natureza, ele o aborda de uma forma naturalista. Ambos defendiam uma história estrutural, mas Bloch tendia ao sociologismo positivista e Febvre, à hermenêutica historicista. Essa diferença de posições foi bem definida pelo já mencionado artigo de Burguière "La notion de 'mentalités' chez M. Bloch et L. Febvre: deux conceptions, deux filiations" (1983). Para Burguière, a diferença entre Bloch e Febvre se acentua quando tratam de um mesmo objeto: a história das mentalidades coletivas. A abordagem mais sociológica de Bloch leva-o a se concentrar sobre fenômenos mentais os mais afastados do pensamento refletido e mais articulados à vida material. Ele procura explicar as atitudes morais ou afetivas pelo seu engajamento social e nas condições econômico-demográficas da época. Bloch não parte da consciência refletida, como Febvre; ele observa comportamentos coletivos, crenças, hábitos, costumes, a consciência coletiva irrefletida. E foi essa a via vencedora dentro da historiografia dos Annales (BURGUIÈRE, 1983, 1986).

Bloch parece, então, ser o historiador mais completo entre os fundadores da escola dos Annales. Ele não só se tornou paradigmático com suas obras econômico-sociais, como também se tornou o modelo da antropologia histórica dos anos 1960 com sua única obra sobre as mentalidades coletivas, *Les rois thaumaturges*. Duby e Burguière consideram Bloch, e não Febvre, o verdadeiro criador da história das mentalidades dentro da escola dos Annales. Na perspectiva de Bloch, a das estruturas coletivas e inconscientes sociais, econômicas, demográficas e mentais, a história pode aplicar ao mundo humano as características do tempo da ciência, sem, entretanto, reduzi-lo a este. Bloch não realiza esta redução, mas seus sucessores, alguns pelo menos, não hesitarão em fazê-la. Emmanuel Le Roy Ladurie insistirá sobre uma "história imóvel" completamente dominada e cientificizada pelo uso da informática. Esta "história imóvel" exclui o evento e o que ele significa, a mudança, a novidade, a intervenção consciente de sujeitos humanos, da observação do historiador. Bloch não fez isso! Ele tornou o evento secundário, até demais, mas não se transformou nem em estruturalista a-histórico, nem em positivista mecanicista ou organicista. Foi no seu tempo histórico submetido à necessidade que os Annales se engajaram.

Finalmente, podemos dizer que Febvre e Bloch representam, dentro da escola dos Annales, a continuidade da aporia fundamental da especulação teórica sobre o tempo, que Ricoeur expôs em *Tempo e narrativa* (*Temps et Récit,* 1985): a da impossível conciliação entre tempo da consciência e tempo da natureza. Mas a continuidade que dão a esta aporia é, por um lado, atenuada: o tempo consciente de Febvre inclui o tempo inconsciente, embora não natural, mas com as características deste, e o tempo inconsciente de Bloch inclui o da consciência, que também não é um tempo natural, pois não chega a ser positivista. Por outro lado, talvez esta aporia exista mais radicalmente ainda nos Annales porque o tempo histórico se revela, como sempre, pertencente à esfera do tempo da consciência, excluindo a natureza, mesmo se tratado artificialmente de forma naturalista. Ao abordar de maneira objetivista o mundo humano, ao excluir o evento do seu ângulo de visão, mesmo o mais radical membro dessa tendência não saberia reduzi-lo ao tempo natural, embora haja os que tenham esta ambição dentro dos Annales. Entretanto, quanto a Febvre e Bloch, o primeiro representará o tempo subjetivo da consciência e o segundo, os aspectos objetivos desse mesmo tempo da consciência. Se os dois pudessem articular-se em um só tempo, teriam constituído uma história global, que Gurvitch definiu assim: "o princípio da história global consiste não na descrição de todos os aspectos possíveis da vida social e não só na multiplicação de abordagens dela. Ela pressupõe, primeiro, e mais importante, o estudo das interrelações entre os aspectos material e ideal da sociedade (GURVITCH, em: BURGUIÈRE; ATSMA, 1990; RICOEUR, 1985).

Em toda a sua obra, Febvre se manteve do lado superestrutural da consciência refletida; Bloch, do lado da vida material, da consciência irrefletida. Mas ambos estão na esfera do tempo humano, na esfera da consciência, cada qual em uma borda: um tende ao tempo filosófico e, o outro, ao tempo sociológico, sem que ambos cheguem a extremos. Febvre é subjetivista demais para os parâmetros objetivistas dos Annales pós-blochianos. Mas, a rigor, a hipótese do tempo histórico como um terceiro tempo, proposta por Ricoeur com sua ideia do tempo calendário, que lançaria pontes entre o tempo cosmológico e o subjetivo, não se realizou na historiografia dos Annales. A aporia milenar do tempo prossegue no interior dessa escola: se o lado naturalizante predominará sobre o lado espiritualizante será para melhor revelar e analisar este segundo, que é específico do mundo humano, pois o objetivo é a transformação da historiografia em uma atividade científica (Cf. RICOEUR, 1985; REIS, 2003).

Lições de Bloch: história é teoria e crítica documental

A obra de Bloch é ao mesmo tempo pequena e grandiosa! Ele foi assassinado ainda jovem, mas seus poucos livros marcaram profundamente a historiografia do século XX, tanto como medievalista quanto como epistemólogo da história. Entre suas inúmeras contribuições, gostaríamos de destacar duas lições de método: 1) a história é teoria; 2) a história é rigorosa, criteriosa, crítica documental.

A lição "a história é teoria" é de origem durkheimiana e sobretudo simiandiana. A obra do sociólogo François Simiand, *Método histórico e ciência social*, de 1903, republicada em 1960, teve um grande impacto sobre a sua formação e, através dele, na escola dos Annales. Pode-se encontrar aqui o programa que os Annales defenderam contra a história tradicional, do qual Bloch foi o primeiro a se apropriar. O ataque de Simiand à história tradicional é epistemologicamente severo e consistente. Segundo ele, a história tradicional ou "historizante" (foi ele quem criou essa expressão) aborda o fato social como se fosse psicológico, subjetivo. Nas relações humanas é o elemento psicológico que conta; os indivíduos criam a sociedade por contrato social. A sociedade seria o resultado do acordo entre os homens e a causalidade histórica seria psicológica: intenções, consciência, motivações individuais, fatos anteriores escolhidos arbitrariamente, analogias inconsistentes, acidentes/acasos, enfim, uma psicologia vazia, em que a imaginação do "historiador genial" é que decide sobre a realidade. E, mesmo sendo assim tão precária, o "historiador historizante" achava que a sua "ciência" já estava consolidada, o método bem definido se empregado com consciência e rigor. A história tradicional julgava fazer uma representação do passado exata, imparcial, não tendenciosa, não moralizadora, não literária, não anedótica. Mas, esse historiador não conseguia conhecer o todo social, o *zusammenhang* é indemonstrável, por ser uma complexidade indivisível. Os historiadores não cumpriam o que prometiam porque não discutiam epistemologia da história (SIMIAND, [1903] 1960).

E Simiand começa seu ataque, que repercutirá fortemente em Bloch e nos Annales. Para ele, a "fotografia do passado" pretendida pela história tradicional não é integral, automática. A história é teoria: há sempre escolha, triagem, um ponto de vista, hipóteses. A história tradicional reúne fatos dispersos, heterogêneos, colocando-os em ordem por reinados. Mas os fatos sociais não se explicam pela ascensão e morte de reis; organizar os eventos por reinados é absurdo! A simples sucessão de datas não tem valor científico, é só um instrumento e não o trabalho da história. É como a ordem alfabética no dicionário, só isso. Para Simiand, se o fato social é subjetivo, a ciência social positiva é impossível. A ciência trata de fatos objetivos, exteriores. O mundo social-exterior não se reduz a uma percepção subjetiva. Os fenômenos observados não procedem de nós, impõem-se a nós. O domínio da ciência é o da regularidade entre os fenômenos, das leis científicas, de um sistema de relações estáveis. Os fenômenos sociais são objetivos como os da física: uma regra de direito, um dogma religioso, o costume e a divisão de trabalho têm uma existência independente da vontade dos indivíduos. O objeto da ciência social não são os indivíduos, mas as relações necessárias entre os fenômenos que se impõem a eles. A explicação sociológica desvia de fatos únicos e irrepetíveis, descarta o individual, o acidental. Ela visa ao coletivo e social. A ciência social despreza a contingência, o acaso e enfatiza a regularidade (SIMIAND, ([1903] 1960).

A ciência social é científica porque é teórica: formula problemas e hipóteses. Na pesquisa histórica científica, o problema é anterior às fontes, o espírito antecede a heurística. O "historiador historizante" queria oferecer uma representação do passado sem pontos de vista, sem teoria abstrata, apoiado em documentação criticada e fiel aos fatos. Ilusão empirista! Não há registro fotográfico dos fatos, mas operação ativa do espírito. Não há constatação que já não seja uma escolha, uma perspectiva. O acúmulo de fatos não acrescenta nada à ciência social. O historiador colecionador deve ser superado, pois não é cientista. A história-ciência social deverá renunciar aos ídolos da tribo dos historiadores: o ídolo político, o ídolo individual, o ídolo cronológico. Era preciso libertar a história do historiador tradicional e fazer uma história que interessasse ao presente, uma "história teorizante", problemática, e não uma "história historizante", automática. Bloch aderiu radicalmente a este ponto de vista simiandiano e passou a praticar uma história-problema. A melhor teoria do método histórico dos Annales foi feita por ele em seu clássico *Apologia da história ou ofício de historiador*.

A lição "a história é crítica documental" é de origem historiadora e mantém Bloch ligado à tradição historiográfica desde Heródoto. Para Burguière, em seu livro *L'École des Annales, une histoire intelectuelle*, de 2006, o surgimento dos Annales não se deveu somente ao ataque das ciências sociais. Os Annales são fustelianos, são historiadores que surgiram de historiadores. Fustel de Coulanges (Cf. BURGUIRE, 1983, 1986) é um dos precursores da longa duração, que formulou o conceito de mentalidades de Bloch e da antropologia histórica: profundidades escondidas movem a sociedade. Elas servem para resistir, para assegurar a sobrevivência do vínculo social. As revoluções só podem ser mentais. As mentalidades são uma tensão: resistência, transmissão e invenção da vida mental. Para Burguière, o conceito de Bloch de mentalidades não é devedor apenas de Durkheim e Simiand, mas sobretudo de Fustel de Coulanges, que, aliás, foi professor de Durkheim. Fustel de Coulanges defendia que o vínculo social é construído sobre crenças partilhadas, a ordem social como totalidade preexiste às partes. Fustel não confundia anterioridade e causa. A religião o interessava como crença coletiva, como instituinte da ordem social. Bloch é fusteliano ao se interessar por rituais sagrados, história rural, sociedade feudal. Fustel de Coulanges o marcou muito com *A cidade antiga*, levando-o a se interessar por história social e a compreender melhor o projeto de Durkheim, que também era discípulo de Fustel.

O cerne do livro de Bloch *Apologia da história* é a atualização que julgava urgente da crítica documental. Durante as Guerras Mundiais, ele vivenciou o colapso do espírito crítico e o domínio da propaganda, da manipulação extremamente perigosa da documentação histórica para a justificação de ideologias violentas. Ele afirma ter vivido um retorno da Idade Média na Primeira Guerra Mundial, quando a censura impediu a menor informação escrita: foi o retorno de uma comunicação oral, que devolveu o ambiente medieval da crença, dos rumores, da contrainformação. Por isso, para ele, o historiador precisa manter-se "crítico", isto é, o seu espírito deve organizar a pesquisa formulando problemas e hipóteses e apoiando-se em fontes primárias e secundárias de todos os tipos, criteriosa e rigorosamente criticadas. Ele propôs uma mudança de fontes, para garantir a segurança da informação. Ele prefere "dar ouvidos" a códigos, costumes, representações coletivas, normas sociais, involuntária e inconscientemente registrados e quantitativamente tratáveis. A crítica documental devia ser revista, transformada, para se tornar uma prática científica. Esta lição é atualíssima. Se na Guerra Mundial foi a vitória do oral sobre o escrito, hoje, assiste-se à fascinante vitória (arrasadora!) do visual/virtual, do tempo (ir) real e imediato, sobre qualquer recuo e esboço de reflexão crítica. Se Bloch visse, hoje, o mundo globalizado dominado pela ficção e pela informação eletrônica, por sinais luminosos que piscam, que acendem e apagam facilmente por um leve toque ou rearranjo de teclas, pelo dilúvio de imagens em cores, pelo pensamento único ocidental, que se mascara de multicultural, veiculado por uma mídia extremamente sofisticada e de alcance planetário, temeria ainda mais pela qualidade crítica e ética do ofício de historiador!

Bibliografia

ARIÈS, Philippe. *Le temps de l'histoire*. [1954]. Paris: Seuil, 1986.

AYMARD, Maurice. The Annales and French Historiography (1929/1972). *The Journal of European Economic History,* Roma: Banco di Roma, v. 1, n. 2, 1972.

BERGSON, Henri. *Durée et simultaneité*. [1922]. Paris: PUF, 1968.

BERR, Henri. *La synthèse en histoire: essai critique et théorique*. Paris: F. Alcan, 1911.

BLOCH, Marc. *Apologie pour l'histoire ou métier d'historien*. [1949]. 7. ed. Paris: A. Colin, 1974.

BLOCH, Marc. *L'Étrange défaite*. [1940]. Paris: Gallimard, 1990. (Coll. Folio/Histoire.)

BLOCH, Marc. *La société féodale*. Paris: A. Michel, 1939.

BLOCH, Marc. *Rois et serfs: un chapitre d'histoire capétienne*. Paris: LAHCH, 1930.

BOURDÉ, Guy; MARTIN, Hervé. *Les écoles historiques*. Paris: Seuil, 1983. (Points-Histoire, H67.)

BURGUIÈRE, André; ATSMA, Harmut (Orgs.). *Marc Bloch aujourd'hui: histoire comparée et sciences sociales*. Paris: EHESS, 1990.

BURGUIÈRE, André (Org.). *Dictionnaire des sciences historiques*. Paris: PUF, 1986.

BURGUIÈRE, André. Histoire d'une histoire: la naissance des Annales. *Annales ESC*, Paris: A. Colin, n. 6, nov./dez. 1979.

BURGUIÈRE, André. Histoire et structure. *Annales ESC*, Paris: A. Colin, maio/jun. 1971.

BURGUIÈRE, André. *L'École des Annales: une histoire intelectuelle*. Paris: Odile Jacob, 2006.

BURGUIÈRE, André. L'aventure des *Annales*: histoire et ethnologie. *Hésiode Cahiers d'Ethnologie Méditerranéenne*, Carcassonne/France: GARAE/HESIODE, n. 1, 1991.

BURGUIÈRE, André. La notion de "mentalités" chez M. Bloch et L. Febvre: deux conceptions, deux filiations. *Revue de Synthèse*, Paris: CIS/CNRS, n. 111-112, jul./dez. 1983.

BURKE, Peter. *The French Historical Revolution: The Annales School, 1929/1989*. Cambridge: Polity Press, 1990.

DOSSE, François. *A história em migalhas, dos Annales à nova história*. Bauru: EDUSC, 2003.

DUBY, Georges. Préface. In: BLOCH, Marc. *Apologie pour l'histoire ou métier d'historien*. Paris: Armand Colin, 1974.

DUMOULIN, Olivier. Structures. In: BURGUIÈRE, A. *Dictionnaire des sciences historiques*. Paris: PUF, 1986.

DURKHEIM, Émile. *Les régles de la méthode sociologique*. Paris: F. Alcan, 1901.

FEBVRE, Lucien. *Le problème de l'incroyance au XVIéme. siècle: la religion de Rabelais*. Paris: A. Michel, 1942.

HUGHES-WARRINGTON, M. *50 grandes pensadores da história*. São Paulo: Contexto, 2002.

IGGERS, Georg. *New Directions in European Historiography*. Londres: Methuen, 1984.

LE ROY LADURIE, Emmanuel. Évenement et longue durée dans l'histoire sociale: l'exemple chouan. *Communications*, Paris, n.18, 1972.

MALERBA, Jurandir. *Lições de história*. Rio de Janeiro: FGV; Porto Alegre: PUCRS, 2010.

MANN, Hans Dieter. *L. Febvre, la pensée vivante d'un historien.* Paris: A. Colin, 1971. (Coll. Cahiers des Annales, 31.)

POMIAN, Krzysztof. L'histoire des structures. In: LE GOFF, J. (Org.). *La Nouvelle Histoire.* Bruxelas: Complexe, 1988.

POMIAN, Krzysztof. *L'ordre du temps.* Paris: Gallimard, 1984.

REIS, José Carlos. *A História, entre a Filosofia e a Ciência.* 4. ed. Prefácio de Ciro Flamarion Cardoso. Belo Horizonte: Autêntica, 2011. [Ática, 1996.]

REIS, José Carlos. *Escola dos Annales: a inovação em história.* São Paulo: Paz e Terra, 2000.

REIS, José Carlos. *Nouvelle Histoire e o tempo histórico: a contribuição de Febvre, Bloch e Braudel.* 2. ed. São Paulo: Annablume, 2008. [Ática, 1994.]

REIS, José Carlos. O conceito de tempo histórico em Kosseleck, Ricoeur e Annales: uma articulação possível. In: *História & teoria: historicismo, modernidade, temporalidade e verdade.* Rio de Janeiro: FGV, 2003.

REVEL, Jacques. Les paradigmes des Annales. *Annales ESC*, Paris: A. Colin, n. 6, nov./dez. 1979.

RHODES, R. C. E. Durkheim and the Historical Thought of M. Bloch. In: *Theory and Society.* Amsterdã/Londres/Nova York: ELSEVIER, n. 1, jan. 1978.

RICOEUR, Paul. *Temps et récit.* Paris: Seuil, 1985. v. 3.

ROJAS, Carlos Antonio Aguirre. *Os Annales e a historiografia francesa.* Maringá: UEM, 2000.

SCHMITT, Jean Claude. Marc Bloch. [1978]. In: Le GOFF, J. *A nova história.* Coimbra: Almedina, 1990.

SIMIAND, François. Méthode historique et science sociale. [1903]. *Annales ESC*, Paris: A. Colin, n. 1, jan./fev. 1960.

STOIANOVITCH, T. *French Historical Method: The Annales Paradigm.* Ithaca; Londres: Cornell University Press, 1976.

WEBER, Max. *Metodologia das ciências sociais.* São Paulo: Cortez; Campinas: Ed. da Unicamp, 1992. v. 2.

Wilhelm Dilthey
(1833-1911)[6]

A diferença das ciências histórico-sociais: a compreensão empática (*Verstehen*)

Que tipo de conhecimento é o histórico? Em que medida a história se aproxima e se afasta das ciências naturais? Os histori(ci)stas alemães dos séculos XIX e XX, Windelband, Simmel, Rickert, Droysen e Dilthey defendiam, para a história, a condição de ciência, mas apresentaram outro conceito de "ciência", oposto ao dos neopositivistas. Contra os neopositivistas, que definiam as "condições de objetividade" que aproximariam os conhecimentos humanos dos naturais, os histori(ci)stas buscaram definir "as condições de subjetividade", que especificam o conhecimento dos homens e sociedades. Para os histori(ci)stas, não há unidade do método da ciência, mas dualidade. Para eles, não se pode tratar natureza e história da mesma forma, com os mesmos métodos, e propuseram a diferenciação entre as "ciências nomotéticas" e as "ciências idiográficas". O grupo histori(ci)sta era heterogêneo e sustentava posições díspares. Para uns, a diferença entre natureza e história era ontológica: a natureza é uma realidade material, exterior, repetitiva, determinista, objetiva, submetida a leis; a história, uma realidade "espiritual", interior, reflexiva, subjetiva, inovadora, aberta, sem leis. Para outros, a diferença entre natureza e história era epistemológica, não implicando na dualidade do ser: as ciências naturais seriam generalizantes, não avaliadoras, e as ciências humanas, ao contrário, seriam individualizantes e axiológicas. Apesar das divergências internas, o consenso estava na aceitação do princípio de que o que diferencia as ciências humanas é a especificidade da

---

[6] Originalmente publicado em: *Lições de história*, organizado pelo professor Jurandir Malerba, v. 2: *Lições de história: da história científica à crítica da razão histórica no limiar do século XX* (Rio de Janeiro: FGV; Porto Alegre: Edipucrs, 2013).

sua operação cognitiva, a *compreensão empática* (*Verstehen*) (COLLINGWOOD, 1981; FREUND, 1973; ARON, 1938; MEINECKE, 1982).

Entre os historicistas, destacou-se a obra de Wilhelm Dilthey. Para ele, em *Introdução às ciências do espírito* (1883), *O mundo histórico* (1924), *Vida e poesia, Edificação do mundo histórico nas ciências do espírito* (1910), *A compreensão dos outros e de suas manifestações de vida* (1984), as ciências humanas lidam com um objeto especial, a vida humana, que exige outra atitude noética, outra operação cognitiva. Nas ciências histórico-sociais, o método e o objeto se condicionam reciprocamente, só podendo ser separados abstratamente, e o modo adequado de conhecer o seu conteúdo especial é a "compreensão empática". Dilthey não "inventou" este método ou operação cognitiva. A compreensão é uma atitude habitual, presente nas práticas da vida, que, mais refinada, torna-se o "método científico" das ciências humanas. A "explicação causal" da natureza é um processo puramente intelectual; a "compreensão" da vida envolve a cooperação de vários processos afetivos e mentais. A "compreensão" se dirige à experiência vivida, íntima, interna; a "explicação causal" é o conhecimento de leis naturais objetivas. A "compreensão" é um processo contínuo e aproximativo, não tem um início e um fim bem definidos, mas, se ela é relativa, não é apenas uma superposição de perspectivas e percepções, pois revela um refinamento progressivo em direção a uma validade geral. Ela tem uma estrutura espiral, concentrando-se e ampliando-se progressivamente em um esforço de síntese. A compreensão da vida é um processo de aproximação constante, assintótico, entre o intérprete e a manifestação de vida do outro, que não atingirá jamais uma coincidência total (DILTHEY, 1984).

Dilthey ergueu um muro alto contra a "história científica" neopositivista ao propor a "compreensão" e a "interpretação" como as operações cognitivas constituintes do método específico das ciências do espírito. Para ele, o que o historiador faz é compreender as "manifestações de vida" dos homens do passado e do presente. A história tem como objeto a "experiência vivida", tanto a do outro, o tu-ele-vós-eles, como a do próprio historiador e do seu presente, o eu-nós. O conhecimento histórico seria o resultado do diálogo entre o historiador em sua vivência (presente) e os outros homens em seu vivido (passado). Contudo, como conhecer o outro, se ele parece opaco como a natureza? Para Dilthey, pode-se conhecê-lo aprendendo a olhá-lo, a escutá-lo, a observá-lo e acompanhá-lo em suas expressões, sem jamais vê-lo como algo dado ou coisa. O outro é sujeito, uma subjetividade que procura adaptar-se ao mundo externo, transformando-o, e busca uma harmonia interna consigo mesmo e com os outros. Ele não é inteiramente opaco, pois aparece e se dá a conhecer em suas "expressões" e "manifestações de vida", que levam o historiador ao seu interior. O mundo histórico é um mundo de expressões, de sinais, símbolos, mensagens, gestos, ações, criações, artes, cores, formas, posturas, normas, escolhas, produzidas por sujeitos vivos e agentes. Por se expressarem de forma tão eloquente, os homens se dão a conhecer uns aos outros, ao contrário da natureza, que não é sujeito, mas coisa exterior, silenciosa, submetida a leis. Quanto ao mundo histórico, ele é um "espírito objetivo", um universo de significações compartilhadas, onde a comunicação entre os homens se realiza. Os homens dizem o que pensam, o que sentem, o que querem, uns aos outros, há troca de mensagens, mantêm uma "relação interior" na objetividade da sociedade (DILTHEY, 1984; HEMPEL, 1984).

O "espírito objetivo" é esta experiência compartilhada, aquilo que é comum a todos os indivíduos: o estilo de vida, os costumes, o direito, o Estado, a religião, a arte, as ciências, a filosofia, o senso comum. É o universo cultural de cada indivíduo de uma sociedade e época determinadas. Nosso eu se alimenta desse espírito desde a infância. Ele é o que há de comum entre o eu e o você, o meio no qual se realiza a *compreensão elementar* do outro e de si mesmo. Nesse mundo cultural compartilhado, de certa forma, todos se conhecem e se compreendem. Na vida cotidiana, não é preciso deduzir, teorizar, os sujeitos (re)conhecem os sinais e mensagens comuns e se comunicam. Na *compreensão elementar,* a experiência comum já oferece uma conexão imediata entre a expressão e o sentido que expressa. Essa conexão é pressuposta em cada relação particular, é uma pré-compreensão, como uma "dedução implícita por analogia": a partir de outros casos da experiência comum, compreende-se essa expressão particular. Na compreensão elementar é o espírito objetivo que aparece nas expressões individuais. Os indivíduos utilizam os sinais, gestos, rituais, fórmulas, códigos da cultura para expressar seu conteúdo individual, o que permite sua compreensão tácita e imediata. Na compreensão elementar, o intérprete não precisa refletir para compreender a ação. Seu sentido é compartilhado, pois foi presenciado e vivido infinitas vezes pelos membros daquele universo cultural. A compreensão elementar tem uma estrutura lógica semelhante à da dedução; é uma dedução sem demonstração, sem discurso, tácita.

O princípio da compreensão elementar é que se todos os indivíduos dessa cultura pensaram, sentiram e agiram assim no passado, espera-se que continuarão a fazê-lo da mesma forma (Dilthey, [1883] 1942).

Na *compreensão superior,* ao contrário, o indivíduo se destaca e se diferencia de seu universo cultural. É maior a distância interior entre a "manifestação de vida" do outro e a daquele que o observa e quer compreender. Há mais incerteza na compreensão superior. Quando aquele a ser compreendido se silencia ou quando é astucioso ou quando é intenso, o que compreende precisa interpretar criticamente o sentido da sua expressão, confrontar sinais diferentes, articular expressões divergentes, dar sentido a contradições. Para compreender essa vida individual complexa, o intérprete parte dos seus sinais, gestos e expressões da sua vida profissional, relações sociais, familiares, ainda ligados à sua cultura. Na base da compreensão superior está a compreensão elementar. Por mais diferenciado ou estranho que tenha se tornado o indivíduo, ele não abandonou a condição humana e ainda pertence a um sentido compartilhado, a uma comunidade. O intérprete vai do horizonte comum à diferença individual. A estrutura lógica da compreensão superior é algo como uma operação indutiva: parte-se das suas expressões particulares para o todo individual. A compreensão superior parte de determinadas manifestações particulares e, por indução, quer tornar compreensível a estrutura do todo individual. A compreensão superior busca ter acesso à totalidade individual, mas seu interesse não é pragmático, não visa ao controle técnico do outro. Seu fim é o reconhecimento da alteridade. O mundo espiritual reúne o "espírito objetivo", o universo cultural compartilhado, objeto da compreensão elementar, e a força criativa do indivíduo, objeto da compreensão superior. É na conjunção de ambos que a compreensão em história se fundamenta (DILTHEY, 1984).

As ciências do espírito, portanto, fundamentam-se na "compreensão empática", elementar e superior, que aborda o mundo dos indivíduos e de suas criações. O individual pode ser compreendido graças ao que há de comum entre os indivíduos, mas os indivíduos não se reduzem a essa comunidade histórica. Na compreensão superior pressupõe-se que haja um universal humano, que os indivíduos expressam quanto mais diferenciados sejam da sua comunidade histórica. Há uma conexão entre o universalmente humano e a individuação. A operação da compreensão penetra em camadas cada vez mais profundas do mundo espiritual, atingindo o universal através da compreensão superior de vidas individuais complexas. Há uma estrutura do universal humano que se acentua diferencialmente em indivíduos. A compreensão superior tem como tarefa descobrir a totalidade da vida individual nas expressões particulares que se apresentam aos sentidos. Ela dá vida aos dados, articulando-os de tal modo que faz "reviver" a individualidade. A passagem dos dados ao complexo de vida é o que Dilthey chama de "transposição" do eu para o outro. Ao "reviver" a vida do outro, o intérprete se transpõe para o seu complexo vital, põe-se no lugar do outro, emprestando-lhe sua própria vida. Graças a essa "transposição", por exemplo, os versos de um poema são restituídos à vida pelo intérprete. O autor original dos versos é outro, mas, ao interpretá-los, relendo-os, ressignificando-os, o eu os "re-atualiza" e se torna até um coautor. Isso só é possível porque a alma do intérprete (eu) pode reconhecer as experiências internas do outro e revivê-las em seu mundo interior. Na compreensão, o intérprete tem uma presença ativa em relação ao outro; ele dá sua "contribuição" para a representação de um dado conjunto de manifestações de vida, recriando-as e revivendo-as em seu espírito (Dilthey, 1984).

A operação cognitiva chamada "compreensão empática", fundamento das ciências do espírito, é uma operação inversa ao processo da ação. Ela retroage, é uma retrospecção. Ela segue a linha inversa dos acontecimentos. É somente após terem acontecido que o intérprete pode procurar seu sentido. A compreensão parte da expressão àquele que nela se expressa. Pela "transposição", "recriação", "revivência", uma atividade recíproca se estabelece entre as manifestações da vida do que se exprime e a vida interna do intérprete que as compreende. O intérprete busca o sentido de um feito passado indo dele às circunstâncias determinadas, aos eventos anteriores e às condições internas dos protagonistas que geraram sua ocorrência. Ele vai do acontecido aos seus antecedentes e, após feitas as conexões de sentido, ele retorna do anterior ao posterior acontecido. Nesse retorno, é a própria vida que é revivida. A narração do historiador ou romancista provoca no ouvinte/leitor a "revivência", que resgata a vida do outro e revela a cada um a sua vida determinada, limitada, abrindo possibilidades de experiências não vividas. O leitor/ouvinte assume uma dívida com o historiador e o poeta, porque, limitado em sua existência determinada, ganha a liberdade através da arte e da história. Isso supõe que em toda compreensão haja algo de irracional, como é irracional a própria vida.

A compreensão empática ultrapassa a lógica e se aproxima da ficção e da arte. A certeza final da "revivência" é subjetiva e não pode ser construída apenas por formulações lógicas. Por isso, fundadas na compreensão, as ciências do espírito não têm nenhuma relação com os métodos das ciências naturais. Elas se apoiam em um método original. A compreensão é um processo particular de indução: vê-se nas expressões particulares a presença de um todo, sem negação da singularidade de cada manifestação particular, que já é o todo. A indução compreensiva não leva a uma lei geral, mas a uma estrutura, a um sistema ordenador, que reúne os casos como partes de um todo. A operação compreensiva é uma "hermenêutica": assemelha-se à leitura e interpretação de um texto, que deve integrar as palavras num sentido e o sentido dos vários componentes do texto na estrutura do seu todo. Numa sequência de palavras, cada palavra é determinada e indeterminada, contendo em si uma variabilidade de sentido. As ligações entre as palavras podem fazer com que elas assumam significados diversos. Dessas ligações determinadas nasce o significado. As frases são membros de um todo e só são determináveis a partir do todo (DILTHEY, [1924] 1947).

Enfim, para Dilthey, o que pode a compreensão apreender? Qual é o seu conteúdo específico? Seu objeto são as "expressões e manifestações humanas que constituem o mundo histórico-espiritual". Compreende-se uma expressão não como um dado físico, mas como um sinal, um símbolo, uma mensagem de um sujeito, que possui uma vida mental, uma experiência interna. Ela é o conhecimento dos atos, conteúdos e condições da vida mental. Essa vida mental não é uma consciência sem corpo, puro espírito, mas um trabalho concreto do espírito em circunstâncias dadas, em situações históricas concretas. A vida do espírito é interior e a compreensão empática é a apreensão dessa interioridade da vida, a partir de suas manifestações objetivas. A compreensão tem uma relação especial com o "fazer humano" como criação. Uma criação é a manifestação externa de uma vida interior. Como Vico, Dilthey dá um status privilegiado ao conhecimento do que foi feito pelo homem. Para ambos, conhecimento e criação estão interligados e talvez só o que o espírito humano criou possa ser conhecido. A compreensão apreende as criações humanas, o "fazer" criativo dos homens. A maior produção dos homens é a sociedade e sua história, que são o objeto específico das ciências humanas. Estas só podem realizar sua tarefa recorrendo a seu modo próprio de conhecer, a compreensão empática (ERMARTH, 1978).

A "empatia" é, portanto, o método adequado à especificidade do objeto das ciências histórico-sociais, porque permite apreender pelo interior o outro e a sociedade. Na compreensão ocorre a rara possibilidade de se compartilharem significados, embora, neste mundo de sentido compartilhado, a compreensão não seja trivial e não problemática. Há distância entre palavras, gestos e sentido, a linguagem não é transparente e a interpretação de sinais exteriores pode ser muito arriscada. Como método das ciências humanas, ela coloca dificuldades que muitos consideram intransponíveis e insuperáveis. A tese de base da compreensão empática, ele a expõe assim: "eu que vivo, de dentro da minha própria vida, eu me conheço, sou um elemento da sociedade; eu sei que os outros elementos desse organismo são do mesmo tipo que eu e por isso posso representar a sua vida interna. Posso então compreender a vida da sociedade. O indivíduo é, de um lado, um elemento nas reações da sociedade, o ponto de cruzamento dos diversos sistemas de reações da sociedade, e de outro, ele é a inteligência que contempla esse conjunto e quer penetrar o seu mistério". Por ter acesso interno a si, o indivíduo teria acesso à vida interna do outro. A causalidade natural é substituída por uma estrutura compartilhada de representações, sentimentos e motivos. E não há limite à riqueza que se manifesta nessas "reações". Nas ciências humanas, o vigor da inteligência não basta, o sujeito do conhecimento deve possuir certa riqueza de experiências vividas pessoais e a sensibilidade à presença da alteridade (DILTHEY, [1883] 1942).

Para explicar a natureza da compreensão, Dilthey emprega termos como *transposição, transferência, ressubjetivação, revivência, recriação, reanimação, representação*, que revelam um processo de identificação empática entre o sujeito vivo (presente) e o objeto-sujeito vivido (passado). O sujeito só conhece aquilo que pode reviver, reanimar, em seu espírito. Na compreensão, "conhecer é reconhecer". O prefixo da compreensão é o "re", que exprime uma re-ocorrência no espírito do sujeito do conhecimento da experiência vivida que quer conhecer. Para Dilthey, a *Verstehen* está implícita na vida. Ela é sobretudo uma prática que permite a consciência que a vida toma dela mesma. Os indivíduos se orientam uns em relação aos outros por meio de um tácito processo interpretativo. A vida parece inapreensível, difícil de conhecer, não por ser misteriosa, mas porque familiar e comum. A compreensão é onipresente nas situações humanas, nas relações humanas, tornando-as tacitamente reconhecíveis e praticáveis. A *Verstehen* não é esotérica ou privada, não é um processo místico.

A compreensão seria o conhecimento daquilo que já conhecemos; é conhecimento prático, ativo, e reconhecimento reflexivo. Ela seria uma redescoberta do eu no você, consolidando a comunidade das pessoas. A comunidade de pessoas engendra esta relação cognitiva especial, que não pode ser resolvida na dicotomia sujeito-objeto da epistemologia convencional, embora haja um objeto para a compreensão. Na vida, sujeito e objeto formam uma unidade na diferença eu-outro; a compreensão do outro é motivada pela busca da compreensão de si (ERMARTH, 1978; RICOEUR, 1985).

O projeto político da *Verstehen*: por uma revolução intelectual e moral

Poucos foram tão originais como Wilhelm Dilthey em epistemologia das ciências humanas. Sua obra está na base de todo pensamento fenomenológico, hermenêutico, de grande parte da teoria da história, da psicologia e da antropologia do século XX. Talvez por ter sido tão original, Dilthey tenha sido tão mal compreendido. Ele foi um homem de grandes intuições e não um construtor de sistemas abstratos. Para a tradição cartesiana, iluminista e positivista, ele estaria na contramão da Razão, porque tinha uma personalidade intuitiva, poética, que poderia representar uma perigosa porta aberta ao irracionalismo. Contudo, apesar das restrições que lhe foram dirigidas, para nós, o seu tema é o mais relevante, atual e urgente: o da alteridade e a possibilidade do seu (re)conhecimento. Suas perguntas são ainda cruciais: como compreender homens de civilizações diferentes ou nossos concidadãos diferentes de nós? Como abordar de modo compreensivo o outro? Em que termos formular a alteridade humana? Como tornar habitável um mundo dilacerado pela negação e rejeição da diferença sócio-histórico-cultural? Como defender a comunicação entre os homens, contra todo reducionismo e eliminação da alteridade? Como formular e aceitar as diferenças culturais evitando que elas se tornem o obstáculo, mas a razão e o sentido da comunicação entre os homens?

Ele considerava as ciências humanas, em particular, a psicologia e a história, o caminho real para a solução dos problemas humanos e sociais. Ele dava especial atenção à história das ideias para a compreensão da marcha dos homens. Seu pensamento criou uma tradição que propõe a mudança sociocultural produzida por um sujeito consciente da sua própria experiência vivida. Seu interesse pelo fenômeno cultural, sua discussão sobre os valores e a ênfase na individualidade estão na base de toda radical "teoria crítica" da sociedade, como a da Escola de Frankfurt e a dos diversos marxismos culturalistas. Ele temporalizou os estudos históricos, valorizou a experiência humana no tempo, procurando a vida lá onde, quando e como se manifestava. Seu tema era o da "historicidade", o da "experiência vivida", o da busca de uma "experiência humana comunicativa", o sonho de uma sociedade onde seria possível "viver juntos na diferença". Sua contribuição talvez seja a verdadeiramente revolucionária, pois propõe uma mudança intelectual e moral profunda, que torne possível e fecunda a convivência entre os homens.

Sua abordagem é mais próxima da vida e significou um novo olhar, histórico, temporal, formulando e enfrentando o problema maior que se coloca à história, o da alteridade e da sua com/apreensão. Para ele, compreender o outro não é submetê-lo a alguma forma de controle externo, mas estabelecer uma relação de confiança recíproca, por uma escuta atenta e respeitosa das expressões da sua experiência vivida. É tomá-lo como sujeito. Para o historiador, compreender a vida do outro não é um meio, mas um fim que se basta. A arte do historiador não é utilitarista, a história não "serve" para controlar a vida, o futuro. O que o historiador oferece aos sujeitos vivos do presente é o seu auto(re)conhecimento. A sua *história compreensiva* põe-se ao lado e junto do outro, envolve-se com ele, sem pretender reduzi-lo à identidade do intérprete. O eu se autoapreende como identidade e diferença em relação ao outro. As ciências humanas não têm um "objetivo instrumental" de domínio técnico do vivido. Elas visam a algo maior: a construção de uma ordem histórico-social moral, de um mundo de paz e liberdade, habitável pelo eu e pelo outro. Esta seria a missão prática e vital das ciências do espírito e da história: apreender o mundo dos homens como um diálogo entre sujeitos diferentes, uma comunicação intensa e prazerosa entre o eu e o outro.

É o triunfo da razão histórica. Não se pode combater, excluir, alijar a alteridade, pois ela é onipresente no mundo histórico. Ela aparece no outro atual, espacial e culturalmente distante; aparece no outro passado, temporal e culturalmente distante; aparece no presente, na vida cotidiana, compartilhada imediatamente com um outro opaco. A alteridade possui níveis: dos mais distantes, o outro cultural, o outro temporal, aos mais íntimos, o outro familiar e a própria alteridade interna. A sociedade é um conjunto de indivíduos em relação de familiaridade e estranhamento.

Ela reúne reconhecimento e mistério. A vida compartilhada só será plenamente possível pelo reconhecimento recíproco, mesmo que limitado, entre os indivíduos. Esta seria a consequência política da *Verstehen* diltheyana: o reconhecimento recíproco, possibilitando um mundo habitável pela intensificação das diferenças e não por sua supressão. A comunicação entre as consciências individuais é a condição da vida social. Os indivíduos sentem e interpretam a presença do outro, a partir dos seus sinais, procurando vencer, pela linguagem e pela comunicação, o fascínio e o medo que sua presença representa. A alteridade não interpretada e compreendida representa uma ameaça permanente à existência física do eu. Para conviver com seu medo e talvez superá-lo, o intérprete deverá se abrir e se colocar em comunicação permanente com o outro.

Mas, afinal, pode-se ou não falar sobre o outro? O conhecimento do outro seria mesmo possível? As ciências humanas seriam possíveis enquanto "ciências"? Esta dúvida quanto à possibilidade real de se reconhecer e conviver com a alteridade levou muitos ao pessimismo. Os pessimistas argumentam que a inevitável recusa do estrangeiro, a inquebrável resistência ao novo e a impossível abertura à sua experiência demonstram o fracasso de uma relação compreensiva com o outro. Dilthey teria sido ingenuamente romântico! Não haveria outra saída para as ciências humanas senão buscar o controle técnico e político do outro. A alteridade é difícil! O eu sempre reivindicará sobre o outro (e vice-versa) uma superioridade cultural, racial ou outra. O outro será sempre inaceitável e descrito como "bárbaro", "primitivo", "atrasado", "inculto", "violento", "infiel", "animal", "horrendo", "fétido", etc. A impossibilidade de acessar o outro, de conhecê-lo em seus próprios termos levará sempre à guerra e à sua escravização ou aculturação. À alteridade só caberiam dois destinos: a redução cultural e sua consequente instrumentalização ou a eliminação física, pura e simples. Enfim, vencido, concluem os pessimistas, ou o outro aceita a linguagem, os valores, a história do vencedor, tornando-se produtivo para ele, ou será cultural ou fisicamente eliminado. A quem fizer objeções a esse horizonte de guerra total, os pessimistas argumentam com a história, enumerando milhares de derrotas, escravizações e aculturações ocorridas desde o início dos tempos e produzidas pelos sujeitos mais bem-intencionados em relação a uma possível história universal da humanidade.

Por um lado, de fato, os pessimistas têm alguma razão. O outro, por não ser o eu, é a princípio intolerável. Em uma primeira abordagem, efetivamente, o outro pode inspirar rejeição e repugnância. É difícil aceitá-lo em sua diferença, com "a sua língua ininteligível", "seus valores chocantes", "sua fé absurda", "suas roupas exóticas", "sua comida oleosa", "seus *maus costumes*", "seu cheiro estranho", "sua cor suja", "sua fisionomia feia", "inferior", "seu olhar arrogante", "a sua violência iminente". Contudo, é por isso que Dilthey tornou-se um autor essencial. A proposta diltheyana de uma teoria crítica das ciências humanas prefere o otimismo. Ela é "crítica", i.e., não é ingênua em seu otimismo. O pessimismo ou o otimismo não são impostos pela realidade, mas construídos pelo sujeito. É este que escolhe criticamente ser pessimista ou otimista. Com sua opção pelo otimismo, Dilthey torna-se um autor indispensável justamente por enfatizar a relevância e a urgência da *compreensão como um trabalho contínuo*. Ele sabe da enorme dificuldade desse trabalho e dos resultados limitados que oferece e procura estabelecer as condições fundamentais que o tornem possível. Para ele, embora *empática*, a compreensão não poderia levar o eu a coincidir com o outro, pois isso seria a anulação da diferença de um deles e o fracasso da comunicação. O resultado do trabalho da compreensão deve mesmo aparecer ainda como discurso. Para Dilthey, conhecer o outro não é reduzi-lo afetivamente ao eu, mas aceitá-lo em sua diferença. A compreensão visa "(re)conhecê-lo", e não ao seu controle externo, o que exige a preservação da diferença entre o eu e o você. O discurso apenas constrói uma identidade *como se fosse* a do outro. A compreensão empática é um discurso sobre a alteridade, que jamais a atingirá em si. Mas, se a compreensão permite um discurso sobre o outro, isso já seria uma significativa vitória sobre o pessimismo.

Admitida a possibilidade do discurso, que é a grande vitória sobre a opacidade, sobre o mistério absoluto da alteridade, que legitima toda violência, o otimismo torna-se possível. A tarefa, então, será a da construção de um discurso adequado, não objetivista, que fale com/do outro com sensibilidade e inteligência. Enquanto essa teoria crítica das ciências humanas não tinha sido elaborada, era a poesia, a literatura e a arte que tratavam da experiência vivida. A "consciência histórica", que temos de nossa própria vida, se exprimia na poesia. O discurso compreensivo das ciências humanas, embora racionalmente conduzido, para Dilthey, deverá incluir esta dimensão artístico-poética. A observação da vida termina em um discurso, em uma descrição da vida, cuja lógica não poderia ser abstrata, mas próxima da lógica da própria experiência vivida. O discurso que descreve a vida não poderia ser uma abstração intelectualista, mas *científico-poético*. Isso exige abertura de espírito, atenção, escuta paciente, um trabalho difícil de aproximação contínua e sempre recomeçada da alteridade e que nunca cessará. A compreensão é um trabalho árduo, nunca concluído, sempre recomeçado, de recepção do outro e estabelecimento de um sentido para a história humana. Nesse esforço, estão proibidos os atalhos do reducionismo, do anacronismo, do dogmatismo. Dilthey consideraria improdutiva toda rigidez de espírito. Para ele, uma *história psicológica* teria uma importância transcendental, pois aproximaria os homens em uma comunicação que não só preserva como intensifica a diferença. O diálogo fecundo só é possível na diferença, pois somente subjetividades heterogêneas, mas com alguma afinidade, têm algo a dizer. A história, pela compreensão empática, ao promover o diálogo e o encontro entre os homens seria seu único caminho de salvação no tempo. Ela poria fim à lógica da invasão e da conquista do outro. Ela legitimará as lutas contra toda forma de exclusão. O reconhecimento em uma ordem histórica e moral, criação e obra humana, de uma alteridade intensificada, da vida diferenciada e valorizada porque diferenciada, eis o horizonte de paz e felicidade que uma história compreensiva poderia reservar aos homens (DILTHEY, [1883] 1942).

Nós avaliamos que se a solução diltheyana não realizar a comunicação que espera com o outro, então, a vida social estará fadada ao insucesso. Julgamos que sua teoria crítica das ciências humanas, sua proposta de uma *história compreensiva*, embora pareça conservadora, por negar o direito a todo radicalismo político-social, que venha interromper, romper, ferir a alteridade do passado pode ser recebida e interpretada como um *projeto de mudança sociocultural profunda*. Para ele, o outro cultural, atual, e o outro histórico, passado são experiências vividas, que seria melhor (re)conhecer e valorizar do que simplesmente reduzir ou eliminar. A mudança que poderá vir da compreensão da experiência vivida será ao mesmo tempo branda, gradual, pois dialógica e não violenta, e radical, densa, profunda, pois as raízes passadas do presente seriam preservadas. O presente não poderá sobreviver se perder suas raízes históricas mais profundas. A realidade que nutre a vida presente, em sua autopercepção e em seus sonhos, é a da alteridade da experiência vivida. Walter Benjamin (1985), embora conteste a compreensão historicista como "empatia com o vencedor", parece revelar o alcance da mudança cultural revolucionária proposta por Dilthey: a ida ao futuro, a mudança histórica, só poderá ser feita *moralmente* se apoiada na solidariedade do presente com os vencidos do passado. O que nutre de esperança a ação que se dirige ao futuro é o esforço do atual em reencontrar o passado no futuro, realizando as esperas e sonhos não realizados das gerações passadas, protegendo-as contra as injustiças a que foram submetidas. Essa *revolução cultural* produzida pelas ciências humanas e pela história *como compreensão da experiência vivida* traria a mudança cultural, de dentro para fora, sem dramas e traumas, simultaneamente, resgatando os ancestrais e construindo a felicidade dos descendentes.

Bibliografia

ARON, Raymond. *Essai sur la théorie de l'histoire dans l'Allemangne contemporaine: La philosophie critique de l'histoire*. Paris: Jean Vrin, 1938.

BENJAMIN, Walter. Sobre o conceito de História. In: _____. *Obras Escolhidas*. São Paulo: Brasiliense, 1985.

COLLINGWOOD, Robin George. *A ideia de história*. Lisboa: Presença, 1981.

DILTHEY, Wilhelm. A compreensão dos Outros e de suas manifestações de vida. In: GARDINER, P. *Teorias da História*. Lisboa: Calouste Gulbenkian, 1984.

DILTHEY, Wilhelm. *Introduction à l'étude des sciences humaines*. [1883]. Paris: PUF, 1942. 2 v.

DILTHEY, Wilhelm. *Le monde de l'esprit*. [1924]. Paris: Montaigne, 1947.

ERMARTH, E. W. *Dilthey: The Critique of the Historical Reason*. Chicago: The University of Chicago Press, 1978.

FREUND, Julien. *Les théories des sciences humaines*. Paris: PUF, 1973.

GADAMER, Hans-Georg. *O problema da consciência histórica*. Rio de Janeiro: FGV, 1998.

GARDINER, Patrick. *Edification du monde historique dans les sciences de l'esprit*. [1910]. Paris: CERF, 1988.

GARDINER, Patrick. *Introduction à l'étude des sciences humaines*. [1883]. Paris: PUF, 1942.

GARDINER, Patrick. *Le monde de l'esprit*. [1924]. Paris: Montaigne, 1947. v. 2.

GARDINER, Patrick. *Vida y poesía*. México: Fondo de Cultura Económica, 1963.

HEMPEL, Carl Gustav. A função das leis gerais em história. In: GARDINER, P. *Teorias da história*. Lisboa: Calouste Gulbenkian, 1984.

IGGERS, Georg. *New Directions in European Historiography*. London: Methuen, 1984.

IGGERS, Georg. *The German Conception of History*. Middletown/Connect.: Wesleyan University Press, 1975.

MEINECKE, Friedrich. *El historicismo y su génesis*. México: Fondo de Cultura Económica, 1982.

MESURE, Sylvie. *Dilthey et la fondation des sciences historiques*. Paris: PUF, 1990.

PACHECO AMARAL, M. N. *Dilthey, um conceito de vida e uma pedagogia*. São Paulo: Perspectiva/Edusp, 1987.

REIS, José Carlos. *História & teoria: historicismo, modernidade, temporalidade e verdade*. Rio de Janeiro: FGV, 2006.

REIS, José Carlos. *Wilhelm Dilthey e a autonomia das ciências histórico-sociais*. Londrina: Eduel, 2005.

RICKMAN, H. P. *Dilthey, Pionner of the Human Studies*. London: Paul Eleck, 1979.

RICOEUR, Paul. *La mémoire, l'histoire, l'oublie*. Paris: Seuil, 2000.

RICOEUR, Paul. *Temps et récit 1*. Paris: Seuil, 1985. 3 v.

SCHNÄDELBACH, Herbert. *Philosophy in Germany (1831-1933)*. Cambridge: Cambridge University Press, 1984.

WEBER, Max. Sobre algumas categorias da Sociologia Compreensiva. In: _____. *Metodologia das ciências sociais*. São Paulo: Cortez; Campinas Unicamp: 1992. v. 2.

Identidade e complexidade:
Ricoeur, Foucault, Bauman[7]

A complexidade do problema da "identidade pessoal": "quem sou eu?"

O complexo problema da "identidade pessoal" envolve diversos níveis e estratos: psicológico, social, nacional, cultural, biológico. A pergunta da identidade é: "quem sou eu?". Não basta declarar o nome ou o sobrenome, porque há tantos indivíduos homônimos que mencioná-los quase não acrescenta nada ao conhecimento de si. A Carteira de Identidade, com seu número e dados, não passa de um documento de controle e proteção civil fornecida pelo Estado. Ela significa apenas que o Estado reconhece que o indivíduo está sob sua jurisdição e proteção, que está catalogado no seu banco de dados, inclusive as suas singularíssimas impressões digitais, e todas as suas ações podem ser monitoradas e controladas. Para ir além desses dados oficiais, para saber "quem sou eu?", bastaria "abrir as portas que dão pra dentro, penetrar no labirinto de labirintos", como sugeriu Caetano Veloso? Ou isso não seria suficiente, pois não é apenas uma questão introspectiva, interna, psicológica, mas social, cultural, e até biológica? É claro que, mantendo uma relação ativa com as minhas lembranças, rememorando-as/revivendo-as em uma relação terapêutica, (re)construindo discursos sobre o que vivi e me lembro, cercando-me de fotografias, vídeos e objetos simbólicos serei capaz de dar uma resposta mais complexa, embora sempre incompleta e insuficiente, à pergunta que me fiz e que já me fizeram tantas vezes:

---

[7] Palestra proferida no PPGHIS do Instituto Histórico da Universidade Federal do Rio de Janeiro, em setembro de 2014, e publicada na revista eletrônica *Expedições, Teoria da História & Historiografia*, da Universidade Estadual de Goiás.

"quem sou eu/quem é você?". Em que medida o "quem sou eu?" é subjetivo e até que ponto sou também definido pelos grupos sociais aos quais pertenço, família, bairro, cidade, região, país, classe, "raça", com os quais compartilho uma cultura ou culturas, uma história ou histórias, uma língua ou linguagens?

Tomo alguma consciência de quem sou quando o outro, a "alteridade", me acolhe com uma expressão prazerosa ou me repele com uma expressão de repulsa ou até já me agrediu verbal e fisicamente. Isso depende da cor da minha pele, dos traços do meu rosto, do meu tipo de cabelo, do valor socialmente atribuído à minha forma física. Ou seja, a minha identidade resulta também de uma mistura de natureza e sociedade: um corpo negro é depreciado na cultura que valoriza o corpo branco, que também desvaloriza o corpo mestiço ou oriental; um corpo albino é tratado com violência em uma sociedade de corpos negros; uma sociedade oriental não aprecia corpos negros e brancos. Se meu corpo não é bem recebido, posso alterá-lo com cirurgias para torná-lo mais aceitável, sem alterar a minha "identidade"? Posso continuar sendo quem sou após intervenções que alterem a minha forma original ou ficarei desfigurado, irreconhecível? O "quem sou eu?" depende do meu corpo, do meu fenótipo, do meu "capital genético", síntese das combinações aleatórias dos DNAs dos meus pais e de toda a minha árvore genealógica? Quanto ao meu gênero, à minha sexualidade, são dados pela natureza ou posso "escolher" ser homem, mulher, gay, bissexual, transexual e outros? Enfim, em que medida a resposta à complexa questão da identidade depende da minha "consciência", da minha reflexividade, da minha capacidade de me definir, de me dizer, de me mostrar, porque "sei que sou assim"? Sócrates sugeriu como caminho da sabedoria o "conheça a ti mesmo", o "tome consciência de quem você é", mas seria o caminho ideal? Eu "já sou" e poderei ascender ao saber desse "quem sou" ou "sou um não ser inconsciente" e jamais terei acesso à visão/sentido da minha própria Presença? Os neurocientistas procuram a resposta na estrutura e funcionamento do cérebro, que consideram o centro conservador e agenciador da memória e o órgão responsável por escolhas e decisões. Para eles, o "quem eu sou?" depende da qualidade genética, da saúde e do treinamento do meu cérebro.

Além dessas dificuldades, a mistura dos estratos psicológico, social, cultural e genético, uma dificuldade maior: vivemos no tempo e a experiência temporal é de fragmentação, separação, esquecimento, dispersão, descontinuidade, transformação, devir. O tempo nos separa em experiências passadas e múltiplas, nos põe em movimento em direção a futuros inesperados e plurais. Nós concomitantemente nos constituímos e nos fragmentamos no tempo. Não se lembra de tudo o que se viveu, pois experiências mais fortes ou traumáticas, pessoais e coletivas dissipam e lançam no esquecimento grande parte do que vivemos. Em que medida podemos nos lembrar do que fomos e dizer quem somos? Minha identidade seria definida pelo espaço da experiência (o que fui e ainda sou) ou pelo horizonte de expectativa (o que quero ser)? Qual dimensão do tempo definiria a identidade: o passado ou o futuro? Se for o passado, identidade significa perseverar no mesmo, manter-se sempre igual, ser sempre assim, o mesmo. É uma posição conservadora, que valoriza a tradição e recusa a mudança. Nessa perspectiva, não desejo mudar, quero ser fiel ao que sempre fui e recuso toda novidade. Mas, se for o futuro, identidade significa insatisfação, angústia, inquietação com o que tenho sido e vontade de mudança. Desejo ser outro, inovar, mudar. Posso até, bovaristicamente, desprezar tudo o que me cerca, o meu mundo autêntico, e desejar ser o outro, mimetizar o estrangeiro. Por outro lado, passado e futuro não podem definir minha identidade separadamente, pois não posso ser sempre o que fui e nem me tornar o que quiser. Não sou tão prisioneiro do passado e nem tão livre para me tornar o que desejar. Talvez se possa supor que a identidade seja construída nessa dialética entre passado/futuro, tradição/inovação, de já ser e desejar tornar-se outro.

Contudo, nessa dialética entre passado/futuro, poderíamos chegar a uma visão total do nosso presente-passado, poderíamos nos reunir em um todo plenamente consciente de si? O presente pode ser uma ruptura com o que fui e desejo ser, inviabilizando todo desejo de unificação da minha presença. No presente, três forças ao mesmo tempo ameaçam e (re)constroem a identidade: o sexo, o dinheiro, o poder. Por mais que se queira ser definido pelo passado (jamais mudarei), por mais que se queira ser definido por uma utopia, por um horizonte ético (jamais faria isso), por mais que se queira acreditar que se é incorruptível, essas três forças impulsivas, instintivas, em um instante, são capazes de abalar, fissurar, desintegrar, pôr em xeque os valores e princípios que até então nos orientaram na construção daquilo que queríamos/imaginávamos ser. Diante da oportunidade da satisfação do desejo sexual, tudo que acreditávamos que éramos pode vir abaixo. Você tem certeza de que não é pedófilo, de que não se prostituiria, de que não praticaria incesto, de que não é homossexual? Há padres e bispos que se sentiam acima do sexo, mas cometeram atos de pedofilia. Há "machos" que descobriram "novas possibilidades" de prazer sexual na penitenciária ou em visitas a alguma sauna. Há mulheres católicas que se queriam puras, virgens, e que se tornaram ninfomaníacas ou se prostituíram. Você pode se apaixonar subitamente, por um homem ou mulher, deixando sua esposa/família surpresas com sua nova forma. Contudo, penso que vivemos em um "regime de amor/sexualidade" tão restritivo, tão castrador, que alguma "corruptibilidade" que redefina o que eu desejava/desejaria ser pode ser libertadora.

E diante da oportunidade de ganhar muito dinheiro, você tem certeza de que é incorruptível, que nenhuma soma abalaria seus princípios e valores? Muitos políticos e sindicalistas socialistas, utópicos, mudaram de ideia quando essa oportunidade apareceu; muitos homens/mulheres que desejavam ser "honestos" entraram para o tráfico e o crime. Há empresários que, em busca do lucro, passam a desprezar todos os valores em que foram educados. Pode-se ganhar na loteria e um "outro", surpreendente, emergir de dentro da sua identidade congelada. E quando conquistar o poder, você tem certeza de que não é autoritário, de que defende a democracia e morreria pela liberdade? Muitos socialistas tornaram-se autoritários, muitos cristãos tornaram-se inquisidores, muitos democratas mudaram de ideia. Enfim, o presente pode alterar tudo o que fui e o que desejo ser, se tiver acesso ao sexo, ao dinheiro e ao poder. Sobretudo ao poder, que pode facilmente se servir de sexo e dinheiro, desintegrando projetos pessoais e políticos que propunham e lutavam por uma "nova identidade".

Quando, na experiência histórica, o tema da identidade pessoal se mistura com o tema da identidade nacional, o problema se torna ainda mais complexo e politicamente grave. Agora, a questão "quem sou eu?" se insere e se submete à questão "quem somos nós?". Os que contestam a existência de uma "identidade nacional" a associam a ideologias perigosas, ao totalitarismo, ao racismo, à guerra nacionalista, aos preconceitos entre os povos. E quando os termos são esses, identitários, o "nós" é descrito com adjetivos superiores, o "eles", o "outro", a "alteridade", com negativos. Os ocidentais olham para o mundo dizendo "nós, os brancos, somos superiores, somos puros, somos cristãos, somos ricos, e temos o direito de dominar ou exterminar os outros (eles), os diferentes, que são descritos com adjetivos negativos: 'ele' é o pior, o inferior, o bárbaro, o terrorista, o miserável, o ateu, o equivocado". Os diversos não-ocidentais também se consideram superiores e descrevem os primeiros com adjetivos negativos: "colonizadores, conquistadores, escravistas, capitalistas, bárbaros, infiéis, piratas, demoníacos". Em história, a questão da identidade é grave porque desencadeia a guerra: "sou espartano e odeio atenienses, sou romano e odeio todos os não romanos, sou ucraniano e odeio pró-russos, sou palestino e odeio judeus, sou xiita e odeio curdos, sou colombiano e odeio americanos, sou paraguaio ou argentino e odeio brasileiros". Nós, brasileiros, temos um problema com "eles", os ocidentais, que nos veem como impuros, mestiços, miseráveis, e, volta e meia, nos lançam uma banana real ou simbólica, querendo dizer que somos macacos, sub-homens, selvagens. O que fazer: indignar-se? Como poderíamos responder a "eles" desqualificando-os no mesmo nível? Comer a banana lançada, como fez um jogador de futebol, no que foi imitado por todos os que lhe foram solidários, seria a solução? Contudo, nós também temos um problema identitário interno a resolver, pois não há um "brasileiro", homogêneo, reconhecível em uma única figura. Os cariocas dizem: "nós os cariocas, eles, os paulistas"; os paulistas dizem: "nós, os paulistas, eles, os nordestinos"; os gaúchos dizem: "nós, os gaúchos, eles, os do Norte". Há brasileiros que lançam bananas ou gritam "macaco" para desqualificar compatriotas! Entre nós, a discriminação e a violência contra a população negra e mestiça, embora apareça como grave questão policial, continua ainda uma insuperada questão social e política. Mas até os "superiores norte-americanos", apesar de já terem um presidente negro, ainda têm dificuldades com a herança do Apartheid, pois a polícia branca ainda discrimina e atira em negros. Será a presença da África no Ocidente, lá e aqui, um problema insuperável? Aliás, o Brasil é "Ocidente"?

Portanto, o problema da identidade é ao mesmo tempo dramático e central em história. Há milênios a história tem sido movida por guerras identitárias. E não só por guerras, pois o próprio movimento da história, mesmo em períodos de paz, encontra nessa questão a rugosidade que a faz se mexer. O problema político que põe a questão da identidade/diferença é o da possibilidade ou não de uma sociedade plural e igualitária, múltipla e democrática, de modo que diferentes identidades possam compartilhar o mesmo território, o mesmo mercado de trabalho, os mesmos espaços políticos e sociais. A utopia é a de uma sociedade em que se possa viver-juntos, em que o reconhecimento não se restrinja ao mesmo grupo, mas que se expanda e integre as "alteridades", todas elas sendo reconhecidas. A possibilidade mais trágica seria a vitória de um grupo, de uma identidade única, que submeteria ou exterminaria os outros grupos/identidades. Parece-me que o dito "processo civilizador" tem levado nessa direção, à ocidentalização/branqueamento do Planeta. Deve-se apoiá-lo ou resistir a ele? Penso que "resistir a ele", se for possível, viável, significaria enfatizar o caráter múltiplo do conceito de "humanidade" usando o termo no plural: "humanidades". A luta seria por um Planeta Plural, habitado por "alteridades", por homens e sociedades diferentes, capazes de viverem-juntos na diferença. Contudo, os defensores da unificação do Planeta através do processo civilizador imposto pela globalização poderiam objetar: "manter as diferenças/alteridades não seria apostar na guerra e no apocalipse nuclear? O processo civilizador, ao unificar a humanidade em torno de um grupo central, o ocidental, com suas leis, regras sociais, valores políticos, cores dominantes, crenças cristãs, ética liberal, metas capitalistas, não estaria lacrando a Caixa de Pandora que até hoje esteve aberta e espalhando o terror?". Talvez. Mas chamar esse grupo vencedor de "humanidade" não seria restringir violentamente, pela guerra, o significado desse conceito, que inclui todos aqueles que serão exterminados? E quem garante ao Ocidente que seu projeto será o vencedor? A China poderia ter (e tem) o mesmo projeto unificador, orientalizador do Planeta, reivindicando o caráter milenar da sua cultura para legitimar o seu direito à centralização. Aliás, o Estado Islâmico combate por um objetivo análogo: "salvar" o Planeta tornando-o inteiramente islâmico. Sabendo disso, o Ocidente quer impor a sua direção de unidade e centralização como a mais legítima e, é claro, só a força e a guerra decidirão. O Planeta poderá sobreviver a esse conflito de identidades totalitárias?

Neste artigo, vou expor, comparar e avaliar, as posições sobre esse complexo problema da "identidade" de um filósofo, Paul Ricoeur, em seu livro *O si-mesmo como um outro* (Papirus, 1991 [Seuil, 1990]), de um filósofo-historiador, Michel Foucault, no capítulo "Nietzsche, a genealogia e a história", de *A microfísica do poder* (Graal, 1984), e de um sociólogo, Zygmunt Bauman, em seu livro *Identidade* (Zahar, 2005 [Polity Press, 2004]). Eu os escolhi porque eu os pesquisei para algumas disciplinas que ofereci no Curso de História/UFMG e porque percebi que os três oferecem um "poliedro" de posições conflitantes, excludentes, mas extremamente fecundas sobre o problema. Nesses autores, esse problema é tratado nas perspectivas mais contemporâneas, atualizadas, e os leitores irão se reconhecer em suas teses e vocabulários. Contudo, esse problema é tão central, tão impactante, que poderia ter sido também abordado em inúmeros outros autores igualmente importantes. Neste estudo, não pretendo apenas repeti-los, citá-los fielmente, mas produzir uma reflexão própria, que parte deles sem me restringir a eles. Caso o leitor se sinta incitado, a partir dessas minhas elucubrações, a ter uma compreensão mais precisa dos seus pensamentos, porque se sentiu seduzido por suas teses, devem, é claro, dirigir-se a eles mesmos, procurar seus próprios textos, os mencionados e outros, que vou examinar/explorar abaixo.

Ricoeur e a "hermenêutica do soi":
o si-mesmo como um outro

Considerando as dificuldades brevemente postas anteriormente, que poderiam ainda ser nuançadas e multiplicadas, seria, enfim, possível responder à questão "quem sou eu"? Seria possível "tomar consciência de si"? Para Ricoeur, sim, pelo pensamento, pela reflexão e, sobretudo, pela interpretação e narrativa de si, que nos elevariam à consciência/visão da própria presença. Ele expõe a sua "hermenêutica do *soi*" em diversos textos, mas, especialmente, nos capítulos 5, 6 e 7 de sua obra *O si-mesmo como um outro* (1991 [*Soi même comme une autre*, 1990]), que tem os títulos, respectivamente, "A identidade pessoal e a identidade narrativa", "o si e a identidade narrativa", "o si e a perspectiva ética". Ele esclarece que "o livro quer marcar o primado da mediação reflexiva sobre a posição imediata do sujeito na primeira pessoa: eu penso, eu sou. Vou opor o si-mesmo (*soi*) ao eu (*je*). O si-mesmo (*soi*) é um pronome reflexivo, está na 3ª pessoa, é um *moi* que se designa a si mesmo". Os se/si são pronomes pessoais que expressam a tomada do eu como referente, como objeto, como aquilo do qual o próprio eu fala. O eu fala de si, observa-se, interpreta-se, narra-se, como se fosse outro. A identidade pessoal é construída pela interpretação e narração de si pelo eu, que toma distância de si mesmo ou se aborda indiretamente, tomando-se como objeto, interpretando-se e narrando-se na terceira pessoa. Ricoeur prossegue a direção cartesiana do "eu penso, logo existo", mas duvida da transparência desse pensamento de si imediato, formulado na primeira pessoa. Para ele, Descartes defendia um "cogito exaltado", autoconfiante, que acreditava que o "eu penso" fosse capaz de garantir o "eu existo": "existo porque penso, existo pensando". Em Descartes, o eu se define como uma coisa pensante, que busca algo certo e verdadeiro no mundo e, sobretudo, em relação a si mesmo. O "eu penso", introspectivamente, busca uma verdade de si a-histórica, atemporal, a identidade do mesmo. Em Descartes, a identidade seria garantida pela reflexão, pela introspecção, que seria capaz de atingir a essência de si, a consciência (RICOEUR, 1991).

Ricoeur parte de Descartes e acredita também na capacidade do "eu penso" afirmar a existência do sujeito, mas quer se manter afastado do excesso de confiança, da "exaltação" do seu cogito ao mesmo tempo em que preserva o cogito. Mas, talvez, Ricoeur exagere ao definir o cogito cartesiano como "exaltado", porque, em busca da verdade de si, ele chega à dúvida sobre a própria existência. Descartes talvez seja o autor mais importante da história da Razão Ocidental, pois foi ele quem pôs fim a séculos de dogmatismo e fideísmo ao formular a tese da "dúvida metódica". O *Discurso do método* foi o primeiro manifesto em defesa da Razão contra a fé. Para Descartes, a Razão começa com a capacidade de o pensamento pôr em dúvida o "real", que parece tão evidente aos sentidos, colocando-o entre parênteses, suspendendo a validade do que parece óbvio, incontestável. E isso inclui o seu próprio lema "penso, logo existo", que é uma resposta a uma suspeita: "penso e sou, mas... sou?" O cogito cartesiano pode ser considerado "exaltado" em relação à conclusão ("penso, logo existo"), mas não quanto ao seu percurso, que é de objeções à capacidade do pensamento de pôr a minha existência e a do mundo. Em Descartes, por um lado, eu sei imediatamente quem sou; por outro, o eu está sempre em crise, pois constata que o engano caminha lado a lado com a verdade. O "eu penso" é uma subjetividade, uma consciência, um centro, que dirige a identidade, mas que reflete-duvidando, convive com uma suspeita: sou? Descartes duvida, porque, para ele, "ser" é manter-se o mesmo, idêntico a si, e o sujeito está sempre à beira da "alteridade íntima" (RICOEUR, 1991).

Digamos que Ricoeur suspende a conclusão de Descartes, que considera precipitada, "exaltada", para reiniciar o percurso de dúvidas e objeções do pensamento à minha possível existência. Para Ricoeur, em Descartes, a dúvida parece retórica; ele só duvidava para provar sua confiança no pensamento, única instância que, para ele, seria capaz de garantir o "eu existo". Ricoeur parte de Descartes, mas o problematiza para radicalizar na busca das garantias do "eu existo". Quem é o "eu penso" e como "pensa" o "eu existo"? Ricoeur elabora a dissociação de dois significados da identidade, uma *idem* e outra *ipse*, como dois níveis de consciência, imediato e mediato. A "identidade idem" expressa a permanência inalterada no tempo, significa manter-se "idêntico" na "mesmidade". Enquanto "eu" *(je/moi)* tenho uma identidade-idem, numérica, permanente, semelhante, um *eu* que usa as mesmas roupas, que tem os mesmos costumes. A identidade-idem é um caráter-hábito, um conjunto de marcas distintas que permitem identificar imediatamente o indivíduo. A pessoa é reconhecida por suas preferências, valores, comportamento, ou fica irreconhecível: "ele não faria isso". A identidade-idem responde à pergunta "o que sou?": sou um eu/*moi* sedimentado, durável, não reflexivo. Essa é a identidade da primeira pessoa eu/me *(je/moi)*, cartesiana, à qual se opõe a "identidade ipse", que é a do si-mesmo *(soi-même)*, ricoeuriana. A "identidade ipse" *(selfhood)* realiza uma dialética complementar das duas identidades. Na "identidade ipse", o si-mesmo *(soi)*, ao se tomar como referente, ao tratar de si, se percebe como múltiplo, diverso, nunca idêntico e o mesmo. A "identidade ipse" encara a "alteridade íntima" presente no eu. Há outros em mim, há uma alteridade constituinte, interna à identidade, que é só aprendida pela construção de uma autointerpretação narrativa (RICOEUR, 1991).

O "eu penso", em Ricoeur, são dois: o eu/*moi* e o si-mesmo/*soi*, ou seja, o "eu penso" e o "eu falo de mim na terceira pessoa, como se fosse um outro". Para ele, o "eu penso" *(moi)* só tem uma percepção imediata e imprecisa do "eu existo". A pergunta "quem sou eu" não pode ser respondida pelo eu *(moi)*, que é um "eu penso" imediato, mas pelo si-mesmo *(soi)*, que é reflexivo, mas não apenas introspectivo. O si-mesmo apreende a própria existência interpretando e narrando suas ações diversas. O "eu existo" só pode ser apreendido pela mediação da linguagem. O "si-mesmo" assume uma forma interpretativa-narrativa para dar conta do "eu existo". É somente quando se narra como um outro que o "eu penso" torna-se capaz de designar a si mesmo. E a narração de si, que não é única e definitiva, mas sempre reiniciada, supõe a presença do ouvido do outro. A "identidade ipse" *(selfhood)* é uma forma de permanência no tempo, reflexiva e narrativa, que inclui e ultrapassa a "identidade-idem". O "si-mesmo/*soi*" não pode se narrar solitariamente, pois poderia se enganar e criar uma identidade delirante. Ele se toma como objeto e se narra para si e para o outro e é no espelho do olhar e da resposta/linguagem do outro que ele vai construindo com alguma garantia a própria presença. Ao narrar-se, o si-mesmo percebe que é um "eu" que se decompõe, que não se mantém o mesmo, e a narrativa visa a reuni-lo em um "eu mediato". O esforço da narrativa de si visa à superação da fragmentação do eu, à sua (re)integração. Para Ricoeur, a identidade pessoal é frágil, fragmentada, atravessada pela alteridade, mas o "homem capaz" é aquele que realiza o trabalho de se narrar, que se esforça para se designar, e, assim, atestar a sua presença: "eis me aqui". Quem responde à pergunta "quem sou eu?" não é o eu/*moi*, mas o si-mesmo/*soi*: o *soi* é o *moi* que fala de si, que se designa a si mesmo, realizando uma interpretação-narrativa de si que orienta e sustenta eticamente as suas ações. Enfim, "quem sou eu?". O "eu penso" de Descartes só oferecia como resposta a identidade-idem. A resposta de Ricoeur é mais complexa: sou si-mesmo (*soi*), um eu que se decompõe e se reúne, um eu mediato, um eu que se sabe fragmentado, descentrado, mas que realiza um esforço de integração pela linguagem. A identidade é fragmentada, vulnerável, sem fundamentação, mas o "homem capaz" é aquele que se designa e atesta a sua presença, superando a suspeita de si. O si-mesmo constrói uma identidade ipse, uma "identidade narrativa" (RICOEUR, 1991).

A "hermenêutica do *soi*" de Ricoeur quer se manter à distância tanto do cogito "exaltado", de Descartes, quanto do cogito, segundo ele, "humilhado", de Nietzsche. Para mim, embora Ricoeur reponha a Descartes as objeções de Hegel, de Marx, de Freud, de Nietzsche, ele refaz de certa forma o percurso do pensamento do próprio Descartes, que não era tão ingênuo e "exaltado" em relação à potência do "eu penso" pôr a sua existência. Ele já suspeitava do "eu penso", já supunha a existência de um gênio maligno ocupado em distorcer e ofuscar o pensamento. Ricoeur, por um lado, acredita ter superado a suspeita de Descartes ao propor o recurso à narrativa: "sou, porque me penso-narrando". E ao narrar as minhas experiências sou capaz de integrar minhas diferenças, reuni-las e reunir-me em um todo reconhecível. Portanto, sou, não apenas porque penso, mas sobretudo porque "me narro". Sou múltiplo, diverso, plural, atravessado pela descontinuidade, por rupturas, por esquecimentos, não tenho uma consciência imediata da minha presença, mas sou capaz de construí-la narrativamente. Minha existência se dá no tempo, que é desintegrador da minha identidade, da minha unidade pessoal, mas sou capaz de me reintegrar narrando-me. Por outro, Ricoeur apenas atualiza o *Discurso do método*, pois, como Descartes, parte também da dúvida, da suspeita em relação à potência do "eu penso" em garantir o "eu existo". Ricoeur radicaliza o pessimismo cartesiano, para, passo a passo, vindo do fundo do seu pirronismo, construir a possibilidade do "si-mesmo", como linguagem e narratividade, edificar a própria presença, gradual e progressivamente, mas sem jamais se dizer total e completamente. O "quem sou eu?" continuará sendo um mistério, um enigma indecifrável, mas não inenarrável. O "homem capaz" não pode atingir uma visão integral da sua presença, pois sempre restará uma grande margem de sombra, mas pode, ao longo da sua travessia no tempo, em sua convivência permanente com o outro, ir construindo um modo de estar no mundo, uma forma reconhecível, embora imperfeitamente, por si-mesmo e pelo outro (RICOEUR, 1991).

Em Ricoeur, a construção da minha identidade depende também da presença da alteridade pública. A "identidade narrativa" não é uma narrativa somente para si mesmo, mas diante do outro. A construção do "eu existo" é um esforço de reflexão e linguagem, é um trabalho de conquista do reconhecimento do outro, o si-mesmo carece de se fazer reconhecer pelo outro. A construção da própria presença é uma tarefa sempre retomada, que necessita do reconhecimento do outro. O si-mesmo é a manutenção de si pela "promessa", pela fidelidade à palavra dada a si mesmo e ao outro. A promessa desafia o tempo: "eu poderia mudar, mas prometi continuar a ser assim". A ipseidade/*selfhood* se constrói pelo trabalho de memória e pela promessa. A identidade do si-mesmo é como uma intriga: uma configuração de experiências diferentes, uma concordância-discordante, uma síntese do heterogêneo, tal como elaborado em *Tempo e narrativa* (1985). A ipseidade é uma afirmação do "sujeito", ela constitui o sujeito, porque, quem se narra e busca conhecer a sua identidade é um sujeito. A "identidade narrativa" é de um sujeito que se sabe múltiplo, mas que se articula em um todo reconhecível. A identidade ipse é um modo reflexivo de permanência no tempo, em que o si-mesmo mantém a "promessa", é fiel à palavra dada. A manutenção da promessa é um desafio ao tempo, uma negação da mudança. A promessa revela a dimensão ética da identidade: "eu podia mudar, mas prometi ser fiel à palavra dada". Na construção da ipseidade, pelos trabalhos de memória e autointerpretação, que se consolidam na narrativa, o meu corpo é meu porque o possuo, sou porque me narro, me designo e atesto a minha presença (RICOEUR, 1991; 1994).

Contudo, por que seria necessário ao sujeito a reunião da sua vida múltipla em uma narrativa? Por que é necessário construir uma identidade pela narrativa? Por que o indivíduo precisa construir pela linguagem a sua identidade pessoal? Para Ricoeur, primeiro, é para "existir", "ser", para si mesmo, tranquilo, digno, altivo, estável e sem culpa; depois, é porque vive em sociedade, ao lado de outros, e deseja viver uma "vida boa", ética, com a estima do outro. A narrativa de si é estética, dá forma, contorno, às nossas experiências, e ética, pois permite ao outro contar com o *soi*. É a "identidade narrativa" (ipseidade/*selfhood*) que possibilita a vida social, pois permite a confiança e o reconhecimento recíproco entre os membros da sociedade. A relação identitária ocorre entre sujeitos éticos, entre "homens capazes", responsáveis por suas ações, imputáveis, que mantêm a promessa/palavra. Mas a identidade narrativa é um trabalho difícil, que deve ser sempre reiniciado, porque o si-mesmo tende à fragmentação. O si-mesmo está sempre à beira do abismo da perda da autoestima e do respeito do outro. Como "identidade narrativa", o si-mesmo é uma dialética de posse de si, do seu corpo, de suas paixões, sentimentos, ações, pensamentos, e de não posse, de esquecimento, descontinuidade, que exigem uma nova narração. O si-mesmo, narrando-se, busca a reconciliação consigo mesmo e o seu mundo. Ele se apropria de si para agir, para tornar-se um homem capaz de agir. Ele se esforça para perseverar no tempo tornando-se cada vez mais si-mesmo quanto mais outro se torne. Ele integra em si as suas alteridades. A identidade-*soi* é de um eu fragmentado, um eu-outro, múltiplo, que se reúne pela narrativa de si e pela atestação de si. O eu se reconhece e pede ao outro reconhecimento (RICOEUR, 1991).

Esse *soi* que se reúne narrativamente está em busca da "vida boa", ética. Ele deseja estimar-se e ser estimado e, para isso, a sua narrativa de si organiza retrospectiva e prospectivamente a sua vida. A narrativa de si não é só estética, não somente estabelece limites e dá forma às nossas experiências. Ela é sobretudo ética, pois avalia as nossas ações e as nossas relações com os outros. Ela permite ao outro contar comigo (*soi*), estabelecendo uma relação social de confiança recíproca. A relação é entre sujeitos éticos, entre "homens capazes", que mantêm a promessa. Para Ricoeur, o *soi* pode até errar, desviar, mas trabalha narrativamente pela posse de si, das suas paixões, sentimentos, ações, pensamentos. O sujeito mantém consigo uma dialética de posse-não posse, de afirmação/apagamento de si. O sujeito está sempre em crise, mas, como si-mesmo, realiza o esforço de reunião de seus outros. O si-mesmo/*soi* avalia as suas ações, e se sente responsável e imputável. O *soi* busca a reconciliação possível consigo mesmo e o seu mundo, realiza um esforço para, através da linguagem, perseverar no ser, tornar-se cada vez mais si-mesmo quanto mais outro, integrando suas alteridades. Portanto, o cogito ricoeuriano não pretende construir nem uma identidade "exaltada" e nem "humilhada". Ele aborda um eu fragmentado, disparatado, um eu-outro, diverso, mas capaz de se reunir pela interpretação e narrativa de si, de prometer que permanecerá assim no futuro, que não faltará à promessa feita e que pode dizer, de forma estável e fiel: "eis-me aqui!" (RICOEUR, 1991).

Contudo, proponho que continuemos a trilhar o melhor caminho da Razão: o da dúvida cartesiana. Pode-se crer nessa capacidade do si-mesmo construir a sua "identidade narrativa"? Por que apenas falar sobre si mesmo garantiria o "eu existo"? O *soi* é um homem "capaz" também de mentir, fraudar, fingir, enganar, narrando-se! A linguagem permite a criação de uma *persona* ou várias que não correspondem ao "eu sou". A hipocrisia é o modo de estar no mundo do Ocidente branco e cristão. A ordem capitalista seria compatível com a existência de sujeitos transparentes, comprometidos com promessas feitas no passado, preocupados com a integridade da sua presença para si e para o outro? Ricoeur não seria mais "exaltado" e ingênuo do que Descartes? Afinal, ele acredita que o si-mesmo, que é mais reflexivo, mediato e narrativo do que o "eu penso" seja capaz de construir uma identidade narrativa que superaria sua complexidade existencial. Ele até admite que não seria uma identidade completa, total, pois a narração seria sempre incompleta e o "eu sou" continuaria um mistério. Mas confia muito na pureza da palavra, que, para ele, sendo dita, quis dizer o que disse. E confia muito na consistência da hermenêutica do *soi*, como se este quisesse sempre saber quem realmente é e aparecer tal qual é. E não é assim: o "gênio maligno" continua à solta e fala, escreve, interpreta e narra como um Deus. Seria realmente a "consciência" que dirige as ações dos homens na sociedade e na história?

Foucault e a "genealogia" da "não identidade"

Se as referências de Ricoeur são Sócrates, Santo Agostinho, Descartes, Kant, Hegel, Husserl, a principal referência de Foucault é Nietzsche.

Nietzsche se opôs ao cogito cartesiano, pois, para ele, "pensar" não garante o "eu existo". Nietzsche opôs à reflexividade do cogito de Descartes a "vontade de potência", que brota do corpo e dos instintos. Não é mais o pensamento, a consciência, a reflexividade especulativa que dirigem a construção da identidade. Não se busca mais a verdade, a autenticidade, a centralidade, a totalidade. Não há mais um sujeito, um "eu sou consciente", e a hipótese do si-mesmo ricoeuriano torna-se absurda. As "alteridades íntimas" entraram em rebelião contra a busca da unidade do si-mesmo narrativo ricoeuriano. A suspeita de si venceu: "não sou sempre o mesmo". O "gênio maligno" venceu a consciência, que se vê dominada pelas ilusões que temia. A mudança venceu a permanência do "eu penso" e interpretar-se e narrar-se é um erro, pois se toma distância do instante, anulando sua força. Não é possível e nem é desejável garantir a unidade do "eu sou". O "eu existo" é, agora, uma multiplicidade; as partes entraram em rebelião contra a consciência como instância unificadora dirigente. Não adianta construir uma narrativa de si, pois há indistinção entre verdade e mentira; a linguagem é retórica, tropológica, não diz o que eu sou e nem o que o mundo é. A ilusão, a imaginação prevalece sobre a memória e o pensamento, pois o que "eu sou" é definido pelo corpo, que é impulso, instinto. A conclusão de Nietzsche é oposta à de Descartes: "o meu corpo existe, logo penso". A introspecção, o pensamento e a linguagem não garantem a unidade do eu. Enraizada no corpo, a "identidade" é construída na imediatez das minhas experiências de relações de força, dos meus combates, que visam à conquista do poder. Esses combates exigem mais flexibilidade na percepção do "eu existo", exigem que eu abandone posições e reconstrua discursos e imagens, para não me tornar vítima da vontade de potência do outro. O que desejo é ser "mais forte", isto é, "existir intensamente" e, para isso, não posso querer ser o mesmo, idêntico, permanente. O eu precisa ser uma "casa vazia", para preencher-se de conteúdos adequados aos seus enfrentamentos. "Não sou" me torna mais forte do que "sou" e só posso ser mais forte e intenso não permanecendo o mesmo (NIETZSCHE, [1873] 1983).

Foucault expôs suas conclusões nietzschianas sobre a "não identidade" no capítulo "Nietzsche, a genealogia e a história", do livro *A microfísica do poder* (1984). Nesse texto, ele mostra a visão da "identidade" do seu método genealógico, que conduz em direção oposta à hermenêutica do *soi*, de Ricoeur. Para Foucault, "é preciso acabar com esse discurso da consciência e do sujeito, porque não há nem um e nem outro. Não há como responder à questão 'quem sou eu?' pelo pensamento e pela consciência". Sua genealogia quer destruir a visão contínua, compreensiva, da história, porque, para ele, a "história efetiva" é devir, descontinuidade, lutas, enfrentamentos, que não podem ser vencidos por uma "identidade" estável e serena, mas por "máscaras" sucessivas. A genealogia não busca a alma unificada, o eu coerente, idêntico, pois sabe que não existe. Não há unidade no homem, nada nele é fixo. O eu é excêntrico, descentrado, múltiplo. E a genealogia não o lamenta, não quer retirar todas as máscaras para chegar, finalmente, a uma identidade primeira, a uma essência. Atrás das máscaras não há uma identidade original, que estaria escondida ou corrompida pelas máscaras. As máscaras se sucedem e se multiplicam sem um núcleo original estável. A genealogia intensifica a dispersão, a descontinuidade, a fragmentação do "eu existo". Ela não busca o que aproxima, reúne, assemelha, mas as diferenças, as singularidades, os desvios, as rupturas, as falhas, as descontinuidades. O que parece unido, ela fragmenta, para revelar o heterogêneo. Não há integridade do eu, que é uma multiplicidade de existências efetivas (FOUCAULT, 1984).

A genealogia foucaultiana contesta os "valores eternos" da liberdade, verdade e justiça, que não seriam proclamados pela consciência, mas construídos em combates históricos. São valores que emergiram em combates reais e são usados para garantir a vitória. O que há na história efetiva são os diversos sistemas de dominação, as relações de força, os combates que envolvem mais o corpo do que a consciência. O objeto da genealogia são as formas como a história se inscreve no corpo, como o poder disciplinar se dirige ao corpo, para torná-lo adestrado e dócil. A "história efetiva" não é feita por "sujeitos conscientes", mas por "vontades de potência", por homens que se enfrentam, que disputam o poder. Para Foucault, "o nosso modelo de sociabilidade é o da guerra, que impõe a análise das relações de força, de suas estratégias e táticas. A historicidade que nos domina é belicosa e não linguística. Os homens vivem relações de força e não relações de sentido. A história não tem sentido/finalidade, o que não quer dizer que seja absurda ou incoerente. É inteligível e analisável segundo a inteligibilidade das lutas e estratégias. Não há identidade primeira, original, verdade essencial, perfeita, solene, a ser reencontrada". Para ele, o "tempo histórico" visa à realização do corpo, que é desejo, lógica sem sentido único, diferença constante, dispersão, descontinuidade, que constrói camadas heterogêneas de discurso (FOUCAULT, 1984).

Foucault se estende, de forma intensa, lúcida, sobre o olhar genealógico no texto *Nietzsche, a genealogia e a história*, que aqui vou recitando. Nesse texto, ele faz um elogio da "história efetiva", pois, para ele, o "eu existo" habita a história, vive nos movimentos sinuosos, quebrados, interrompidos, inesperados, do tempo histórico efetivo. Para ele, o olhar genealógico não faz uma história baseada em *a priori*, não descreve gêneses lineares, uma teleologia meta-histórica. A genealogia pesquisa meticulosamente, pacientemente, a documentação, enfatizando a singularidade dos acontecimentos. Ela é uma erudição, que chega a pequenos resultados, pois "não quer recolher a essência exata das coisas, a sua identidade imóvel e anterior à sucessão. A genealogia não busca a identidade essencial, porque atrás das coisas não há essência, não há Razão. Não há identidade original, mas acaso, disparate, começos, interrupções, irrupções, emergências, surgimentos, eventos, novidades. A história é feita de acontecimentos, agitações, invasões, lutas". O tempo histórico efetivo é o lugar da heterogeneidade, das diferenças, da multiplicidade, das singularidades. A genealogia não busca "a alma unificada, o eu coerente, idêntico. Ela dissocia o eu. Ela não mostra o passado ainda presente em uma evolução, mostra a dispersão, os acidentes e desvios. Não há uma verdade em nosso ser, mas a exterioridade do acidente. Não há uma herança que se solidifica e se acumula, mas falhas, fissuras. A genealogia estuda as relações entre corpo e história, mostra o corpo em sua singularidade. Ela restabelece os diversos sistemas de submissão, o jogo de dominações. A emergência revela o jogo, o combate das forças". E continua: "A humanidade não caminha para a reciprocidade universal, para o fim da guerra. Ela prossegue de dominação em dominação. As regras são em si mesmas violentas. Aquele que 'joga' na história, orientado pelo olhar genealógico, deseja apoderar-se das regras e utilizá-las contra aqueles que as impuseram" (FOUCAULT, 1984).

Enfim, "a genealogia não julga a história de fora dela, a partir de uma verdade eterna, não se apoia em absolutos. Ela dispersa a unidade do homem. A história efetiva é devir, nada no homem é fixo. Ela quer destruir a visão contínua da história. O saber não é feito para "compreender" (reencontrar, reconhecer, unir, reunir, reconciliar), mas para "cortar" (lutar, enfrentar, combater, conquistar, submeter, dominar). As forças que se enfrentam não obedecem a uma finalidade superior, mas ao acaso das lutas. A história é movida pela vontade de potência, pelo desejo de vencer. A história genealógica olha para perto, para o corpo, o sistema nervoso, os alimentos, a digestão, para dominar. Ela se interessa mais pela fisiologia do que pela filosofia. Os historiadores tradicionais queriam tudo compreender e apagavam o lugar de onde falavam para esconder seu ódio. Esse historiador era um eunuco: invocava o universal para esconder seu ódio. Escondia sua paixão. O historiador genealógico tem um olhar que sabe tanto de onde olha quanto o que olha. A história genealógica é vontade de saber, paixão, que não se esconde em busca da "verdade". Foucault prossegue e aprofunda o discurso nietzschiano contra a cultura histórica moderna. Ele propõe um programa pós-moderno para a história, que visa à "desconstrução" da história supra-histórica, metafísica, que buscava o reconhecimento, o reencontro, a identidade, a continuidade, a tradição, a verdade, a memória. Segundo ele, "a história genealógica é uma contramemória, que dissipa as identidades, revela descontinuidades, não busca a verdade, a origem, não busca o universal. Contra a história reminiscência, reconhecimento, a genealogia multiplica as máscaras, não quer manter a presença perpétua de grandes homens. Contra a história continuidade/tradição, antiquária, quer dissociar e destruir a identidade. A história genealógica deve servir à dissociação da nossa identidade, porque o plural nos habita. Não há uma identidade única que se mantém, mas multiplicidades sem possibilidade de síntese. Contra a história conhecimento, que buscava a verdade e sacrificava o cientista, tornando-o neutro, sem paixão, a genealogia mostra que a ciência é vontade de saber, paixão, obstinação, crueldade. A busca do conhecimento é instinto: os cientistas estão em guerra, as religiões estão em guerra. O historiador genealógico não se abole em nome da verdade, não se sacrifica pela verdade ou pela justiça, porque, diria Nietzsche, "viver e ser injusto são a mesma coisa" (FOUCAULT, 1984; NIETZSCHE, [1874] 2003).

Afinal, então, "quem sou eu?". Para Foucault, sou "camadas heterogêneas de máscaras e discursos. Um eu fragmentado, múltiplo, que se transforma segundo as estratégias dos meus combates. Sou vontade de potência, vontade de vencer e dominar". Para Foucault, "existir" é apoderar-se das regras, para dominar o jogo. Para isso, eu me multiplico em "representações", que não se referem a uma identidade fixa e essencial. São máscaras, criadas no "jogo" ou "guerra", para vencer. Para existir, devo "jogar": desempenhar papéis, ocupar posições, fazer alianças, criar adversários, desalojar, encenar e "representar" (no sentido teatral), controlar ou estabelecer novas regras, disputar os prêmios, evitar punições e vigiar e punir, negar e criar novos valores, agir estrategicamente, dominar. A "história efetiva", expressão que lembra Marx, constitui o "eu existo" como uma pluralidade. Mas, isso é "bom", ou melhor, essa forma de ver a identidade como "não identidade" é favorável ao "eu existo"? Nietzsche diria que essa visão da identidade é a que "serve à vida", porque o olhar genealógico não contém o "eu existo" em uma jaula especulativa e nem em uma rede narrativa. A genealogia deixa o indivíduo conduzir-se pelas experiências vividas, assumindo as formas e produzindo os discursos favoráveis ao seu sucesso. O compromisso com a identidade como permanência, essência, consciência, enfraquece, empobrece, tornando o "eu existo" vítima de vontades de potência dominadoras. Ter "vontade de potência" é querer viver, expandir-se, impor-se ao mundo e aos outros. O "eu existo" precisa ter "força plástica", que é "a capacidade de lembrar e esquecer segundo as necessidades do instante". Uma "identidade estável" prenderia o "eu existo" ao passado ou a uma utopia, o submeteria a "promessas", a expectativas, o limitaria a uma única forma de ser. E o "eu existo" pode e deve assumir inúmeras formas, ser capaz de tornar-se sempre outro, viver no instante, para lutar e vencer. O "eu existo" não se fixa, não se imobiliza, não se eterniza, porque deseja "durar bem", i.e., prefere passar e seguir (FOUCAULT, 1984; NIETZSCHE, [1874] 2003).

Foucault se diz um "positivista feliz", pois acolhe a história em sua efetividade, em sua temporalidade real, presente, próxima, descontínua, emergente, evitando refugiar-se em télos, metas, pós, aléns, supras, de um "dever ser utópico", que só são evasões da vida, que deve ser vivida com coragem e intensidade. O "eu existo" não deve se deixar dominar pelo "eu penso" e nem pela narrativa idealizada de si-mesmo, pois seria um enfraquecimento, um sacrifício da vida. O "eu existo", habitado pela pluralidade, estaria se impedindo de viver todas as "identidades" que possui. Nietzsche e Foucault, o que fizeram foi apenas abolir mil anos de metafísica, desde Sócrates e Cristo, para mostrar um homem sem essas máscaras, um homem-natureza, guerreiro, empenhado em sua luta pela sobrevivência. Enfim, você quer saber quem é você? Imagino que responderiam: "aja como se estivesse em uma sociedade-selva, prepare seu corpo, faça ginástica, tenha a força física de um predador, a perspicácia de um animal em busca da sua presa, esteja atento às armadilhas e ciladas dos outros, que também são seus predadores, monte também armadilhas e ciladas, camufle-se na paisagem, vigie e corra quando for necessário, forme bandos, se a presa é mais forte, retire da natureza toda a alegria de viver. Quanto aos metafísicos, padres e pastores, que se abatem sobre você, não se deixe prender em suas teias e artimanhas, pois o que desejam é também sobreviver e só querem domesticá-lo e escravizá-lo, fazê-lo se sentir culpado, para obrigá-lo a pagar as suas taças e âmbulas douradas, as suas roupas e almofadas de veludo, os seus templos e palácios suntuosos". Nietzsche e Foucault são apenas "realistas", "positivistas", "pragmáticos", "objetivistas", que querem se livrar da longa tradição metafísica para recuperarem a pureza da força da natureza sobre "homens históricos". Agem como ecologistas, que retiram animais silvestres de gaiolas, currais e apartamentos, para devolvê-los ao seu ambiente natural. Para eles, se você pergunta "quem sou eu?" é porque já está confuso, perdido, domesticado, arruinado, deteriorado, por milênios de educação metafísica. Essa pergunta é absurda para o homem-natureza, pois ele deixa que seus instintos guiem seu corpo e sabe o que fazer e para onde ir.

Contudo, não há algo de belicoso e destruidor, de perigoso, nessa interpretação da identidade? A quem interessa essa interpretação genealógica da identidade/história? Esse discurso da "não identidade", da descontinuidade, da dissipação do sujeito, pode levar a que tipo de sociedade? Não seria um elogio do ódio e da guerra? Esse "não sujeito" não pode ser responsabilizado pelas suas ações, não é imputável, e viveríamos uma situação hobbesiana de alcateias humanas em guerra. Esse discurso, talvez, possa ser visto como profundamente conservador ao aceitar a "história efetiva", a sociedade que vige desde a pré-história, em que os homens são predadores uns dos outros. Nietzsche e Foucault parecem ser contra os ideais de Liberdade, Igualdade e Paz, da Revolução Francesa, que, para eles, seriam os ideais do Terceiro Estado, da plebe, dos escravos. Eles parecem propor o retorno à sociedade de ordens do Antigo Regime, habitado por nobres, por homens superiores, inclusive racialmente, dirigidos pelos sentimentos de diferença, singularidade, individualidade, superioridade, honra e prestígio, pelos quais se matavam em duelos. Essa visão da "não identidade" aceita e acentua a "luta pela vida" darwinista, estimula a competição no mercado que, em última instância, leva às guerras mundiais, não critica a "história efetiva" que, admitem, avança inevitavelmente de dominação em dominação. Esse "realismo positivista" interessa a quem? Marx partia da "história efetiva", mas esperava que fosse superada por uma sociedade justa ideal. Foucault apresenta a sua "história efetiva" como insuperável. Entretanto, por um lado, há algo de libertador nessa visão genealógica, que afirma que todos podem participar da história, porque todos têm poder e podem "resistir" lutando por posições mais favoráveis ao "eu existo". Mas sabemos que se, de fato, em alguma medida, "todos têm poder" e são capazes de alterar a sua "identidade", mascarando-se, para não se tornarem vítimas; nem todos poderão existir na plenitude do seu "eu existo", porque há os que têm mais poder, os que controlam capitais, armas, tecnologias, territórios, povos e, portanto, a história continuará mesmo a avançar de dominação em dominação. Na perspectiva genealógica, a possibilidade de uma utopia, concebida como uma mudança maior, em direção a uma sociedade moral, justa, livre, é uma proposta absurda, pois contra a natureza. A Razão é antinatural.

Por outro lado, apenas para provocar seus seguidores, essa perspectiva genealógica não poderia de algum modo ser vista como aquela que pretende ser a mais "verdadeira", a mais "racional", a mais "lúcida", a mais "emancipadora", e que, portanto, iluminaria (sem saber) a marcha em direção à liberdade universal do espírito hegeliano? Afinal, esse homem devolvido à natureza e aos seus instintos, integrado ao meio ambiente, que cuida do corpo, em academias e com dietas restauradoras da sua beleza, flexibilidade e vigor, para torná-lo mais prazeroso, forte e longevo, atento às nuances de gênero e sexualidade, é o sonho da melhor utopia do século XXI.

Bauman e a sociologia da "identidade escolhida" na "modernidade líquida"

Para o sociólogo anglo-polonês Zygmunt Bauman, a "identidade pessoal" é definida na e pela história como "macro-história", como "sistema". Os indivíduos não têm autonomia para responder ao "quem sou eu?", pois a resposta possível é condicionada pelo "regime de historicidade" da época em que se vive. O "eu existo" vive em um período histórico que define os padrões do que pode vir a ser. No livro *Identidade*, uma longa e excelente entrevista a Benedetto Vecchi, publicado na Inglaterra em 2004 e traduzido no Brasil em 2005, Bauman compara dois períodos da história ocidental recente, os quais define de forma original: a "modernidade sólida", dos séculos XIX e XX, e a "modernidade líquida", a partir do final do século XX ao XXI. O problema da identidade pessoal foi formulado e resolvido de forma muito diferente nos dois períodos. Segundo ele, a "modernidade sólida" foi dominada pelo Estado Nação, que impunha sobre grupos étnicos múltiplos uma uniformização forçada. A identidade era *a priori*, nascia-se com ela e devia-se morrer com e por ela. O nascimento em um território nacional definia a identidade pessoal, que era inscrita em uma "identidade nacional": francês, inglês, norte-americano, polonês, brasileiro. Os indivíduos se subordinavam ao Estado Nação, que se autoproclamava como um destino compartilhado. A identidade nacional era afirmada na guerra, que diferenciava "nós e eles". Caso houvesse deserção ou algum tipo de traição, a ameaça era de exclusão/exílio. Contudo, pergunta Bauman, "o todo pode ser mais real do que as partes? Este "nós" nacional é reconfortante ou fraudulento?". Para ele, a "modernidade sólida", que parecia tão incontestável, tão absoluta, já não era tão "sólida" assim, pois os indivíduos aceitavam apenas parcialmente o seu pertencimento ao Estado Nação. No entanto, Bauman parece nostálgico da "identidade nacional" polonesa. Durante a Segunda Guerra Mundial, teve de sair da Polônia e, como milhões de refugiados e migrantes, sente-se deslocado em todo lugar, o que, segundo ele, "é desconfortável, pois é preciso se desculpar, se explicar, esconder, negociar, barganhar. Nenhum lugar é *chez soi*". Ele se naturalizou inglês, mas sabe que na Inglaterra é um estrangeiro. E na Polônia também já se sente estrangeiro. Ele prefere se definir como "europeu", mas é uma identidade tão abstrata, que reúne comunidades tão díspares, que a sensação de "não lugar" é mais forte do que a do pertencimento (BAUMAN, 2005).

A partir do final do século XX, Bauman afirma que a "modernidade sólida", aparentemente tão consolidada, se desfez, se liquefez, e o problema da identidade pessoal foi completamente redefinido. Agora, na "modernidade líquida", que corresponde ao processo de globalização da sociedade-mercado capitalista, "o pertencimento a uma identidade não tem solidez, não é garantido por toda a vida. É uma 'escolha', negociável e revogável. A 'modernidade líquida' é uma época que 'impõe escolhas' em relação ao que os indivíduos devem 'ser'. No mercado, ter uma 'identidade sólida' é sinal de fracasso, de falta de alternativa. Esses indivíduos fracassados são obrigados a vivê-la como um destino, porque não têm o poder de transformar-se". As "identidades fixas" são "fixadas" sobre aqueles que falharam, que não podem escolher o que desejam ser, são impostas, humilham, estigmatizam: os "sem escola", os "sem teto", os ex-drogados", que vivem como zoé. Para ele, "identidade", talvez, seja a capacidade de rejeitar aquilo que os outros desejam que você seja, para desqualificá-lo. As forças inimigas vencem quando conseguem impor identidades/estigmas/rótulos. Na sociedade-mercado, só os fracassados têm um projeto de vida único, são sólidos, fixos e se submetem a rótulos. Os bem adaptados e ricos têm a possibilidade de "escolher" o que desejam ser ou parecer. Bauman se estende sobre a "identidade pessoal escolhida," "imposta" pela globalização. Para ele, o capitalismo planetário exige que os indivíduos não se fixem, que se flexibilizem segundo as metas que estabeleçam para si, que se reinventem permanentemente A "identidade pessoal", hoje, é revogável, negociável. Os indivíduos a constroem em comunidades virtuais eletronicamente mediadas, entram em vários grupos, constroem referenciais comunais em movimento, e podem sair. Não há lealdades, pois a vida se tornou virtual, ligada a celulares, tablets, notebooks, e outros produtos mais eficazes que surgem a cada dia. Na sociedade-mercado, ter uma "identidade forte" significa ser capaz de mudar, de se reinventar (BAUMAN, 2005).

Os indivíduos constroem sua identidade evitando comprometer-se com relacionamentos fixos, que podem impedir relacionamentos mais vantajosos. Eles não assumem compromissos, "a identidade deve ser um manto leve, pronto a ser despido a qualquer momento. Os lugares em que o sentimento de pertencimento era sólido, família, trabalho, vizinhança, perderam solidez e confiança". A "identidade escolhida" é cara, é um investimento, que deve atrair investimentos que a tornem sustentável. Só os ricos podem fazer escolhas quanto ao que querem "pare(ser)". Hoje, afirma Bauman, "a construção da identidade pessoal é bricolagem, invenção permanente, pois não há "estruturas", tudo desmancha no ar: autoridades, celebridades, causas eternas, poderes. Tudo se dissipa, é descartável". Para Bauman, "a sociedade não funciona mais como árbitro, não cria regras, tornou-se um jogador ardiloso, que zomba e muda as regras em pleno jogo. A sociedade volta atrás em suas promessas, é mudança incessante e exige que seus membros sejam assim também". O "homem líquido moderno" é sem vínculos, os vínculos humanos tornaram-se frágeis, virtuais, deletáveis. Nesse mundo de mercadorias, mediados por computadores e celulares, os relacionamentos voláteis se multiplicam. O consumidor é educado via TV a cabo e internet, com centenas de programações e milhares de informações vindas de todos os cantos do Planeta. A sociedade do cartão de crédito eliminou a distância entre a espera e o desejo; o consumismo é a satisfação instantânea, a utilização imediata das coisas. Os indivíduos constroem suas identidades consumindo objetos caros, "costumizando-os", para ostentar sua diferença e reivindicar prestígio. O poder de consumir já o diferencia e quanto mais consome, mais diferente aparece, mais "original", mais integrado à sociedade-mercado. Os "consumidores falhos", os "sem dinheiro", esses, ficarão fixos, visíveis, e postos à margem (BAUMAN, 2005).

Segundo Bauman, "na globalização, o Estado não está mais ligado de forma sólida à Nação. Há erosão da soberania nacional mesmo na Inglaterra, Itália, França, Espanha, Bélgica. As partes ricas não querem pagar pelo todo pobre; querem autonomia. Os Estados não precisam mais de fervor patriótico, pois o que interessa é o sucesso no mercado. Os capitais apátridas se deslocam pelo Planeta. Os direitos civis estão fora de controle do Estado, os direitos políticos são dominados pelo pensamento único neoliberal, os direitos sociais ficaram a cargo do próprio indivíduo, que deve levar vantagem sobre os demais. A globalização, a expansão do Ocidente aumentou o número de pessoas rejeitadas, pessoas desnecessárias ao funcionamento econômico e que não se integram. A expansão capitalista consolidou a dominação política e militar do Ocidente. O capitalismo não quer mais explorar, mas excluir. A exclusão aprofunda a desigualdade, a pobreza, a miséria, a humilhação, muito mais do que a exploração. A "racionalização" é uma máquina de exclusões. A sociedade está cada vez mais desregulamentada, os indivíduos devem contar consigo mesmos e nada esperar do Estado. Se fracassarem, a culpa é da sua preguiça e apatia. Os indivíduos que tiveram alguma sorte se cercam, se fecham, contra a ameaça dos que fracassaram, apavorados com o espectro da exclusão". Diante dessa volatilidade do "eu sou", Bauman alerta para o perigo dos fundamentalismos. Para ele, os excluídos da globalização podem buscar a proteção em comunidades religiosas que lhes ofereçam um sentido, o que explica o crescimento de seitas e a adesão de jovens ocidentais ao Estado Islâmico (BAUMAN, 2005).

Como fica a identidade pessoal no mundo do trabalho globalizado? Para Bauman, o ambiente de trabalho é altamente competitivo, cada empregado deve mostrar que é melhor, que tem iniciativa, que dá mais lucro à empresa, para ser mantido quando vier uma nova rodada de "racionalização" (que significa demissões por excesso de pessoal). O mundo do trabalho não é mais a sede da luta por uma sociedade melhor no futuro. As pessoas preferem pensar em um hoje melhor para cada um e não em um mundo melhor para todos no futuro. Não se tem a visão de uma "boa sociedade" e nem da força que poderia realizá-la. Não se espera mais nenhuma mudança vinda das fábricas; a "classe proletária" deixou de ser o porto seguro das reivindicações. O descontentamento social se dissolveu em grupos e categorias: gêneros, raças, profissões, gerações. O conceito de classe como metaidentidade rival do Estado Nação, uma identidade supra, tornou-se inadequado. Houve uma fragmentação da dissensão social, a desintegração do conflito social em conflitos intergrupais múltiplos. Houve uma proliferação dos campos de batalha. A ideia de um mundo melhor se encolheu; vive-se sem utopia ou supõe-se que a utopia já esteja realizada (BAUMAN, 2005).

Contudo, essa descrição lúcida e precisa da "modernidade líquida" não significa que Bauman seja passivo e acrítico em relação a esse "mundo novo global". Ele é crítico dessa "modernidade líquida", sugerindo que, como bom polonês, tenha um passado marxista. Ele parece lamentar a supressão da "identidade de classe", que fez desaparecer "a preocupação com a injustiça econômico-social, com o crescimento da desigualdade, com a pobreza crescente". Ele lamenta que ninguém fale mais em distribuição de riqueza. Agora, o inimigo é um suposto "esquema mental" e não o ajuste econômico. Para ele, a guerra por justiça social foi reduzida a batalhas por melhores salários, mas o que a sociedade mais precisa é de reconhecimento de direitos, de cidadania plena, algo que não se obtém com dinheiro. Ou melhor: o reconhecimento que se obtém com o dinheiro não é o reconhecimento político-social que se deseja. Bauman insiste que "o grande desafio continua sendo o da miséria humana". O Estado do Bem-Estar Social parecia o auge da lógica moderna, parecia a conquista de direitos definitivos, mas está sendo desmantelado. O Estado social deixou de ser abrangente, a previdência social deixou de ser um direito universal e quem a utiliza pode ser visto como um fracassado. Não há mais verbas para a previdência social, que é considerada um investimento perdido. Os indivíduos devem encontrar soluções privadas para seus problemas. Não há mais auxílio desemprego, saúde, educação, segurança. O Estado era uma força centrípeta que está sendo engolida por forças centrífugas privadas. Todos nós somos consumidores na sociedade de mercado, estamos dentro e no mercado como clientes e mercadorias e temos ser excluídos, rejeitados, banidos, repudiados, descartados, ficar sozinhos e indefesos. Bauman parece se sentir desconfortável nessa sociedade-mercado global, e afirma sentir um "mal-estar na pós-modernidade" (BAUMAN, 2005).

Enfim, na "modernidade líquida", a identidade pessoal é algo a ser "inventado", "escolhido", mas por imposição da sociedade-mercado. A lógica da identidade pessoal me parece um oximoro: é uma "escolha imposta". Ela precisa ser frágil, vulnerável, revogável, negociável, para sobreviver, para ser capaz de se adaptar às demandas e "ser comprada e comprar". Ninguém quer mais se reunir em uma "narrativa de si mesmo", que fecha, estabiliza, solidifica, impedindo mudanças necessárias ao sucesso. A fragmentação do "eu existo" não é vista como um problema, mas como uma solução. Penso que, nesse novo mundo capitalista global, Foucault venceu Ricoeur: é preciso usar "máscaras", é preciso "representar", no sentido cênico, permanentemente, é preciso se localizar bem nas situações/atos/cenas e diante dos personagens em torno, conhecer o jogo e jogá-lo em busca da vitória, em busca da conquista dos poderes. A busca da "autenticidade do eu sou" não faz sentido e, aliás, nem existe. Ser competente é usar as palavras, as roupas, os objetos, que, simbolicamente, o fortalecerão na ordem competitiva mundial. É preciso se representar sempre de forma nova e produtiva, deletar identidades/imagens que bloqueiem a integração do indivíduo à sociedade-mercado. Bauman descreve um mundo em que nietzschianos e foucaultianos se reconhecem, mas do qual ele próprio é um crítico. Para ele, por um lado, há algo de bom na globalização, pois se tornou, concretamente, uma história universal da humanidade, do Planeta Terra. Por outro lado, ele se incomoda com a injustiça social, com a desigualdade social crescente, ele lamenta que não se fale mais em distribuição de riqueza. E lamenta sobretudo a decadência dos intelectuais ocidentais, que, vencidos, calaram-se, não são mais críticos sociais, tornaram-se aduladores, egocêntricos, só querem ser bem-sucedidos no mercado com os seus livros/artigos/comunicações inócuos. Para Bauman, o grande desafio continua sendo o da miséria humana, imposta pelas forças centrífugas privadas, que derrotaram a força centrípeta do Estado. Afastado ou minimizado o Estado do Bem-Estar Social, a Previdência Social continuará a ser um direito? (BAUMAN, 2005).

Conclusão

Considerando as críticas de Bauman à "modernidade líquida", que me parecem muito pertinentes e que têm um nostálgico sabor marxista, concluirei com um problema, para o qual não me sinto ainda capaz de formular uma hipótese, mas que o leitor certamente será capaz: o que seria preciso reformular na discussão da identidade pessoal para que esse "mundo líquido moderno" possa ser transformado? Ele deve ser transformado ou é possível transformá-lo? Que "nova identidade" seria a do protagonista dessa mudança? As posições nietzschianas e foucaultianas sobre a identidade não conduzem a nenhuma mudança; pelo contrário, descreveram lúcida e antecipadamente o que se passa no mundo globalizado e o justificam e o consolidam (sem se referirem diretamente a ele). Ricoeur é um crítico dessa identidade volatilizada e predadora, e talvez fosse preciso ouvir sua proposta do reencontro narrativo do si-mesmo consigo, uma narrativa que constrói um sujeito responsável, imputável, confiável, que sonha com a sociedade do reconhecimento recíproco, em que se possa viver-juntos na diferença, e que, talvez, seja um "sujeito capaz" de construí-la. Mas não seria a vitória de um conceito de identidade pessoal muito conservador, que poderia levar também à perda de uma certa "liberdade" conquistada pelo homem líquido moderno? O conceito de "identidade pessoal", hoje, aguarda novas formulações e proposições, para que se construa um novo sujeito capaz de produzir mudanças na ordem capitalista global. Talvez ainda seja cedo para construir esse novo conceito de identidade; é preciso esperar que a própria história produza eventos que gerem fissuras e crises na sociedade-mercado, para que haja a possibilidade do surgimento de um novo protagonista que construirá uma nova sociedade com novas regras e valores, não mais submetida à violenta competitividade do mercado. Esse "novo mundo" virá um dia? Os intelectuais ainda teriam algo a dizer ou já não sentem nenhum "mal-estar na pós-modernidade"?

Bibliografia

BAUMAN, Zygmunt. *Identidade: entrevista a Benedetto Vecchi*. Tradução de Carlos Alberto Medeiros. Rio de Janeiro: Jorge Zahar, 2005.

BAUMAN, Zygmunt. *O mal-estar da pós-modernidade*. Rio de Janeiro: Zahar, 1998.

FOUCAULT, Michel. Nietzsche, a Genealogia e a História. In: _____. *Microfísica do poder*. Rio de Janeiro: Graal, 1984.

NIETZSCHE, Friedrich. *Segunda consideração intempestiva: da utilidade e desvantagem da história para a vida*. [1874]. Rio de Janeiro: Relume Dumará, 2003.

NIETZSCHE, Friedrich. Sobre a verdade e mentira no sentido extramoral. [1873]. São Paulo: Abril Cultural, 1983. (Coleção Os Pensadores.)

RICOEUR, Paul. A tríplice mímese. In: _____. *Tempo e narrativa*. Campinas: Papirus, 1994. v. 1.

RICOEUR, Paul. *O si-mesmo como um outro*. Campinas: Papirus, 1991.

STEVENSON, Robert Louis. *O médico e o monstro*. Rio de Janeiro: Nova Fonteira, 2011. (Saraiva de bolso)

Qual foi a contribuição do historiador mineiro Francisco Iglésias (1923-1999) à historiografia brasileira?[8]

O historiador Francisco Iglésias ocupa uma posição especial na memória dos historiadores mineiros. Foi um historiador respeitado e querido por mais de uma geração de intelectuais da Faculdade de Ciências Econômicas (FACE), onde lecionou entre 1949 e 1982, e do Departamento de História, ambos da Universidade Federal de Minas Gerais (UFMG). Ele reunia em torno de si um grande número de alunos, ex-alunos, colegas e amigos. Após sua morte, ele foi "sacralizado" com a realização de homenagens organizadas pela FACE, com exposição de fotos, comentários de obras, mesas redondas, um livro póstumo organizado pelo professor João Antônio de Paula. Há um vínculo afetivo-intelectual que liga Iglésias à comunidade universitária mineira. O grupo que o comemorava queria ser o detentor do direito à linhagem iglesiana, construiu sua identidade como os "herdeiros de Iglésias", e reivindicava para si igual reconhecimento. À frente da cadeira de História Econômica do Brasil, ele formou uma importante escola de economistas mineiros, estudados por Ângela de Castro Gomes, e todos são unânimes em seus encômios. Como alto representante da produção intelectual mineira, em 1984, recebeu da UFMG o título de Professor Emérito e foi posto por seus seguidores no panteão da melhor historiografia brasileira, ao lado de Caio Prado Jr. e Sérgio Buarque de Holanda. Enfim, Francisco Iglésias tornou-se o nome do continente da historiografia mineira, passou a ocupar um lugar sagrado, um "oratório", diante do qual se reuniam os historiadores e economistas mineiros dos anos 1970-90, reverentes, orgulhosos de terem sido seus alunos e colegas.

Essa foi a "representação preexistente" da figura acadêmica de Iglésias com a qual deparou a jovem e talentosa historiadora Alessandra

---

[8] Resenha crítica inédita do livro *A universidade, a história e o historiador: o itinerário intelectual de Francisco Iglésias*, de Alessandra Soares Santos (Alameda, 2018).

Soares Santos, que se interessou por transformá-la em projeto de pesquisa de doutorado. Segundo ela, "durante algum tempo, fui prisioneira dessa 'evidência'", que a impedia de problematizá-lo, como deve ser em uma "operação historiográfica": "eu poderia resistir a essa representação sagrada de Francisco Iglésias? Poderia soar como ingratidão a uma suposta herança recebida ou aversão aos valores intelectuais que ele representava". Contudo, para ela, essa "memória sagrada" ameaçava a história da historiografia que queria fazer, "pois se reduzia a análises redutoras, quase sempre laudatórias e condescendentes". Por isso, embora temendo "estar profanando uma vida perfeitamente encerrada e completa", Santos preferiu afastar-se daquela "representação sagrada" e reconstruir seu objeto a partir de um novo ângulo de análise. Para ela, a lembrança não é um tratamento crítico do passado e aquela representação sacralizada fazia parte de um discurso não acadêmico, embora feita por historiadores de formação acadêmica. Era o "imaginário" de um grupo social, que ela também não nega, pois não é falso. Apoiando-se em Ricoeur, para ela, "a memória e a historiografia podem se alimentar reciprocamente em busca de um conhecimento plenamente erudito". E Santos formula a questão central do seu trabalho: afinal, quem foi o historiador mineiro Francisco Iglésias? Qual foi sua real contribuição à historiografia mineira e brasileira? Em que se basearia tanto prestígio acadêmico, qual a legitimidade do seu reconhecimento como historiador? Onde estaria o "verdadeiro" Iglésias: na memória sacralizada dos herdeiros, em sua obra (livros, artigos, resenhas) ou no silêncio/esquecimento imposto à sua historiografia pela nova geração de historiadores? Santos pretende fazer uma história da historiografia crítica, rebelde em relação às "tradições inventadas", que só visam consolidar os interesses de grupos determinados.

Esse foi o desafio de Santos: situar e avaliar criticamente a originalidade, o valor e o sentido da presença de Francisco Iglésias na historiografia mineira e brasileira. Em seu "novo ângulo de análise", ela procura integrar o itinerário de Iglésias em um quadro maior, o da emergência e institucionalização da universidade. Ela deseja, através de Iglésias, refletir sobre o significado da produção histórica universitária, partindo da proposta de Delacroix, Dosse e Garcia: "a história intelectual, para além de uma história das ideias, está interessada no que está em jogo tanto no plano institucional dos debates quanto na sociologia dos meios profissionais e nas condições sociais das produções intelectuais". Em seu "novo ângulo de análise", Santos procurou localizá-lo no discurso da institucionalização da "universidade moderna" no Brasil, entre os anos 1940 e 1990. Nesse livro, Santos mostra o seu percurso desde a discência no curso de Geografia e História, da UFMG, nos anos 1940, passa por suas atuações e produções até os anos 1990, livros, resenhas, correspondências, chegando até a publicação póstuma de *Historiadores do Brasil*, em 2000. Suas perguntas sobre o historiador Iglésias se articulam às perguntas sobre a instituição universitária: "o que quer dizer 'fazer história' na "universidade moderna brasileira"? Sua hipótese é que o itinerário de Iglésias revela algo maior do que o itinerário de um indivíduo, por mais original que seja: mostra a trajetória da disciplina História em sua nova formatação universitária. Iglésias torna-se relevante, portanto, porque teve uma "autoridade normativa", foi corresponsável pela organização da "escrita da história" nas décadas de 1940-90. Santos está interessada sobretudo em reconstruir "o período da história da historiografia brasileira em que ocorreu a disciplinarização do conhecimento histórico como ciência social dentro da universidade, interroga sobre as noções e as práticas do ofício de historiador na universidade brasileira com o objetivo de ter uma melhor compreensão do que quer dizer "fazer história" neste "lugar". Segundo ela, nesse período, construiu-se um "discurso da ordem historiográfica" do qual Iglésias foi considerado um formulador, um representante, um implementador e um controlador. Ele exerceu um "poder disciplinar" que o tornou uma figura central no campo da história universitária. Sua hipótese é que Iglésias foi percebido por seus pares como um historiador modelo do seu tempo, o "tempo da historiografia universitária", entre 1940-1990.

Para Santos, o reconhecimento de Iglésias se basearia, portanto, em seus "combates pela historiografia universitária", que, por um lado, "não significou uma ruptura radical com o que se fazia antes, não foi uma descontinuidade produzida por um evento fundador, pois continuou a valorizar a documentação, a contribuição das obras históricas do passado", mas, por outro, "houve uma reconfiguração da função social do historiador", que passou a trabalhar em grupos e em redes, com hierarquias, normas e programas de ensino e pesquisa bem estabelecidos. Houve um esforço de profissionalização dos historiadores, que levou a uma "operação de fechamento" de uma comunidade científica. A partir de então havia os "historiadores de ofício", de um lado, e, do outro, os amadores, os autodidatas, os sem formação universitária, que não tinham o direito de falar a "verdade histórica". As revistas e resenhas tiveram um papel significativo no fechamento da comunidade científica, definindo o território do historiador, consolidando/disseminando as normas da comunidade. Iglésias resenhava sobretudo obras de historiadores franceses e considerava a *Apologia da história ou ofício de historiador*, de Marc Bloch, um tipo de manifesto da historiografia que a universidade pretendia produzir. Esse mundo universitário fechado, sustentado por recursos federais, era o "pequeno mundo estreito dos intelectuais" (Sartre), "em que a 'rede de sociabilidade' é construída por laços de amizade em espaços comuns de convivência". Embora sua "geração" ou "rede" se interessasse mais pela literatura do que pela historiografia, e até se destacando nacionalmente, Iglésias, que também pendia para a literatura e "puxava angústia" como os outros, "angústias de um cavaleiro da triste figura", sentiu-se "forçado" a abandonar essa sua tendência, para tornar-se "professor de História", que ele dizia detestar, pois "não tinha prazer em ensinar para uma juventude que não queria aprender". Iglésias ameaçou abandonar esse destino várias vezes, conciliando a atividade intelectual com algum emprego público, como fizeram os que escolheram a literatura. Mas não vinha de família rica, não tinha amigos políticos influentes, sua formação era aquela, logo, estava condenado a ser professor de História. Ele até tentou migrar para São Paulo, foi gerente de uma livraria, mas percebeu que era "um mineiro com defeito de fabricação", não exportável. Ele até teve também oportunidade de ir para a Universidade de São Paulo (USP), mantinha boas relações com Antonio Candido, Fernando Azevedo, Alice Canabrava, mas não quis, pois achava o ambiente intelectual uspiano inabitável, "um serpentário". E preferiu continuar em Belo Horizonte, na cadeira de História Econômica do Brasil da FACE/UFMG.

Santos retoma as suas obras que mais se destacaram, *História e ideologia* (1971), *Trajetória política do Brasil (1500/1964)* (1993), *Historiadores do Brasil* (2000/póstuma), procurando identificar uma interpretação original do Brasil. Não a encontrou; Iglésias não foi um "intérprete do Brasil". Ele escreveu ensaios incontornáveis sobre o pensamento conservador de Fernando Pessoa, Alberto Torres, Oliveira Vianna, Jackson Figueiredo e Celso Furtado. Para ele, toda atividade pública seria a expressão de uma ideologia, assentada em princípios e ideias. Segundo Santos, esteve ligado temporariamente ao PCB, queria ser visto como um "intelectual revolucionário", como a maioria dos historiadores "avançados" da época.

A história universitária não defendia a neutralidade, que é só uma ingenuidade perigosa, era científica e tomava posições. Embora não tenha formulado uma interpretação própria do Brasil, Iglésias era otimista em relação ao futuro do Brasil: a sociedade e a política caminhavam para um entendimento democrático. As revoltas e lutas ao longo da história do Brasil deram um resultado positivo e ele apostava no aumento da consciência crítica da população. Era muito próximo de José Honório Rodrigues e, como ele, era otimista em relação à revolução em que "o povo capado e recapado, sangrado e ressangrado" se tornaria sujeito da sua história. Assim como Rodrigues, para ele, o objetivo do estudo do passado era compreender melhor o presente. A história brasileira foi cruenta e a historiografia universitária devia ser duplamente "combatente": pela "ciência" e engajada ao lado da nação.

Contudo, para mim, mesmo não se alinhando ao discurso canonizador de Iglésias, Santos ainda o manteve sacralizado no "oratório laico" da universidade. Laico, mas oratório. Ela o recanonizou, de certa forma, tornando-o central na nova racionalidade da produção intelectual universitária. Para ela, "a trajetória intelectual de Iglésias foi marcada pela acumulação de imenso capital simbólico de notoriedade, resultado de seu prestígio científico e competências sociais, tornando-se um "modelo oficial de historiador", que foi super-reconhecido e condecorado, em Minas, no Brasil e no exterior (assessor da Unesco). Após questionar o "imaginário social" que o colocou em um nicho sagrado, evitando todo questionamento a seu pensamento e ação, Santos, embora tenha escolhido um novo ângulo de análise, para mim, também chegou à sua "coroação acadêmica", que a impediu de fazer um questionamento mais denso do seu pensamento e ação. Se em sua obra póstuma *Historiadores do Brasil*, inacabada, Iglésias fez uma história da historiografia brasileira da Colônia aos anos 1930, Santos a concluiu com o capítulo que faltava, aquele relativo à Historiografia Universitária, da qual o autor dos capítulos precedentes seria a maior expressão. Assim, Santos aceitou incluir-se no grupo dos seus herdeiros, não com reverências e genuflexões, mas com a escrita do capítulo final, que tornava a sua segunda principal obra, a inacabada (para mim, sua melhor obra, realmente incontornável, é *História e ideologia*), concluída.

Contudo, sendo um pouco mais crítico com o trabalho de Santos, não para desvalorizá-lo, pois já disse que é excelente, mas para abrir caminhos para novas pesquisas sobre Iglésias, penso que um autor não se torna relevante apenas quando é canonizado, de uma forma ou de outra. Pelo contrário, faz parte da própria racionalidade acadêmica o projeto de uma "hermenêutica crítica", que torna um autor relevante ao promover um debate importante sobre sua obra, pois a divergência respeitosa é a vida do espírito, a alma da cultura. Santos, em seu novo ângulo de análise, poderia ter aprofundado suas dúvidas em relação à "representação preexistente" de Iglésias discutindo as seguintes questões: por que o impacto da sua morte foi menos intenso em outros estados? Por que a dita "imprensa nacional" a abordou discretamente? Por que no Departamento de História da UFMG os historiadores mais novos não ruminam seus textos em suas disciplinas? Por que houve um silenciamento em torno da sua produção a partir dos anos 1980? Se Iglésias quis reunir história e literatura, e até resenhou *Vida e morte do bandeirante* como modelo dessa reunião, por que se tornou um severo legislador da história acadêmica "científica"? Como abordou o problema da escravidão em sua tese de livre docência sobre a economia mineira? Se, durante a ditadura, foi olhado com desconfiança pelos mais engajados, como, tendo uma posição de liderança acadêmica, relacionou-se com ela? Por que sua obra de síntese *Trajetória política do Brasil* foi considerada "incompatível com a atualidade da historiografia brasileira, que não aceita mais a ideia do nascimento do sentido nacional em 1822"? Seria ele outro Vespúcio?

E a grande questão: a institucionalização da historiografia na universidade, esse "fechamento da comunidade acadêmica", pode ser questionado? Foi um "fechamento" científico ou político? Quando se fala em "ofício de historiador" sugere-se que o seu trabalho agora é feito em uma "fábrica" que tem uma lógica de "corporação de ofício", onde reina uma rígida hierarquia entre mestres e discípulos, uma disputa agressiva interna e entre mestres de departamentos/corporações distintas, que levam os discípulos a conflitos graves. Assim como nas corporações medievais, na universidade "moderna", o aspirante a oficial/historiador tem de se submeter a rituais de iniciação e conclusão do aprendizado, tem de aprender uma "linguagem sofisticada" que o distinguiria dos não iniciados. Michel de Certeau, em seu célebre artigo, mostrou bem a dinâmica da institucionalização dos saberes: pressões, coerções, disciplinas, beija-mãos, violências simbólicas, que "fabricam/modelam" os "historiadores dignos desse nome", aqueles ditos "de ofício". Iglésias poderia se sentir bem nesse ambiente da "universidade dita moderna" de rivalidades e enfrentamentos entre grupos organizados? Como poderia ser uma "autoridade normativa" desse, em seus próprios termos, "serpentário", que detestava? Ou seria cínico? Enfim, se o excelente livro de Alessandra Soares Santos conseguiu ir muito além do olhar pouco acadêmico dos idólatras de Francisco Iglésias, ela poderia ter aprofundado seu "novo ângulo de análise" em direção a uma hermenêutica crítica, que, em vez de decretar a "morte simbólica" de Iglésias, pelo contrário, o relançaria, redivivo, nos debates mais atuais da história da historiografia, que deve ser mesmo cética, rebelde, desafiadora das "tradições inventadas", como recomenda a própria racionalidade crítica universitária.

Bibliografia

DE CERTEAU, Michel. L'operation historique. In: LE GOFF, Jacques, NORA, Pierre. *Faire de l'histoire/nouveaux problèmes*. Paris: Gallimard, 1974.

IGLESIAS, Francisco. *A Industrialização Brasileira*. São Paulo: Brasiliense, 1985. Coleção Tudo é História.

IGLESIAS, Francisco. *A revolução industrial*. São Paulo: Brasiliense, 1981. Coleção Tudo é História.

IGLESIAS, Francisco. *Constituintes e constituições brasileiras*. São Paulo: Brasiliense, 1985. Coleção Tudo é História.

IGLESIAS, Francisco. *História e ideologia*. 2. ed. São Paulo: Perspectiva, 1971.

IGLESIAS, Francisco. *História e Literatura: ensaios para uma história das ideias no Brasil*. São Paulo: Perspectiva; Belo Horizonte: CEDEPLAR /FACE /UFMG, 2009.

IGLESIAS, Francisco. *História geral e do Brasil*. São Paulo: Ática, 1989.

IGLESIAS, Francisco. *História para o vestibular e cursos de segundo grau*. São Paulo: Difel, 1981.

IGLESIAS, Francisco. *Historiadores do Brasil: capítulos de historiografia brasileira*. Rio de Janeiro: Nova Fronteira; Belo Horizonte: Editora UFMG, 2000.

IGLÉSIAS, Francisco. *Trajetória política de Brasil (1500-1964)*. São Paulo: Cia das Letras, 1993.

MACHADO, Alcântara. *Vida e morte do bandeirante*. São Paulo: 1955.

SANTOS, Alessandra Soares. *Francisco Iglésias, a história e o historiador*. São Paulo: Alameda, 2017.

A civilização brasileira está destinada ao fracasso?[9]

A publicação do livro de Ricardo Luiz de Souza *Pensamento social brasileiro: de Euclides da Cunha a Oswald de Andrade* é, "infelizmente", bastante oportuna. A releitura dos clássicos do pensamento social brasileiro é sempre oportuna e importante, mas, agora, em 2015, tornou-se uma urgência. Com o fracasso do projeto de integração social, econômica, política e cultural das populações brasileiras "desconhecidas, bárbaras, sertanejas, suburbanas, mestiças, esquecidas", liderado pelos governos do Partido dos Trabalhadores, a questão que se coloca é: "nós, brasileiros, temos condições de construir uma Nação-Estado próspera, democrática, justa e igualitária? Nós teríamos "caráter nacional" para uma obra tão gigantesca?" Ora, diria o leitor, por que a dúvida? Ora, eu diria, porque temos saltado de esperanças-fracassos sucessivos e, provavelmente, se tivermos ainda alguma esperança, irá se tornar um novo fracasso. Se conhecemos bem a História do Brasil, mesmo se democratas mais radicais conseguirem chegar ao poder, já podemos antever que, talvez, mais uma esperança irá acabar em corrupção e incompetência, em traição aos ideais que os levaram ao poder.

Esse triste tema da destinação ao fracasso da civilização brasileira é que reúne os autores selecionados por Souza. Esse livro faz uma história do pensamento histórico-social brasileiro pessimista, presente nas obras de grandes intelectuais da primeira metade do século XX. É como se Souza nos lembrasse: "embora deterministas, racistas, eles de algum modo já sabiam!".

Euclides da Cunha (Rio de Janeiro, 1866-1909), em *Os Sertões*, era pessimista, embora tenha tido alguma esperança com a força do sertanejo. Mas, no final, não acreditava em sua capacidade de autossuperação, pois o descrevia como "pobre, preguiçoso, fanático, degenerado, retrógrado,

---

[9] Originalmente publicado como prefácio do livro *Pensamento social brasileiro: de Euclides da Cunha a Oswald de Andrade,* de Ricardo Luiz de Souza (Alameda, 2018).

bárbaro, dominado pelo clima tropical, pelas secas, supersticioso, primitivo, inferior", representado por sua síntese, o enlouquecido Antônio Conselheiro. No sertão e na floresta, Cunha via uma "nação estilhaçada", sem unidade étnica e nacional, submetida por um Estado que só era capaz de abordá-la com a polícia e o exército, em vez de protegê-la e elevá-la à cidadania. Ele previa o fracasso da nação por inação. Mas, republicano, tinha esperança no surgimento de uma "outra República".

Araripe Júnior (Ceará, 1848-1911) também era pessimista: os europeus, aqui, sofreram uma "obnubilação brasílica", i.e, esqueceram o que sabiam para se adaptarem ao meio tropical e primitivo e regrediram. Para ele, o clima tropical era o grande obstáculo para que o Brasil se tornasse uma grande nação. Os brasileiros são impetuosos, mas, manipuláveis, tornam-se agressivos e destruidores. Ele também descrevia o sertanejo de forma sombria.

Manoel Bomfim (Sergipe, 1868-1932) o autor mais revolucionário do pensamento histórico-social brasileiro, porque não se inspirou em autores estrangeiros, era pessimista. Para ele, os portugueses eram parasitas da Colônia brasileira e infectaram as elites brasileiras com esse parasitismo. O que os dirigentes brasileiros aprenderam com o Estado português foi tratar a população com extorsão, espoliação, opressão, embrutecimento, corrupção, crueldade. Quanto mais conservadores, mais corruptos. O próprio Estado brasileiro era o inimigo da Nação.

Alberto Torres (Rio de Janeiro, 1865-1917) era o único "otimista"; defendia o governo forte para organizar uma sociedade em decomposição. O Estado autoritário era a única via para a justiça social, porque a sociedade brasileira é incompatível com a ordem democrático-liberal dos Estados Unidos. O Estado forte faria a integração geográfica, étnica e nacional. Será que Torres não percebeu que o problema era o "Estado forte", que era ele a causa de todos os males, desde a Colônia?

Lima Barreto (Rio de Janeiro, 1881-1922), um mulato, pobre, suburbano, alcoólatra, autodidata, também era pessimista. Era amargo e sarcástico com o esquecimento que lhe dedicavam, mas, para ele, a missão da literatura é denunciar as injustiças do seu tempo. E foi o que fez em vários de seus belos livros. Barreto defendia a criação de uma memória dos vencidos para se opor à memória oficial dos vencedores. Para ele, a tradição dos ricos é a espoliação e o roubo, e os pobres não hesitam em abandonar a ética, pois também querem a riqueza. Era um *outsider* que denunciava a modernização injusta e excludente. A República era uma farsa, o capitalismo, um regime de miséria e espoliação, as elites cínicas saqueavam o país.

Monteiro Lobato (São Paulo, 1882-1948), apesar de ser um empresário, um escritor e editor de sucesso, era pessimista: "a sina desse país é a descida". E o fator que levava o país ao fracasso era a mestiçagem e a desnutrição. A civilização brasileira se sustentava sobre a miséria de Jecas Tatus desamparados e desesperados. Para ele, "o Brasil é uma pobre coisa enorme, que terá um triste destino. Falhamos como povo, como raça, moral, intelectual e fisicamente". Lobato sonhava com o sucesso da república norte-americana. Poderíamos imitá-los?

Oswald de Andrade (São Paulo, 1890-1954) era o retrato do fracasso brasileiro: faliu! Descendente de uma família de cafeicultores, perdeu tudo em 1929. Desesperado, empresário e artista, inventou a "antropofagia modernista", que sugeria que devíamos "deglutir e metabolizar a cultura europeia, interiorizar o que é estrangeiro, para nos tornarmos 'outro' caráter nacional". Sua utopia era uma sociedade planificada, com progresso material, ócio e cultura. Era preciso deglutir tudo que vinha de fora e o que era desconhecido de dentro, em busca de uma cultura própria, que nos levasse à "modernidade".

Os sete autores aqui reunidos, pessimistas, lamentavam a inautenticidade da cultura brasileira: "bacharelismo, academicismo, elitismo, mimetismo, livresca, artificial, importadora de ideias, incapaz de uma análise objetiva da realidade social, inerte, sonolenta, estéril, diplomada, oficial, sociologia ariana, institucionalizada". Todos desejavam uma "cultura brasileira", que pensasse a realidade brasileira em seus próprios termos. Por isso, viam na educação a solução. Mas logo voltavam ao pessimismo original, pois a educação da população não seria um programa das elites, que apenas queriam continuar em seu papel dominador, com seus privilégios mantidos e expandidos. A utopia de todos, via educação, era a "modernidade". O sonho de todos era a entrada do país na "modernidade". Mas, o que seria isso? Será que "essa modernidade" que pressentiam e desejavam já seria a da integração ao mercado globalizado, dos "choques de gestão", dos cortes de investimentos, da "racionalização", da austeridade, do desmantelamento do Estado do Bem-Estar Social? Essa "modernidade" seria o caminho ideal para a "cidadania plena" ou consolidaria o caminho do pessimismo radical que leva à falência com a "política da austeridade"? Haveria alguma razão para sermos "otimistas" com a chegada dessa "modernidade"?

Podemos ainda construir um horizonte de expectativa otimista? Acho que podemos sugerir a Souza que, em seu próximo livro, nos traga o antídoto desse, reunindo as ideias e os projetos dos grandes autores brasileiros otimistas. Existirá algum?

Bibliografia

SOUZA, Ricardo Luiz de. *Pensamento social brasileiro: de Euclides da Cunha a Oswald de Andrade*. São Paulo: Alameda, 2018.

História do Direito:
Por quê? Como? Para quê?[10]

1) Afinidades entre História e Direito, que justificam este encontro, esta mesa-redonda:

a) Conheço excelentes advogados que me disseram: "olha, o meu Plano B era História"; os meus melhores alunos me dizem: "olha, o meu Plano B era Direito". Eu mesmo fiquei entre Direito, História e Filosofia, mas não sei separá-los em Planos A/B/C. Iniciei o curso de Direito na PUC Minas, quando era ainda "a Católica", em 1977. Mas, tinha "pretensões intelectuais" e migrei para a História, agora, na UFMG. Fiz bem, fiz mal? O meu pai me disse: "fique no Direito, é mais seguro", apesar de, no final dos anos 1970, o curso de Direito não ter muito prestígio; dizia-se que havia cursos espalhados em todas as esquinas e qualquer um era advogado. Enfim, dizia-se: "o mercado estava saturado de advogados". Na verdade, o diploma de Direito é o mais democratizante dos diplomas universitários, permitindo a mobilidade/ascensão social às classes populares, por oferecer um amplo leque de possibilidades profissionais. Mas não foi por isso, "o mercado saturado de advogados", que migrei para a História. Poderia ter sido para a Filosofia também. Foi porque tinha "ingênuas pretensões intelectuais", o que quer que isso signifique.

b) Os grandes intérpretes do Brasil, à direita e à esquerda, tiveram formação em Direito: Sérgio Buarque de Holanda, Oliveira Vianna, Nestor Duarte, Afonso Arinos de Melo Franco, Caio Prado Jr., Raimundo Faoro. Nossa cultura foi muito marcada pela formação em Direito, o

---

[10] Comunicação feita aos estudantes da Faculdade de Direito da Universidade Federal de Minas Gerais em junho de 2010.

que, infelizmente, nem sempre foi bom. O "bacharelismo", caracterizado por uma linguagem pedante, meio jurídica, meio literária, meio teatral, era a gíria das quadrilhas de bem-vestidos, instaladas nas instituições oficiais, nas Câmaras, no Senado, no Executivo e no Judiciário. Até hoje, o povo acha que "falar bonito" é falar como um advogado, como um verdadeiro "dotô". O critério do "falar bonito" era deixar o interlocutor a ver navios, sem entender nada. O "bacharelismo" era uma linguagem oca, parnasiana, manipuladora da ignorância popular. O povo aplaudia quanto menos entendia!

c) Esta Escola de Direito foi palco de grandes eventos políticos nos anos 1960/70. Eu já estive aqui, discreto, invisível, amedrontado, na Praça Afonso Arinos, cercada por dezenas de policiais armados com cassetetes, bombas de gás lacrimogêneo, cães, com uma imensa multidão de estudantes da UFMG e outras entidades da sociedade, inclusive a OAB, que gritava "abaixo a ditadura!". Esta Escola de Direito e a OAB fazem parte da melhor história do Brasil.

2) História do Direito: por quê?

a) Porque há *instituições jurídicas* no presente, porque há um discurso jurídico no presente, porque há práticas, procedimentos, demandas, exigências, carências jurídicas no presente.

b) Porque, no presente, há *carreiras jurídicas*, há profissionais nos tribunais, nos cartórios, nas delegacias de polícia, nos Estados, nas Embaixadas, nos órgãos internacionais, nas empresas, nos bancos, nas Secretarias de Fazendas e Planejamentos, em todas as instituições vigentes.

c) Porque, no presente, as instituições e profissões do Direito trabalham de forma precária, imperfeita, incompleta, insuficiente, incompetente, ineficaz, exigindo reflexão, pesquisa, aprimoramento.

Enfim, a história do Direito deve ser feita para atender ao presente. O historiador é aquele que sabe que o presente não é autossuficiente, que possui uma longa trajetória temporal. O historiador sabe que o presente está saturado de passado e que, para se compreender e tornar-se mais eficiente, precisa tomar conhecimento e consciência do caminho percorrido.

A história do Direito precisa ser feita para oferecer a inteligibilidade das formas, discursos e instituições jurídicas do presente. Sem esta profundidade temporal, sem esta densidade histórica, sem a distância temporal do passado, o Direito-presente é enigmático, opaco, incapaz de se pensar e procurar as melhores soluções para os problemas jurídicos.

Qual seria, portanto, a legitimidade da história do Direito? Apropriando-me de Marc Bloch, diria que:

A legitimidade da história do Direito é, primeiro, a do prazer: quem a faz tem prazer em refletir e pesquisar sobre conflitos, crimes e as soluções formais, os procedimentos legais criados para resolvê-los; quem se interessa em fazê-la é um pesquisador com um perfil que achei que não existisse: um "advogado com pretensões intelectuais!".

A legitimidade da história do Direito é, segundo, cultural: o direito é um tema central da civilização ocidental, desde os gregos, romanos, germano-cristãos até a sofisticação dos direitos constitucional, internacional, financeiro atuais; a cultura jurídica laica é uma marca e, talvez, a mais positiva da civilização ocidental; pensar a civilização ocidental é considerar sobretudo seus Códigos que consagram os direitos do cidadão.

A legitimidade da história do Direito é, terceiro, intelectual: o problema da organização social, da solução não só dos conflitos, mas também dos acordos e alianças exigem o tratamento jurídico.

A legitimidade da história do Direito é, quarto, utilitária, pragmática: em busca do código perfeito, dos processos mais rápidos e eficazes, dos profissionais mais preparados, ética e tecnicamente.

3) A história do Direito: como?

a) Como começar a história do Direito? Com a formulação de problemas fecundos pelo pesquisador.

Para os Annales, a pesquisa histórica começa pela formulação de um problema. Quem formula este problema é o historiador, que, olhando em torno, percebe e compreende as necessidades do seu presente. A formulação do problema precisa ser lógica e tecnicamente bem-feita, pois, se mal formulada, a pesquisa não avança. Um problema bem formulado sugere imediatamente hipóteses fecundas; mal formulado, não gera hipóteses, torna-se enigma. Portanto, na origem da pesquisa, está o espírito do historiador mergulhado em seu presente: um sujeito bem preparado na sua arte, conhecedor da bibliografia do tema do seu interesse, reflexivo em relação aos conceitos que utilizará, sensível às angústias do seu tempo.

b) Como abordar o problema? Não há método ideal para fazer história, quem decide qual caminho seguirá também é o pesquisador. Ele pode escolher vários caminhos:

– A história do Direito como "história da ciência": ele buscará retraçar a trajetória da ciência do Direito, dos greco-romanos às mais recentes construções jurídicas. E terá que escolher entre duas perspectivas: i) *epistemológica* – a história do Direito é apresentada como um progresso contínuo, como uma conquista da humanidade por etapas evolutivas em direção à perfeição futura e final. O Direito presente é reconhecido como o melhor, o mais aprimorado, a história é feita para demonstrar como antes as práticas jurídicas eram primitivas e precárias e como, hoje, são sofisticadas e civilizadas e devem ficar mais ainda no futuro; ii) *historicista* ou *arqueológica:* cada etapa da história do Direito é apresentada em sua historicidade singular, com seu valor próprio e histórico, sem referência nem do futuro e nem do passado. A ciência do Direito não evolui, não progride, o Direito presente não é a expressão mais refinada da ciência jurídica, mas sua expressão mais recente. O historiador fará uma pesquisa do modo como funcionavam as instituições jurídicas nas sucessivas configurações discursivas históricas.

– A história do Direito como história das Identidades Nacionais: O historiador irá comparar tradições jurídicas nacionais – o direito inglês com o direito francês, o direito brasileiro com o direito americano, o direito alemão e o direito português. Ele mostrará as apropriações e modificações feitas por cada nação do Ocidente das suas matrizes comuns em função das suas tradições nacionais. Ele revelará, através da sua estrutura jurídica, a singularidade de cada nação: seus costumes, valores, rancores, utopias, representações de si.

c) A história do Direito como história de temas jurídicos: história das Constituições, história do Direito de Família, história dos Tribunais, história das Escolas de Direito (ensino e pesquisa), história dos advogados brasileiros (história da OAB), história da criminalidade (de crimes particulares), história do regime carcerário, história dos vereditos penais, história do Direito de Propriedade, história do Direito do Trabalho, história do Direito Financeiro, história do Código Civil ou Penal, história do Ministério Público mineiro, história da pena capital, etc...

d) A história do Direito como história de conceitos jurídicos: história do conceito de equidade, história do Habeas Corpus, o conceito de direito positivo, de direito natural, o conceito de jurisprudência formada/firmada (?)...

e) A história do Direito como história da cultura: as decisões judiciais, os códigos, as constituições, os delitos e as penas, os rituais jurídicos, como expressões culturais históricas. Aqui, o Direito não é pesquisado de forma isolada, mas interagindo com os valores, os costumes, as tradições e sonhos de uma sociedade.

f) A história do Direito como história do pensamento jurídico: as escolas jurídicas, os grandes juristas, as teorias do Direito, as influências de umas teorias sobre outras, a permanência do direito greco-romano, direito e cristianismo, pensadores do direito constitucional, as teorias do Direito do Trabalho, os debates sobre o Direito Civil...

g) A história do Direito como biografia: os grandes juristas, os grandes tribunos, os grandes criminosos (são importantes, pois desafiam o pensamento jurídico; sem crimes e criminosos não há necessidade da estrutura jurídica)...

Sobre as fontes

A documentação jurídica é a mais organizada, a mais escrita, a mais oficial, a mais explícita, a mais conservada. O trabalho jurídico sempre se apoiou em dossiês minuciosamente constituídos e arquivados. Atualmente, os estudos sobre a escravidão nos séculos XVIII e XIX têm utilizado muito a documentação jurídica sobre a relação dos senhores com os escravos: a criminalidade escrava, os direitos do escravo e os deveres do escravo, o acesso do escravo ao judiciário, a organização jurídica da mineração, o lugar da Colônia nos Códigos portugueses etc... Mesmo quando não está tratando da história do Direito, as fontes jurídicas são muito utilizadas pelos historiadores.

O risco do uso exclusivo das fontes estritamente jurídicas: uma história do Direito muito conservadora, legitimadora da ordem escravista. Uma história do Direito que se apoia somente sobre códigos e leis tende a confundir as esferas legal e moral, a considerar justa a legislação apenas porque era oficial. Esta história do Direito permanece na superfície da lei e não desce e entra nos conflitos sociais que mais reprime do que soluciona.

4) O desafio da história do Direito: história do direito para quê?

A história é feita para ajudar o presente a se compreender e resolver suas contradições. A historiografia se dirige ao presente, onde vive o seu leitor. O desafio da utilidade da história do Direito é ético. Lembrando

W. Benjamin, o historiador do Direito deverá escolher: será empático com os vencedores ou com os vencidos? Defenderá a igualdade social ou sacramentará a desigualdade social? Seu objetivo é tornar a expressão do "anjo da história" mais horrorizado ou de tranquilizá-la? Ele pode também escolher a "neutralidade positivista", que chamará de científica, esterilizada de juízos de valores. Mas este tipo de história, todos já sabem, não é neutra e nem apenas juízos de fato: ela enrijece o presente, ao impedir a reabertura dos conflitos do passado, protege o atual da mudança, inviabilizando a busca de um direito-presente garantidor da mais ampla liberdade democrática. Se, por um lado, a Escola de Direito da UFMG participou fortemente da luta contra a ditadura, por outro, foi também considerada, por muitos, pelo legalismo, pela incapacidade de distinguir lei e moral, o núcleo duro da direita.

Ao pesquisador da história do Direito, esta figura excêntrica, um "advogado com pretensões intelectuais", de escolher que tipo de história quer fazer. Contudo, de uma forma ou de outra, o resultado será positivo: informações sobre o passado das instituições, profissões, discursos, pensamentos, códigos, processos, costumes, biografias jurídicas virão à luz e ampliarão o debate sobre a melhor estrutura jurídica a ser implantada no presente-futuro.

A "historiografia das ciências" é "historiografia": por que é preciso explicar essa tautologia?[11]

Uma tautologia, por sua definição, não se explica. "Tautologia", por um lado, é um vício de linguagem em que se repete a mesma ideia de maneiras diferentes, tem como sinônimos "pleonasmo", "truísmo", e não se explica, porque só ampliaria a "redundância". Pode ser também um vício de raciocínio que consiste em repetir com outras palavras o mesmo conceito já emitido ou desenvolver uma ideia citada sem aclarar ou aprofundar sua compreensão, repetindo a mesma coisa já dita, não demonstrando o que se pretende demonstrar. Por outro lado, tautologia não é mero vício de linguagem ou erro de raciocínio, mas o que há de mais preciso em epistemologia, os "juízos *a priori*", proposições e enunciados evidentes em si mesmos, que permanecem sempre verdadeiros, uma vez que o predicado é uma característica intrínseca ao sujeito. Kant definiu esta tautologia como um "juízo analítico" no prefácio à *Crítica da Razão Pura* (1996). Eis alguns exemplos de tautologia como vício de linguagem: "sal salgado", "subir para cima", "leite branco". Alguns exemplos de tautologia como juízo analítico: "o espaço é extenso", "o hexágono tem seis faces", "o Sol é uma estrela". Nos dois casos, não há como explicar por que, entre pessoas inteligentes, quando se explica o óbvio, alguém se sente menosprezado (Ver: HOLANDA FERREIRA, s.d.; KANT, 1996).

A nossa tautologia é: "a historiografia das ciências é historiografia" ou "a historiografia é historiografia". Não vamos tomar essa frase como um vício de linguagem ou um erro de raciocínio, um pleonasmo, um truísmo, porque talvez não seja tão óbvia assim. Vamos tomá-la como um *juízo a priori*, que, embora autoevidente, claro e distinto, pode ser desenvolvido. Por que e a quem explicar uma proposição tão clara e

---

[11] Comunicação feita na Faculdade de Filosofia e Ciências Humanas da Universidade Federal de Minas Gerais, em encontro da Associação Brasileira de História das Ciências, em maio de 2010.

precisa, cujo sentido se autoapresenta, se autojustifica e se autoexplica? É porque os historiadores das ciências dão a impressão de não a considerarem tão evidente assim e, por isso, após a defesa da dissertação de Francismary Alves da Silva, no Programa de Pós-Graduação da UFMG, esta mesa-redonda está acontecendo, sob a liderança do professor Carlos Maia e contando com a honrosa presença do próprio presidente da Sociedade Brasileira de História da Ciência (SBHC), professor Luis Carlos Soares, em cuja comunicação estamos todos interessados. Nesta tautológica mesa, composta por Carlos, José Carlos e Luis Carlos, e diante de tantos ilustres representantes da comunidade da história das ciências, vou apresentar o meu ponto de vista sobre o lugar da história das ciências na universidade, sem nenhuma pretensão de ver o problema com mais clareza do que vocês. Ouvirei atentamente as objeções dos meus companheiros da mesa e do auditório, disposto a repensar e a reelaborar o modo como estabeleço a relação entre processo histórico, historiografia *stricto sensu* e historiografia das ciências.

Tornou-se necessário explicar essa tautologia, portanto, porque é comum ouvir-se da parte dos "historiadores da ciência" que a historiografia *stricto sensu* não é ciência e não pertence ao campo da história das ciências. Uma professora da USP me disse uma vez que a historiografia até pertence ao campo da história das ciências, mas a história das ciências não se interessa pela historiografia, não dialoga com a história. E acrescentou: "basta ver os periódicos da área, não há nada sobre o saber historiográfico". E é verdade. A tendência da "historiografia" das ciências é não dialogar nem com o processo histórico e nem com a historiografia. Por exemplo: as grandes mudanças históricas ocorridas nos séculos XVI-XVII, processos e eventos que todo historiador conhece, a historiografia da Revolução Científica os menciona vagamente. A mudança revolucionária é descrita apenas no nível científico-filosófico, como se este tivesse autonomia em relação à sua historicidade. Por isso, o historiador *stricto sensu* não se reconhece na história das ciências dita internalista, feita por cientistas naturais, e pode fazer a ela a mesma objeção que Febvre fez à história da filosofia, feita por filósofos: é uma história desencarnada, "espirituosa", sem carne e sangue, onde fogueiras, inquisições, restrições ou incentivos orçamentários são apenas citados retoricamente, como fogos de artifício.

É preciso explicar essa tautologia também porque é comum ouvir este estranho diálogo entre epistemólogos: *Epistemólogo 1 afirma*: a historiografia *stricto sensu* não é história das ciências; *Espistemólogo 2 pergunta*:

e qual é a sua atividade?; *Epistemólogo 1 responde*: eu faço historiografia da ciência! *O Epistemólogo 2 (que é mineiro) faz o efusivo comentário*: uai! Ele não entendeu este duplo emprego da palavra "historiografia", um com conotação negativa e outro com conotação positiva, como se o fato de estar acompanhado de "ciências" enobrecesse o segundo sentido e empobrecesse o primeiro, e tem vontade de estender o diálogo, de perguntar mais, de aprofundar a discussão, mas percebe que é impossível, pois aquilo não era um diálogo, mas um veredito, uma "decisão política", uma "violência epistemológica", que visa defender um campo institucional em formação. Os que compartilham esse ponto de vista, sem discuti-lo, são reconhecidos como membros do campo e são solenemente incorporados; os que querem discuti-lo não pertencem ao campo e são silenciosa ou ostensivamente excluídos.

Diante disso, o Epistemólogo 2, primeiro, tem vontade de compor *o samba do epistemólogo doido*, mas como não sabe, infelizmente, compor nem versos nem canções, então, procura fazer o que imagina saber fazer: análise do discurso epistemológico. E se pergunta: será que o campo da historiografia das ciências é independente, autônomo, e não precisa mesmo dialogar com a história da historiografia? Quando se diz "historiografia das ciências", o emprego do termo "historiografia" quer dizer outra coisa do emprego já consagrado pela cultura ocidental e definiria outro campo do saber científico? Se não quer se referir à historiografia propriamente dita, que é um saber já milenarmente constituído e institucionalizado, a historiografia das ciências, feita por cientistas naturais, teria o direito de usar o nome "historiografia"? Não teria que se designar de outra forma? Se a historiografia não pertence ao campo da história das ciências, uma dissertação ou tese de "historiografia das ciências" poderia ser apresentada ao campo da pós-graduação em história *stricto sensu*? Os historiadores não deveriam também evitar o diálogo com esses "historiadores" que os desconhecem e até os menosprezam, reproduzindo a atitude prepotente das ciências naturais em relação às humanidades?

Por exemplo, continua o *Epistemólogo 2, dialogando com seus botões*: quem foi Alexandre Koyré? De onde lhe veio a noção de "revolução científica"? Por que foi nos anos 1930/pós-1945 que essa interpretação da história das ciências surgiu? A periodização da história das ciências coincide, sem fazer-lhe referência, com a periodização da história da historiografia: até os anos 1930, para os primeiros, uma historiografia Whig; para os segundos, uma história positivista, teleológica, evolutiva, progressista, uma marcha linear, produzida por grandes heróis, com grandes eventos, uma história dos vencedores; nos anos 1930/40, para os segundos, houve a ruptura feita pelos Annales, surgiu uma história estrutural; para os primeiros, apareceu a visão revolucionária do conhecimento científico, com as obras de Koyré (1991) e Kuhn (1990); pós-1989, para os primeiros, surgiu uma micro-história de negociações, estratégias, em que os agentes sociais procuram obter aprovação e inserção na sociedade-mercado livre; para os segundos, surgiu o "programa forte" de Edimburgo e a obra de Steven Shapin. Será que esse movimento idêntico da historiografia *stricto sensu* e da historiografia das ciências se deu paralelamente, sem nenhum diálogo entre os historiadores das ciências e os historiadores?

O Epistemólogo 2 continua sua reflexão: por que os trabalhos de Koyré (1991) tiveram tanta aprovação exatamente nos anos 1930/50? Seu "reconhecimento científico" teria sido resultado de uma situação histórica mundial revolucionária ou teria sido resultado de sua análise estrutural internalista? O pensamento de Koyré pode ser considerado uma construção pessoal, independente e original, ou completamente saturado pelo processo histórico revolucionário que o mundo vivia em sua época e pelas historiografias estrutural e revolucionária, que dominavam o pensamento histórico ocidental? Koyré (1991), embora fale de "revolução", parece ignorar sua proximidade com as duas tendências hegemônicas da historiografia nos anos 1930/50: a estrutural dos Annales e a revolucionária marxista.

Outro exemplo: quem foi Thomas Kuhn? Ele não inventou o conceito de "estrutura" e nem o de "revolução", em 1962. O conceito de estrutura remonta a Marx, Saussure, Durkheim, à história estrutural de Febvre, Bloch e Braudel. Nos anos 1960, o estruturalismo de Lévi-Strauss era hegemônico. Quanto ao conceito de "Revolução", até veio da astronomia, mas foi completamente ressignificado pelas ciências sociais. No entanto, Kuhn não dialoga com suas fontes e parece que foi ele o criador genial do pensamento da descontinuidade. E não foi! Deve ser por isso que o título do seu livro é um oxímoro: "estrutura das revoluções". Além disso, sua teoria das rupturas na física pode ser estendida e aplicada às outras ciências?

Contudo, parece que a aproximação entre historiografia *stricto sensu* e historiografia das ciências quase se consuma com o Programa Forte da Escola de Edimburgo e com a obra de Steven Shapin. Para estes, a ciência é uma atividade histórica e socialmente situada, contextualizada. Eles são franca e assumidamente "externalistas", pois reconhecem que há muito de social-político-econômico-cultural no laboratório e muito de científico na sociedade. Para Shapin, a "Revolução Científica", tal como a definiram Koyré e Kuhn, nunca existiu, porque não possui uma essência interna e não se pode narrá-la globalmente. Ele radicaliza a pluralidade e a heterogeneidade das transformações ocorridas nos séculos XVI-XVII e faz narrativas dessa época sem mencionar os grandes heróis revolucionários. Para ele, as ciências podem ser narradas de forma plural, dependendo dos interesses de instituições e necessidades do presente. A atividade científica não pode ser prescrita, pois é pragmática. O desenvolvimento científico depende de negociações sócio-econômico-políticas, depende da adesão social. É o reconhecimento social que torna uma teoria válida (SHAPIN, 1998; KOYRÉ, 1991; KUHN, 1990).

Penso que o Programa Forte e Shapin quase explicam a nossa tautologia, pois conseguiram reunir processo histórico, historiografia *stricto sensu* e historiografia das ciências. Eles, sim, fazem "história das ciências", quando afirmam que são as forças históricas que definem a pesquisa; quanto à pesquisa, internamente, cedo ou tarde, a natureza vai se inclinar e dizer "sim" aos poderes científico-históricos, que se organizam científica, política, econômica e culturalmente, não para seviciá-la, mas para extrair dela todos os benefícios para a sociedade com os menores riscos e os maiores lucros. As tendências externalistas da história das ciências entenderam o peso da historicidade sobre o conhecimento científico. "Externalismo" significa isso: o conhecimento científico acontece em uma data e local, em circunstâncias determinadas. Newton só podia ser inglês, a revolução científica só poderia ocorrer na Europa e naquela época. E nem por isso ignoram a importância do caráter interno das ciências, porque seria absurdo não reconhecer a relevância das questões técnicas e as respostas da natureza, pois fariam a defesa impossível de uma "ciência incompetente". Penso que o que quiseram dizer foi o seguinte: o interno é importante, mas é apenas uma questão técnica. Se o presente precisa resolver questões ecológicas, médicas, psicológicas, militares, por exemplo, ele cria poderes, instituições, grupos de pesquisa e orçamentos que vão procurar tecnicamente essas soluções, que acabarão achando o carro elétrico, o motor flex, o Viagra, a cura da Aids e do câncer, operações transgênicas, a prospecção espacial. A energia nuclear (a bomba atômica) foi uma exigência de uma situação histórica determinada, assim como as pesquisas sobre o vácuo (a bomba de ar) foram uma exigência de outra época determinada.

Concluindo as suas reflexões, o Epistemólogo 2 explicaria assim a tautologia que estamos examinando, formularia assim a sua hipótese sobre o lugar da história das ciências na universidade: a historiografia das ciências é historiografia *stricto sensu* porque é uma atividade de historiadores e não de outra comunidade científica. Não é um campo interdisciplinar ou multidisciplinar, mas historiografia *stricto sensu*. Os físicos, químicos, biólogos, médicos que queiram fazer competentemente a história da sua ciência deverão tornar-se historiadores propriamente ditos, assim como quando querem se tornar professores, dirigem-se à pedagogia, à Faculdade de Educação. A história das ciências não é multidisciplinar porque não é o objeto que define a multidisciplinaridade, mas as abordagens. A "historiografia é das ciências", i.e., os objetos são múltiplos, mas a abordagem é singular, única: a historiografia *stricto sensu*. É claro que um físico pode se lembrar e narrar os acontecimentos da física sem recorrer à historiografia, assim como um indivíduo pode se lembrar e narrar os feitos da sua família sem ser historiador. A história é muito mais uma necessidade humana do que uma especialidade científica. Mas, neste caso, farão apenas uma "memória da sua disciplina", nostálgica, eloquente, comovente, mas amadora, imprecisa, sem o conhecimento das armadilhas e dificuldades que envolvem o conhecimento dos homens no tempo.

O que seria uma abordagem multidisciplinar das ciências? Para mim, seu nome seria "Ciências da Ciência" e não "História das Ciências". As abordagens vão para o plural e o objeto vai para o singular. Então, sim, teríamos um departamento universitário à parte, onde se faria uma abordagem multidisciplinar da ciência: sociologia da ciência, antropologia da ciência, filosofia da ciência, psicologia da ciência, literatura da ciência e, claro, história da ciência. Eis o que, para mim, quer dizer uma abordagem multidisciplinar da ciência. No Brasil há vários departamentos de "ciências da religião", que seriam o modelo, o protótipo, de um departamento de "Ciências da Ciência". Mas, aqui surge um problema em relação ao objeto, que vale também para "religião": "ciência" pode ser usado no singular? Se as ciências surgiram em épocas diferentes e são tecnicamente múltiplas, o risco de um departamento multidisciplinar desta multiplicidade seria o da fusão, confusão, dispersão, empréstimos inadequados, abordagens reducionistas, princípios simplificadores... Talvez, em vez de um departamento multidisciplinar, o melhor caminho seja a tematização das ciências em cada departamento já existente: uma sociologia da ciência, no Departamento de Sociologia, uma psicologia da ciência, no Departamento de Psicologia, uma história da ciência, no Departamento de História. Ou, talvez, outro caminho, cada departamento das ciências naturais devesse oferecer disciplinas sobre a história da sua ciência, ministradas por físicos, químicos, médicos com formação especializada em historiografia *stricto sensu*. Os dois caminhos se completam e se enriquecem reciprocamente.

Enfim, talvez, se possa compreender a relação entre processo histórico, historiografia e historiografia das ciências através da classificação positivista das ciências de Augusto Comte. Para Comte, a hierarquia das ciências inclui seis ciências: matemática, astronomia, física, química, biologia, sociologia, que apareceram sucessivamente e se hierarquizaram por sua ordem lógica: grau de generalidade, de simplicidade e de independência recíproca, uma ordem de generalidade decrescente e de complexidade crescente. Aparentemente, aqui, a história não está presente. Contudo, para nós, essa classificação tem duplo critério: epistemológico e histórico. Embora Comte enfatize seu caráter epistemológico (interno), essa classificação traz implicitamente uma história das ciências (externo): estas apareceram "sucessivamente", emergiram em épocas e sociedades diferentes e cada surgimento trouxe mudanças profundas na ordem do conhecimento e na ordem social. Essa classificação inclui implicitamente a historicidade dessas ciências, o que nos leva à hipótese de que, talvez, a principal "ciência das ciências" seja a história, pois só a história *stricto sensu* pode explicar a matemática, a astronomia e a física a elas mesmas. A história seria a primeira ciência, anterior à matemática, pois só ela explica cada ciência a si mesma e a relação de todas entre elas. Todas elas dependem da história, epistemologicamente, pois precisam da memória e da linguagem para continuarem existindo, e porque os registros, os anais são anteriores e mais importantes do que os teoremas. Um teorema que foi demonstrado no passado, mas que não foi registrado e publicado, não se tornou um "documento histórico" e, portanto, não foi transmitido e jamais foi demonstrado. Por isso, é extremamente fecundo que os físicos, químicos e biólogos se interessem pela trajetória das suas ciências e, então, ao irem atrás das suas marcas, dos seus vestígios, dos seus testemunhos, das suas biografias, das suas temporalidades, deixam de ser cientistas naturais e se transformam em historiadores *stricto sensu* (COMTE, 1984).

Enfim, para mim, o Departamento de História é o lugar adequado à história das ciências e o Departamento de História da UFMG está de parabéns, porque está entre os pioneiros da integração destes importantes objetos do conhecimento histórico, as ciências, as técnicas, o meio ambiente, ao seu programa de pós-graduação e, agora, também com disciplinas na graduação. Por isso, os historiadores das ciências, geralmente cientistas naturais de formação, devem entender que, acolhidos pelo Departamento de História, tornam-se "historiadores *stricto sensu*" e devem aprender teoria e metodologia da história, história da historiografia, análise de fontes primárias, para fazerem a sua história da física, da química, da medicina, etc... de forma não amadorística. Se quiserem, profissionalmente, tornar-se historiadores da física, da química, devem se dirigir aos Departamentos de História das Faculdades de Filosofia e Ciências Humanas. Afinal, quando os cientistas naturais querem ser professores de Física, Biologia, não é exigido que se dirijam à Faculdade de Educação?

Bibliografia

COMTE, Augusto. A filosofia positiva e o estudo da sociedade. In: GARDINER, Patrick. *Teorias da História*. Lisboa: Calouste Gulbenkian, 1984. p. 88-102.

CONDÉ, Mauro. *As teias da razão: Wittgenstein e a crise da racionalidade moderna*. Belo Horizonte: Argvmentvm, 2004.

FEBVRE, Lucien. Regards chez le voisin ou frères que s'ignorent: les historiens des sciences. In: _____. *Combats pour l'histoire*. Paris: Armand Colin, 1992.

HOLANDA FERREIRA, Aurélio Buarque de. Novo *Dicionário da Língua Portuguesa*. 15ª impressão. Rio de Janeiro: Editora Nova Fronteira, s/d.

KANT, Immanuel. *Crítica da Razão Pura*. São Paulo: Nova Cultural, 1996.

KOYRÉ, Alexandre. *Estudos de história do pensamento científico*. Rio de Janeiro: Forense, 1991.

KUHN, Thomas. *A estrutura das revoluções científicas*. São Paulo: Perspectiva, 1990.

MAIA, Carlos Alvarez. A domesticação da história das ciências pelo sistema das ciências. In: SOARES, Luiz Carlos (Org.). *Da revolução científica à big (business) science: cinco ensaios de história da ciência e da tecnologia*. São Paulo: Hucitec; Niterói: EDUFF, 2001.

SHAPIN, Steven. *The Scientific Revolution*. Chicago: Chicago University Press, 1998.

SILVA, Francismary Alves da. *A historiografia da revolução científica: Alexandre Koyré, Thomas Kuhn, Steven Shapin*. Belo Horizonte: UFMG, 2010. Dissertação (Mestrado em História) – Programa de Pós-Graduação em História, Universidade Federal de Minas Gerais, 2010.

Entrevistas sobre teoria
da história e historiografia

Há uma crise de "paradigmas" na historiografia?
Revista *Teoria da História* (UFG)[12]

Por Cristiano Alencar Arrais

*O professor José Carlos Reis é um dos historiadores mais conhecidos no Brasil. Autor de algumas das melhores obras de teoria e historiografia (*História & teoria; A Escola dos Annales: a inovação em história; Identidades do Brasil I e II; Tempo, história e evasão, *entre outros). Nesta entrevista, este historiador com "vocação filosófica" analisa algumas das principais questões relacionadas à teoria da história no mundo contemporâneo como a noção de "crise de paradigmas", hermenêutica e narrativa dentro da história.*

- A relação entre história e filosofia parece acompanhar toda sua carreira. Como foi esse encontro?

Eu sempre tive uma "vocação filosófica". O que é isso? Não saberia dizer com certeza, mas talvez uma insatisfação com os fatos apenas vistos e descritos. A "reflexão", o "debate", a consideração das várias interpretações sobre o que foi visto e descrito era tão ou mais importante do que os próprios fatos. Para mim, aprender com a experiência não é apenas relatá-la, mas "revivê-la", reinterpretá-la, (re)discuti-la e vê-la de forma poliédrica. Os fatos podem suscitar reflexões capazes de oferecer informações mais importantes do que o mero relato da sua ocorrência, por mais empírico que seja este relato. Enfim, para mim, o fato não é suficiente. O conhecimento dele se realiza nas interpretações que provoca

---

[12] Entrevista concedida pelo Prof. Dr. José Carlos Reis (UFMG) a Cristiano Alencar Arrais (UFG-CAC), originalmente publicada na revista *Teoria da História* (UFG), em 2010.

e só assim ele se torna referência e passa a repercutir sobre a experiência presente. Durante o meu curso de história na Fafich/UFMG (1978/81) as disciplinas teórico-metodológicas e historiográficas foram as que mais me entusiasmaram. E sempre que lia textos propriamente históricos me colocava questões teórico-metodológicas sobre eles. Talvez eu possa me definir como "um filósofo que tem como tema a história". Todo filósofo escolhe uma área de estudos: política, estética, ética, linguagem, lógica, etc. Eu selecionei a história e a historiografia. Toda a minha pós-graduação foi em departamentos de filosofia: o mestrado na UFMG, sob a orientação de Ivan Domingues, com a dissertação *Marx e a História* e o doutorado no Instituto Superior de Filosofia da Universidade Católica de Louvain (Bélgica), sob a orientação de André Berten, com a tese *O tempo histórico e o lugar epistemológico dos Annales*. Esta tese tornou-se quatro livros de relativo sucesso no Brasil. Os historiadores não gostam muito da companhia da filosofia, mas não me importo. Faço filosofia da história assim mesmo e sem me preocupar em fazer proselitismo. A filosofia da história não é, para mim, uma causa do tipo: "ou a fazemos todos ou a historiografia estará perdida!" Eu a faço porque gosto de fazê-la e recomendo aos meus alunos que escolham a área da história que terão prazer em pesquisar. Cada um oferece à sua comunidade científica a contribuição para a qual tem a vocação e somente nesta medida é que poderá oferecer algo que desperte o interesse da comunidade. Minha vocação é esta: a filosofia da história, a história da história, a historiografia, a teoria-metodologia e imagino estar contribuindo de alguma forma com os colegas menos resistentes e com os alunos próximos e distantes. Para mim, toda obra histórica é filosófica: é um olhar sobre o passado. O historiador olha o passado sem perceber que tem um olhar. O filósofo da história é o "oftalmologista do historiador": olha para o seu olhar, mede os graus das lentes, os desvios, a quantidade de luz e sombra que suportou e precisou para ver o que relata.

- É comum a utilização do termo "crise de paradigmas" para descrever a historiografia contemporânea das últimas décadas. Alguns autores tentam procurar suas raízes dentro do campo social, ou então nas transformações ocorridas no interior da própria disciplina história. Qual seu posicionamento frente a tal questão?

Penso que se pode falar, sim, de uma "história interna" a todo campo de saber e que pode ser bem-feita, se o historiador decidir tratá-la dessa forma, isto é, com um mínimo de contexto. Eu mesmo tendo a oferecer cursos de teoria da história dessa forma: Weber, Nietzsche, Hegel, Foucault, sem contextos. Compreender o texto em si é muito importante e um excesso de contexto pode atrapalhar. Contudo, esta história interna de uma disciplina tem apenas uma autonomia relativa. A história da história se articula à história vivida. Desde 1989, a história mundial mudou sua direção. Antes havia um impasse e o mundo estava dividido entre dois projetos de sociedade, entre dois programas de ação com seus respectivos valores, meios e fins. Em 1989, conheceu-se o vencedor do combate entre o Oeste e o Leste, que começara com a Revolução Russa. O Ocidente venceu o projeto comunista oriental. O capitalismo e a democracia liberal ocidentais passaram a dominar de tal forma que a impressão que se tem é mesmo a de "fim da história". Por enquanto, pelo menos, não há caminho alternativo a seguir, não há a possibilidade de um "programa de esquerda". A visão neoliberal da história e da sociedade venceu e só há uma única e válida interpretação do passado, do presente e do futuro. Vocês queriam que a historiografia não repercutisse essa mudança histórica? Os paradigmas dos Annales e marxista foram hegemônicos antes de 1989 por causa daquele impasse na história vivida. Agora, a vitória ocidental suprimiu o marxismo e transformou profundamente o paradigma dos Annales. Este foi vitorioso, não foi suprimido, mas reformulado para adaptar-se às novas condições da vitória ocidental. Hoje, predomina a chamada "história cultural" e as abordagens micro do social, que defendem teses assim: "o sistema não existe", "não há confrontos estruturais", "o que os homens são é tal como se representam", "o que o mundo social é depende das representações que os indivíduos e grupos fazem dele", "os indivíduos se apropriam de linguagens dominantes para se integrarem à ordem", etc. *Vivemos um momento ultraconservador da historiografia*. A direção é: que cada um se adapte, que cada um se integre, que cada um negocie e crie estratégias para vencer, que crie novas identidades, que, se vencedoras, irão revigorar a ordem. Viva o presente e lute para fortalecer-se nele. Os historiadores retornam ao passado para mostrar que alguns indivíduos conseguiram superar a posição adversa em que estavam: negros forros, negras minas sedutoras, mestiços empreendedores, etc. Após 1989, os Annales venceram e foram readaptados à vitória neoliberal. O marxismo perdeu e foi suprimido, felizmente, aliás, porque aqueles marxismos já não explicavam mais a realidade neocapitalista. Para mim, agora, para o historiador que ainda quer a mudança e ainda deseja viver em uma sociedade justa, moral e livre, a grande e difícil tarefa é reconstruir o neossocialismo. Teremos em breve um novo paradigma histórico ligado às forças da mudança ou a mudança não existirá nunca mais e estamos realmente condenados a este triste fim neoliberal da história?

- Como a Hermenêutica pode contribuir para esse momento? Dilthey parece ser uma referência importante?

O problema que a hermenêutica discute é o problema do sentido e o da possibilidade de sua compreensão. Vivemos um momento ao mesmo tempo muito rico e dramático do ponto de vista hermenêutico: rico, porque o sentido se multiplicou e se pluralizou; dramático, porque a compreensão e a comunicação se restringiram. Os recursos tecnológicos postos à disposição para a comunicação interpessoal e internacional são revolucionários! Hoje, o oxímoro *presença virtual* é o que regula as relações humanas e sociais, gerando a fragmentação do sentido, por um lado, e uma *experiência virtual* (outro oxímoro) intensa das alteridades. Há uma intensificação dos *relacionamentos virtuais* (outro) e uma perda do sentido profundo e comum. Penso que a hermenêutica pode contribuir para a restauração da compreensão e da comunicação se conseguir formular com mais precisão e densidade o problema da fragmentação do sentido. Na reconstrução do neossocialismo, a restauração da intersubjetividade comunicativa é essencial. A hermenêutica pode contribuir para a integração do sentido estilhaçado, para a reconciliação entre tempo, história e narrativa. Penso que a hermenêutica diltheyana e ricoeuriana poderão contribuir muito para a restauração da comunicabilidade entre sociedades diferentes que compartilham um planeta cada vez menor. Senão teremos de migrar de planeta e serão somente alguns homens que talvez possam fazê-lo... Os pensamentos humanistas foram derrotados e o darwinismo social vigente aponta para uma 3ª Guerra realmente mundial, intercontinental, cujos resultados podem ser ainda mais dramáticos (Marx era realmente humanista? Ele dedicou O *Capital* a Darwin!).

- O tema da narrativa dentro da explicação histórica tornou-se um ponto de convergência dentro da teoria da história, principalmente em função das obras de P. Ricoeur e da filosofia analítica da história, não?

A questão é: de qual narrativa se fala? A narrativa retornou com a crise daqueles paradigmas acima, que buscavam uma "verdade científica", isto é, enunciados realistas, estáveis e compartilháveis. Essa situação de pluralização do sentido e de apropriações e ressignificações do passado pelo presente levaram ao nominalismo narrativista. A pretensão de verdade dos paradigmas científicos anteriores a 1989 ruiu face à possibilidade dos autores clássicos e do próprio passado poderem ser apropriados e reinterpretados de forma diferenciada. Hayden White expôs com clareza a tese de que o conhecimento histórico não é uma reprodução do passado, mas um artefato verbal, mais próximo da literatura do que da ciência. Cada evento passado pode ter descrições trágicas, cômicas ou românticas, dependendo do estilo de quem o narra. O sentido dos fatos não está neles mesmos, mas na construção que é feita deles pela linguagem. Acho a argumentação de White excelente, sedutora. Não precisamos concordar com ele, mas temos de levá-lo em consideração. A narrativa em Ricoeur tem outro sentido. Ele trata a narrativa como hermeneuta, procurando restaurar um sentido essencial perdido. Ricoeur tem uma perspectiva filosófico-religiosa-literário-científica da história e ainda busca a verdade em meio ao cipoal de narrativas. Ele tenta amarrar os cipós-narrações em torno de um cipó-verdade essencial. Em Ricoeur, a narrativa histórica é uma configuração complexa de uma experiência vivida complexa. Penso que Ricoeur aponta para o caminho da superação da crise epistemológica e política de hoje. Às vezes, ele me parece ingênuo, romântico, vulnerável: uma freira entre devassos! Vou lê-lo mais em meu pós-doutorado, em 2007, para ver até que ponto podemos seguir em sua companhia. Quanto à filosofia analítica, conheço-a menos. Parece-me que é neopositivista e está apenas preocupada em restaurar a "estrutura lógica" das narrativas histórias. Ela ainda luta por uma "ciência da história" em moldes naturalistas. Preciso conhecer melhor Danto, Dray e os outros. Mas o problema da "narrativa em história" não é só epistemológico. Por que a narrativa foi tão duramente recusada na primeira metade do século XX e voltou tão cortejada no final do mesmo século? Quais seriam as "razões históricas" disso?

- Outra questão importante diz respeito ao tempo histórico, principalmente num momento em que tantos eventos passados são motivo de reinterpretação, não?

Penso que a "temporalidade histórica" é o tema central do historiador. Contudo, o historiador raramente se ocupa deste tema teoricamente, deixando-o a filósofos, sociólogos e antropólogos. É a mudança do tempo histórico que explica as guinadas na historiografia. O historiador tem uma sensibilidade especial para a mudança histórica. Ele a fotografa, descreve, desenha, mapeia, mas raramente a teoriza. Acho que são poucos os historiadores que têm a vocação para a teoria. Por isso, a interdisciplinaridade com a filosofia e as ciências sociais é importante para eles. Filósofos e sociólogos como Hegel, Nietzsche, Foucault, Bourdieu, Elias, Weber, Ricoeur são extremamente importantes para a historiografia. Eu gostaria de lembrar um belo texto de Febvre: "Carta contra o espírito de especialização", que está em *Combates pela História*. Os historiadores não podem se fechar em seus departamentos, que geralmente estão inseridos em "institutos ou faculdades de filosofia e ciências humanas e sociais". Ora, deem uma volta pelos corredores da faculdade e conversem com uns e com outros. A história sem se perder só terá a ganhar.

- Num livro amplamente divulgado, P. Burke chama Annales de uma revolução na historiografia. Em História & teoria, o senhor aponta para uma nítida diferença entre a primeira geração e as seguintes. Como isso ocorreu?

Em um livro não tão amplamente divulgado como o de Burke, chamei a história dos Annales de "inovação em história". Depois de 1945, com a Europa derrotada, com os dois novos vitoriosos a Leste e Oeste, que eram inimigos em uma "quentíssima Guerra Fria", a historiografia europeia tinha de se reconstruir para apoiar a Europa em sua reconstrução. A Escola dos Annales era a historiografia adequada à "reconstrução da Europa". A linguagem da longa duração quis costurar o grande rasgo que foi a derrota da 2ª Guerra, articulando e integrando este evento em uma narrativa reconhecível e aceitável. Ela foi fundamental para o Ocidente. Alguns insinuam que a Escola dos Annales foi até financiada por fundações americanas, como a Fundação Rockfeller, e que fez parte do Plano Marshall de reconstrução da Europa (risos). É possível. Nesta reconstrução da Europa, sob os signos do "evento estruturado" e da "interdisciplinaridade", a Escola dos Annales teve de inovar sempre e não teria contribuído se tivesse se mantido inalterada. As 2ª e 3ª gerações dos Annales se adaptaram ao mundo dos anos 1950/60 e, depois, ao mundo dos anos 1960/70. Não se pode exigir "fidelidade" estrita delas aos fundadores e nem falar em "traição", como fez Dosse. O mundo muda, dizia Febvre, a história deve mudar também. Por outro lado, as gerações seguintes foram fiéis aos fundadores: deram continuidade à interdisciplinaridade, com novas alianças, e mantiveram a perspectiva do evento-longa duração. A Escola dos Annales foi tão revolucionária quanto a burguesia depois da Revolução Francesa: inovava para se antecipar à mudança, mudava para permanecer.

- E a historiografia brasileira pós-geração de 1930, como se comportou frente à influência da História Nova?

A historiografia brasileira acadêmica é um assunto muito complexo. É um tema que merece um *tratamento interpretativo* e não apenas um mero "quem é quem" ou um insuficiente registro das produções. Parece-me grave o mimetismo, a submissão acrítica aos paradigmas europeus. A historiografia brasileira fala realmente do mundo brasileiro? E por quê, então, ela não repercute sobre a sociedade brasileira? Ou há uma "grande repercussão" e sou eu que não estou informado? Sei que há um dilúvio editorial. Mas essa grande quantidade de água escorre para onde? Há produção competente, mas os grandes clássicos sobre o Brasil ainda são os não acadêmicos. Eu reli e comentei vários deles, com enorme prazer, em meus *Identidades do Brasil 1 e 2*. A historiografia brasileira acadêmica serve a quem, para quê, vem de e vai para onde... eis aí uma grande *questão interpretativa*.

- Finley certa vez escreveu que "é preciso mudar o mundo, não o passado". Isso nos remete ao problema do engajamento do historiador no presente. Principalmente para nós, brasileiros, em virtude do momento político pelo qual passamos. Como o senhor concebe essa questão?

Para mim, não se muda o mundo sem mudar o passado. É preciso mudar a representação do passado para ser capaz de mudar o mundo. O passado não está lá e o "mundo social" aqui, separados. A compreensão do presente exige, para se posicionar em relação à mudança ou continuidade, uma reconstrução e uma avaliação da sua trajetória. O passado faz parte do mundo social. Não se faz mudança no presente sem um (re)discurso sobre o passado. Este é o sentido da prática historiográfica: construir uma linguagem sobre o mundo passado-presente (*espaço-da-experiência*) que encoraje e legitime a ação no presente-futuro (*horizonte-de-espera*). Enfim, não é possível agir no presente sem uma linguagem sobre o que foi e o que deveria ser. Discordo de Finley, neste aspecto. Será que foi isso mesmo que ele quis dizer?

O impacto da teoria de Lévi-Strauss além das fronteiras da antropologia e a superação do estruturalismo
Revista *Comciência* (Unicamp)[13]

Por Danilo Albergaria

O historiador José Carlos Reis, professor da Universidade Federal de Minas Gerais, é atualmente um dos mais reconhecidos autores brasileiros quando o assunto é historiografia e epistemologia da história. Nesta entrevista, Reis comenta as turbulentas relações do estruturalismo do antropólogo Claude Lévi-Strauss com as ciências humanas, mapeia as consequências da vitória pós-estruturalista para a historiografia e sentencia: "O estruturalismo foi superado porque se realizou completamente e não porque foi destruído".

- Como você vê o impacto do estruturalismo de Lévi-Strauss no âmbito das ciências humanas e, em especial, na história?

O ataque de Lévi-Strauss à história foi duro. Ele se sentia incomodado com a hegemonia da história entre as ciências sociais. Mostrou-se contrário ao tratamento especial que se dava ao tempo e à história, que considerava um preconceito contra a humanidade primitiva, vista então como "sem história". Isso era, em sua visão, um etnocentrismo injustificável. O estruturalismo transformou as práticas históricas e levou a Escola dos Annales, a escola da "longa duração", ao poder institucional na França e em todo o Ocidente. Para fazer face ao ataque dos

---

[13] Entrevista concedida pelo Prof. Dr. José Carlos Reis (UFMG) a Danilo Albergaria, originalmente publicada na revista *Comciência* (Unicamp), em 2009.

estruturalistas (não só de Lévi-Strauss), a historiografia se transformou profundamente: tornou-se uma "história estrutural", que mostrava um homem diferente (massivo, incapaz de produzir eventos históricos, de ser sujeito histórico), uma sociedade diferente (determinada por forças anônimas, inconscientes), uma temporalidade mais estável e natural (sem feitos, sem eventos, sem teleologia). Houve uma euforia cientificista, porque os Annales prometiam um conhecimento histórico quantitativo, com a utilização de modelos, matemáticas sociais, que o afastaria da narrativa e o levaria a um formato estatístico, com gráficos e tabelas, curvas, apoiadas em fontes seriais, que mostrariam, de forma tecnicamente objetiva e conceitualmente problematizante, o passado. Lévi-Strauss quis substituir a história pela etnografia, a sociologia, pela etnologia. Para ele, a sociologia não conseguiu oferecer conclusões universalmente válidas sobre sociedades primitivas e complexas, e não merecia ter papel central na pesquisa social. O estruturalismo de Lévi-Strauss impôs às ciências humanas a hegemonia das matemáticas e da lógica das ciências naturais.

- É possível dizer que o estruturalismo de Lévi-Strauss teve consequências epistemológicas não apenas para as ciências humanas, mas também para as ciências naturais (especialmente aquelas que se voltam a problemas limítrofes aos das humanas, como as biológicas, neurológicas, etc.)?

É possível, sim, porque em *O pensamento selvagem*, ao mesmo tempo em que não opõe a história à natureza, o tempo ao espaço, Lévi-Strauss privilegia a natureza e o espaço contra a história. Ele privilegia o corpo, o cérebro, a reprodução sexual, as relações de parentesco, a genética, a geografia, o clima. A cultura se diferencia da natureza, mas dentro dela e, em última instância, continua sendo natureza. O homem é mais natureza do que história, mais espaço do que tempo. A busca da inteligibilidade parte da história para aboli-la em ordens naturais permanentes, profundas. Por isso, a antropologia não diferencia o "selvagem" e o "civilizado", pois eles têm a mesma estrutura lógico-intelectual, que torna a sua aparente diferença histórica em algo irrelevante. O histórico é só a aparência, o superficial, o visível, o epifenômeno, que por si só não se sustenta. Assim, Lévi-Strauss propõe a busca da ordem subjacente, imóvel, permanente, que permite uma análise matemática, científica.

- O pensamento de Lévi-Strauss teve, também, consequências significativas para a epistemologia, a filosofia e a história da ciência?

O estruturalismo é uma epistemologia. Se você submeter qualquer ciência à epistemologia estruturalista, verá desaparecer seu sentido evolutivo e progressivo, os eventos, as revoluções científicas, os heróis científicos, as novidades absolutas: tudo já está aí, nenhuma descoberta vai quebrar a ordem lógica, irá apenas "transformá-la e enriquecê-la". O estruturalismo em epistemologia foi associado à ideia de "descontinuidade": ordens lógicas de longa duração se sucedem sem realizarem uma teleologia. Nenhuma finalidade se realiza na história, que não é o lugar do aperfeiçoamento da humanidade. Embora o "enriquecimento" da estrutura possa ser visto como "progresso", esse progresso não é visto como conquista da "consciência absoluta", da liberdade, da razão.

- Do seu ponto de vista, que tipo de influência está em jogo na recusa pós-moderna do estruturalismo? A história, em seu esforço de desconstrução e de atenção às particularidades, tem suas impressões digitais nessa recusa?

O estruturalismo já era pós-moderno, porque desconfiava do sujeito, da consciência, da razão. Surgindo contra o racionalismo modernista, o estruturalismo parece, paradoxalmente, um hiper-racionalismo: quer buscar um sentido que se esconde, decodificar uma dimensão oculta e fundamental da sociedade. O pós-estruturalismo, a partir dos anos 1970/1980, de certa forma, radicalizou algumas teses estruturalistas e saltou para fora do Iluminismo e do seu projeto moderno. O pós-estruturalismo denuncia o estruturalismo como sendo ainda um discurso da razão. Os pós-estruturalistas não buscam mais verdades históricas, nem aparentes e nem essenciais, nem manifestas e nem ocultas. A fragmentação é levada ao extremo. O universal não é pensável. A consciência moderna, construída pelo Iluminismo, é "desconstruída" pelo pós-estruturalismo. A verdade universal se pulverizou em análises pessoais. O conhecimento histórico é múltiplo e não definitivo: são interpretações de interpretações. A realidade é produzida por jogos de linguagem – nada a toca de modo substancial. O estruturalismo foi superado porque se realizou completamente e não porque foi destruído. Lévi-Strauss e os Annales venceram a ideia de "evolução" como progresso ou revolução.

Depois da "revolução de 1989", quando o sistema capitalista se impôs como se fosse uma "ordem natural", a historiografia tematiza suas oscilações, variações, transformações estruturais, que não levam para o exterior da ordem. Hoje, não se luta mais contra a ordem, logo, a lógica estruturalista venceu.

- Como a historiografia tem dialogado atualmente com as conclusões mais relativistas do pós-estruturalismo?

Penso que se podem distinguir pelo menos três posições em relação ao "relativismo pós-estruturalista", à crise da verdade, após a euforia cientificista estruturalista. A primeira é articulada por Hayden White, para quem o relativismo é libertador. Ele não vê oposição entre história e ficção. O historiador produz construções poéticas e se ilude quanto à realidade e verdade de seus relatos. Mesmo que se irritem com o apagamento da fronteira entre o real e o ficcional, os historiadores não podem evitar de pensar no seguinte: a explicação histórica não é dada pelo conteúdo factual. A história adquire sentido da mesma forma que o poeta e o romancista dão sentido ao real. E, para White, isso é bom. A história não é diminuída quando aproximada da literatura, que é também um saber superior. Afinal, só o conhecimento científico é válido? Se o mundo é tal como você o narra, tal como lhe parece, ninguém mais se deixará dominar por discursos dogmáticos e "verdadeiros", que só são ideologias perigosas. O passado pode ser mudado, a história não precisa ser um fardo insuportável. Do lado contrário, há a posição de Carlo Ginzburg, o "combatente pela história" mais radical contra o ponto de vista histórico pós-moderno. Rejeita vigorosamente a "máquina de guerra cética". Para ele, a metodologia da história, hoje, está distante do trabalho concreto dos historiadores, pois nenhum historiador quer produzir apenas "retórica". Ginzburg vê graves consequências epistemológicas, éticas e políticas na negação da distinção entre narrativas históricas e imaginárias. O discurso histórico relativista é visto como empático com os "vencedores de 1989", protegendo o Ocidente da sua culpa e tornando-o irresponsável por sua história de conquistas, genocídios, escravidões, holocaustos e terrorismos. Por fim, Paul Ricoeur aponta outro caminho para a historiografia. Sua abordagem não toma o texto em si mesmo, não aceita a suspensão que faz do mundo, mas o restitui ao diálogo. O texto deixa de ser fechado em si mesmo, porque permite que o leitor se aproprie dele e o transforme, para aplicá-lo ao seu mundo, interpretando a si mesmo, compreendendo-se melhor, pela mediação dos textos.

- De que lado você se posiciona?

Sinceramente, compartilho da visão combativa de Carlo Ginzburg. O que não significa que devemos deixar de compreender os outros pontos de vista, que apresentam ideias profícuas para a análise histórica.

- Como você avalia, pessoalmente, a obra de Lévi-Strauss?

A obra de Lévi-Strauss é monumental! O que não significa que se deva acolhê-la completamente e segui-lo cegamente. O estruturalismo fez mal quando foi encarado como religião, como uma fé. Sua obra é monumental como interlocutora, como um ponto de vista crítico, incontornável, da consciência histórica ocidental.

A historiografia e o "mercado cultural" da sociedade pós-1989
Revista *Em Tempos de História* (UnB)[14]

Por Eric Sales

José Carlos Reis é professor na Universidade Federal de Minas Gerais (UFMG). Com reconhecidos estudos na área de Teoria da História, destacam-se entre suas obras: História & teoria: historicismo, modernidade, temporalidade e verdade; A História, entre a Filosofia e a Ciência; As identidades do Brasil: de Varnhagen a FHC.[15]

A revista Em Tempos de História *esteve com o professor José Carlos Reis em uma descontraída conversa sobre seus atuais estudos, a recente historiografia e a história em sua dimensão teórica. Autor de obras de amplo reconhecimento e difusão, Reis é leitura frequente quando se trata da história do país.*

- Gostaria de iniciar nossa entrevista pedindo que o senhor conte um pouco da sua trajetória profissional-acadêmica. Quais os momentos mais o marcaram nesse contexto? E aproveito para perguntar por quais campos têm enveredado seus estudos atuais?

Eu vim do interior de Minas (Resende Costa, uma pequena cidade perto de São João Del Rei, Tiradentes, Prados), para Belo Horizonte, em 1976, para estudar não sabia o quê. Eu tinha 18 anos, estava dividido entre História, Filosofia, Direito e Comunicação Social. Comecei a fazer Direito na PUC Minas, mas decidi fazer o vestibular para História na UFMG e comecei o curso em 1978. Ao longo do curso, fui me

---

[14] Entrevista concedida pelo Prof. Dr. José Carlos Reis (UFMG) a Eric Sales, originalmente publicada na Revista *Em Tempos de História* (UnB), em 2010.

[15] *As identidades do Brasil: de Varnhagen a FHC*. 2. ed. Rio de Janeiro: FGV, 1999. v. 1.

interessando mais pelas disciplinas do "setor de teoria e metodologia da história", aluno de professores importantes como Caio Boschi e Eliana Dutra. Concluído o curso, em 1981, decidi me especializar nesta área, que era muito pouco valorizada pelos historiadores. Eu sempre achei a bibliografia dos historiadores sobre teoria "fraca", sem densidade, insatisfatória, e, por isso, me dirigi ao curso de Filosofia. Eu não mudei de área, fiz uma "especialização", uma "residência", em teoria e metodologia da história. No mestrado em Filosofia, na UFMG, orientado pelo professor Ivan Domingues, discuti o problema da história em Marx; no doutorado, na Université Catholique de Louvain, orientado pelo professor André Berten, abordei a temporalidade histórica nos Annales. A pós-graduação era formalmente em filosofia, mas o tema era a história, que é um tema permanente, precioso, da história da filosofia.

Os momentos mais marcantes foram cinco: quatro muito favoráveis, muito narcísicos e um muito marcante, mas triste, lamentável. Vamos começar com a boa lembrança: 1) a defesa da minha dissertação *Marx e a História* foi um sucesso! Gosto muito daquele texto e com o apoio do professor Ivan Domingues, aprendi a fazer tecnicamente o trabalho acadêmico; 2) a defesa da minha tese em Louvain, após quatro anos longe do Brasil. Lá também foi um relativo sucesso, obtive a menção *Avec la plus grande distinction* (LPGD), que para um estudante belga é o máximo; 3) a publicação da minha tese em quatro livros: *Nouvelle Histoire e tempo histórico* (Ática, 1994), *Escola dos Annales: a inovação em história* (Paz e Terra, 2000), *A História, entre a Filosofia e a Ciência* (Ática, 2006) e *Tempo, história e evasão* (Papirus, 1994); 4) a publicação do livro, *As Identidades do Brasil: de Varnhagen a FHC* (FGV, 1999), teve um surpreendente impacto, que me deixou muito feliz. Quanto ao momento triste, lamentável: o meu concurso na UFOP foi superquestionado, a minha aprovação foi considerada uma fraude. Eu tinha 26 anos, apenas, e duvidava, eu mesmo, da minha capacidade e fiquei marcado, excluído, e soçobrei na insegurança, enfim... Vocês querem saber da minha carreira? Começou mal, muito mal! Desejo que as de vocês comecem de forma muito mais alegre, confiante.

Quanto aos meus estudos atuais, estou dividido: por um lado, estou refletindo sobre o tema da escrita da história nas obras de Paul Ricoeur *(Tempo e narrativa, Memória, história e esquecimento, Si-mesmo como um Outro, Percurso do reconhecimento, O conflito das intepretações, Do texto à ação)* e esta discussão leva a outros autores, como Foucault e Derrida, em cujas obras gostaria de mergulhar; por outro lado, sinto muita falta do meu lado "historiografia brasileira" e gostaria também de mergulhar no pensamento histórico brasileiro. Não sei qual caminho seguirei... a história dirá!

- O senhor poderia falar um pouco mais sobre essa relação entre Ricoeur, Foucault, Derrida e a escrita da história?

Esta seria a pesquisa a ser feita! Não sei o que se poderia extrair, de forma clara e densa, desse diálogo, que pressinto que é essencial para a historiografia. Estou trabalhando com as obras de Ricoeur, que são monumentais. Contudo, há algo de teológico demais, de excessivamente cristão, que os outros dois autores relativizaram. Eles são contemporâneos, se conheceram e se enfrentaram. O poliedro resultante das posições dos três poderia oferecer uma visão mais global sobre o pensamento histórico ocidental dos últimos 50 anos. A questão central dos três é a do "sentido e a linguagem": a historiografia pode ser capaz de expressar o sentido da experiência humana? Há um sentido para as experiências humanas? Qual seria o objetivo das pesquisas dos historiadores?

- Atualmente, a teoria da história vem ganhando um espaço crescente nas publicações em história, todavia não parecem raras as confusões entre teoria e filosofia da história. O senhor concorda que, entre historiadores, as definições nesse campo ainda se prolongam?

Você saberia distinguir com clareza uma da outra? Elas se aproximam muito! O sentido da distinção é que os historiadores não querem, não podem e não devem se deixar tutelar por outra comunidade intelectual. Um historiador não pode fazer "filosofia da história", porque precisa diferenciar e demarcar sua identidade e seu território de historiador. Então, ele diz que faz "teoria da história". Pelo mesmo motivo, os sociólogos fazem "teoria sociológica", os antropólogos fazem "teoria antropológica". Mas os três dependem fortemente dos filósofos. Quando o assunto é "pensamento", não há como evitar os clássicos da filosofia e o diálogo das "teorias" das ciências humanas com a filosofia é intenso. Nós acabamos de mencionar Ricoeur, Foucault e Derrida, sem os quais a "teoria da história" contemporânea não seria possível. É imensa a influência das filosofias da história kantiana, hegeliana, nietzschiana, marxiana, benjaminiana sobre as "teorias da história" dos últimos três séculos. E essa influência se estendeu sobre as teorias sociológica e antropológica: Weber, Durkheim, Elias, Bourdieu, Lévi-Strauss são, de certa forma, "filósofos sociais". E nem os economistas escapam da influência da filosofia. Você diria que Freud é um filósofo?

Portanto, a distinção entre as duas formas de tratar o pensamento histórico é necessária, para que fique bem demarcada a diferença dos sujeitos da reflexão: o filósofo e o historiador. O historiador se "apropria", transformando e adaptando aos seus objetos, das ideias filosóficas. A teoria da história não pode ser reduzida a uma metodologia e nem a uma mera epistemologia. A reflexão sobre a história envolve questões ontológicas, éticas, políticas, estéticas, teológicas e não se pode evitar o diálogo com os filósofos. Por isso, elevar um muro entre uma e outra, afirmar que uma não precisa da outra ou, pior, que "uma é melhor do que a outra" é, no mínimo, uma ingratidão, ou melhor, um "equívoco teórico".

- Alguns historiadores diriam que a escrita da história contemporânea está cada vez mais dependente de injunções do tempo presente. Como o senhor analisa esta relação?

Por um lado, acho que uma historiografia "dependente das injunções do presente" é muito melhor, porque está a serviço da Vida. Esta presença do presente veio se radicalizando a partir do século XIX, a partir das provocações de filósofos como Marx e Nietzsche, que insistiram sobre a necessidade do conhecimento histórico servir à práxis e à Vida. A história não podia continuar a ser um conhecimento do passado pelo passado, um congelamento do presente. Com os Annales, esta "perspectiva presentista" se radicalizou na história-problema e no método regressivo/retrospectivo. Para Bloch, a "história é a ciência dos homens no tempo" e não do passado pelo passado, é um diálogo dos homens do presente com os homens do passado com os quais tem afinidade. O historiador precisa olhar em torno de si e perceber as necessidades não formuladas do presente e formulá-las, transformá-las em uma investigação histórica, que traga informações aos homens do presente. É o homem vivo que se interessa pela história, é a ele que o historiador se dirige e deve tratar de temas do seu interesse. Na verdade, a historiografia sempre foi do presente, mesmo aquelas que excluíram o presente do seu ponto de vista.

Por um lado, isto é ótimo. Mas, por outro, há riscos que devem ser controlados: o anacronismo, o relativismo, o modismo, a trivialidade temática, um certo empobrecimento, uma certa perda de densidade da historiografia, que tratará somente do que pode ver e tocar, incapaz de alçar voos mais altos de abstração histórica.

- Ainda nesta linha, gostaria de questioná-lo sobre os estudos no campo da história cultural. O volumoso número de estudos em torno de objetos até pouco tempo marginais trouxe fortes críticas a esse campo da historiografia, sendo mesmo acusada de ser uma história carente de maior significação, ou um "artigo de perfumaria". O leque de possibilidades que se abriu com novas fontes e os diálogos conceituais com diferentes áreas disciplinares fizeram o historiador perder uma visão macro da história?

A dita "história cultural" é a historiografia do mundo pós-1989, do mundo da "sociedade-mercado livre", do mundo da "vitória do fetichismo da mercadoria", do mundo da hegemonia do valor de troca. A historiografia decaiu em mercadoria, em produto para ser oferecido no supermercado, ao lado de chicletes e jujubas. O que, por um lado, é excelente! Se o presente é este, a historiografia, que é um saber do tempo, poderia ser diferente? Os historiadores culturais estão apenas "acusando" a mudança e assumindo, como camaleões, as cores do novo tempo. A sensibilidade historiadora é camaleônica: sente a mudança e torna-a visível.

Por outro lado, há efeitos colaterais, que são aqueles riscos mencionados acima: relativismo, anacronismo, modismo, perda de densidade crítica. Contudo, é possível ao mesmo tempo sentir o presente e manter com ele uma relação crítica. O livro de K. Jenkins *A história repensada (Rethinking the History)* é muito útil para a avaliação deste momento.

- O momento atual demonstra uma relação mais estreita entre produção historiográfica e mercado cultural até então inédita. Gostaria de fazer uma pequena referência ao texto "O historiador sem tempo", de Antonio Celso Ferreira, que afirma que "diante da ruidosa indústria do mundo hoje, que nos transforma em fluxos culturais cada vez mais rápidos, obrigando-nos a anunciar produtos e nos anunciar como produtos, talvez valha a pena recordar o que disse Nietzsche: 'Alguém deve falar apenas quando não deve ficar em silêncio'". Como o senhor entende essa aproximação entre história e mercado cultural?

O mundo pós-1989 é o mundo da vitória do mercado, a Bolsa de Valores se impôs em Moscou e em todas as capitais do Leste. A relação de compra e venda tornou-se universal mesmo para as atividades sem nenhuma relação com o mercado, como a saúde e a educação. Agora, não há valores superiores acima dessa relação comercial. Nem a historiografia! É preciso vender livros, teses, dissertações, cursos, diplomas, fontes históricas, entradas a museus, para que o "negócio da historiografia" se autossustente. A historiografia como business! Eis o nosso desafio neste momento histórico e a "história cultural" tem sido de uma importância crucial, eu ia dizer "capital". Ela representa a sobrevivência do nosso ofício na "era do Capital". Apesar do seu abandono da crítica, não se pode menosprezá-la, mas "compreendê-la" em sua historicidade.

- O senhor afirmou que "a dita 'história cultural' é a historiografia do mundo pós-1989". Como o senhor percebe a produção historiográfica no pós-1989, especialmente a brasileira?

Se concordamos que a historiografia sempre foi do presente, inclusive aquelas que recusaram sua relação com o presente, a "história cultural" pertence a este mundo pós-Guerra Fria, pós-Queda do Muro de Berlim. A historiografia marxista, antes, tematizava no passado o que interessava à sua práxis revolucionária no presente: revoluções, greves, lutas sindicais, congressos de classe, biografia das lideranças partidárias, escravos rebeldes, ataques de escravos contra senhores, quilombos. O presente pós-1989 não tem nada a ver com esta abordagem da "luta de classes" e a história cultural trata no passado de escravos que conseguiram ascender, obter alforria, acumular patrimônio, dentro de um sistema escravista incontestável e até consensual. Ela descreve as estratégias, as negociações feitas por indivíduos e grupos de escravos para sobreviverem naquela ordem adversa "sugerindo" que os "escravos do presente" façam o mesmo.

Por um lado, isto é excelente: a historiografia não poderia continuar a mesma pré-1989, como se o projeto do Leste ainda estivesse em vigor. Ela tinha de mudar, para acompanhar o processo histórico. A "história cultural" pode ser vista de duas formas: positiva, porque não estimula a autovitimização dos oprimidos, valoriza a "resistência" daqueles que dizem sim à vida procurando integrar-se à ordem estabelecida; negativa, porque abandonou a força própria da historiografia que é de ser crítica do sistema, do poder, da dominação e opressão e pode-se questionar o seu compromisso com a ética.

Eu destacaria duas obras importantes sobre este "regime de historicidade presentista" (Hartog): *Campos da Violência*, de Silvia Lara, e *Chica da Silva*, de Júnia Furtado. Elas falam de uma "escravidão consensual", das estratégias de acomodação e adaptação à ordem escravista dos escravos, que é uma projeção no passado da práxis possível no mundo pós-1989.

- É sabido o quanto a historiografia brasileira é tributária das matrizes francesa e inglesa. Contudo, as últimas décadas demonstram um interesse cada vez maior, da academia e das editoras, por outras escolas, como a alemã e a italiana. A que o senhor atribuiria essa "descoberta"?

Vivemos um novo tempo após a Queda do Muro de Berlim. O paradigma dos Annales – o evento estruturado – era adequado àquela época de combate à instabilidade revolucionária e não se impôs somente à historiografia brasileira, mas à historiografia ocidental. A "longa duração" era contra toda iniciativa de mudança radical e esvaziou a experiência histórica da subjetividade. O interesse por essas outras escolas talvez possa ser explicado dessa forma: "o retorno da subjetividade" à historiografia, uma subjetividade excêntrica, que resiste à norma, sem poder para mudá-la inteiramente, embora seja capaz de transformá-la. Foram sobretudo os italianos que insistiram no indivíduo/grupo "diferente", "anormal", "excêntrico", que não se submete a séries quantitativas probabilísticas, que fazem um "uso inventivo da norma". É um mundo que exige um olhar múltiplo tanto dos que o estão vivendo quanto dos que o analisam, os historiadores e cientistas sociais. A historiografia mais adequada a este momento é a da "variação das escalas", em que a subjetividade é estruturante e estruturada e sua análise exige um "jogo de escalas".

- Diante de mudanças cada vez mais velozes, também a narrativa historiográfica é alvo de debates quanto à necessidade de um exame crítico de sua produção. Quais seriam os pontos e aspectos que o senhor salientaria para que esse não se torne um mero inventário?

Um texto que interpela fortemente o "regime de historicidade presentista" (Hartog) é o de Walter Benjamin, *Teses sobre o conceito de História*, escrito em uma situação extremamente adversa, que o levou ao suicídio. Ali, ele formulou algumas inquietações com a época perigosa em que viveu que, talvez, possam ser ainda atuais. Benjamin chama a atenção para a força redentora do passado: "o passado foi um ar respirado que sopra o ar que respiramos no presente... A rememoração do passado deve alimentar o combate no presente: nem os mortos estarão em paz se o inimigo vencer, o perigo é entregar-se às classes dominantes como seu instrumento". Benjamim teme o fim da capacidade de narrar, que o trabalho do historiador desapareça, que a humanidade não seja mais capaz de compartilhar e trocar experiências. A reflexão de Benjamin sobre a época histórica adversa em que viveu sugere que, hoje, o perigo maior para o historiador é a "empatia com o vencedor", mesmo sutil e modificada. Sua "pesquisa histórica", se desprezar o passado ou reinterpretá-lo de forma muito complacente com o presente, pode se tornar um instrumento do Ocidente vitorioso e ser utilizada com a mesma função da luz do *flash* do filme norte-americano *Homens de preto*: deletar a memória, produzir esquecimento, organizar a amnésia, que permite e garante a continuidade do processo civilizador, a ocidentalização do planeta.

Talvez a sociedade nunca tenha tido uma necessidade tão urgente de uma historiografia profundamente crítica. Para Ricoeur, a historiografia tem mesmo necessidade de recorrer à narrativa ficcional para reabrir o horizonte-de-expectativa e imaginar um "mundo habitável" (*vivre ensemble*). A imaginação poética cria a inovação semântica que responde ao desejo de uma ordem social diferente, a imaginação utópica é o verdadeiro instrumento de crítica da realidade ao criar sentidos novos, que abrem o horizonte para mundos possíveis. Ou será que a fisionomia do "anjo da história" (quadro de Klee) diante do mundo pós-1989, diante do "fim da história", estaria mais serena?

- Professor José Carlos Reis, nós agradecemos a honra que o senhor nos dá em entrevistá-lo.

Caro Eric, obrigado pela boa conversa. Espero ter atendido à expectativa dos alunos da pós-graduação da UnB.

Os limites da historiografia para "representar" os movimentos sociais atuais
Revista *Escritas* (UFT)[16]

Por Dimas José Batista, Dagmar Manieri,
Marcos Adilson de Araújo Clemente

José Carlos Reis é historiador e filósofo, professor na Universidade Federal de Minas Gerais (UFMG). Atua na área de História, com ênfase em Teoria da História e História da Historiografia. Autor de 11 livros, José Carlos Reis é uma das principais referências da Teoria da História no Brasil e América Latina. Suas publicações mais recentes são: O desafio historiográfico;[17] A História, entre a Filosofia e a Ciência; Teoria & História: tempo histórico, história do pensamento histórico ocidental e pensamento; História da "consciência histórica" ocidental contemporânea: Hegel, Nietzsche.

- Dagmar Manieri: Gostaria de indagar ao senhor sobre um problema atual e que, ao que tudo indica, pode ter conexão com o campo da teoria da história. Os novos movimentos de contestação que surgiram nesses últimos anos, tanto na Europa quanto na América (inclusive no Brasil, este ano), mostram um descontentamento com a classe política. E mais, esses movimentos não desejam mais a "revolução", como no antigo modelo onde temos um "partido" na liderança. Hoje, o conteúdo (ideológico) dos movimentos sociais parece ter se alterado. À luz da

---

[16] Entrevista concedida pelo Prof. Dr. José Carlos Reis (UFMG) a Dimas José Batista, Dagmar Manieri e Marcos Edilson de Araújo Clemente, originalmente publicada na Revista *Escritas*, em 2013. Os entrevistadores são professores do Colegiado de História (Araguaína) da Universidade Federal do Tocantins (UFT).

[17] Editora da FGV, 2010.

teoria da história, como compreender essas renovadas tendências de participação popular?

Essas "jornadas de junho", no Brasil, despertaram em mim cinco sentimentos, juntos, misturados e contraditórios: 1) *otimismo*: a sociedade está reagindo e ousando indignar-se contra a ordem mundial neoliberal, que parecia hegemônica, incontornável e incontestável, dando mesmo a impressão fukuyamiana de "fim da história". Felizmente, não é bem assim; 2) *surpresa e incredulidade*: mas por que, agora, todos resolveram sair às ruas? Por que não antes? Será que foi o desejo juvenil de "tornar-se visível" no telão mundial da Copa das Confederações? Alguns tentaram se destacar com faixas em inglês, com uma expressão cosmopolita de "consciência crítica" de uma sociedade atrasada. Eu me perguntei se seria um movimento sério, consequente, denso; 3) *decepção*: as palavras de contestação e reivindicações foram importantes, mas na hora das proposições a longo prazo, estruturais, na hora de apresentarem um projeto alternativo à ordem vigente, não surgiu nada de relevante; 4) *perplexidade*: eu não entendo o propósito maior desses movimentos. Pareceram-me aquelas cenas do cinema americano em que zumbis vão caminhando sempre em frente, sem nada a sugerir ou propor, apenas de mãos estendidas, pedindo alguma coisinha: uma passagenzinha de ônibus ou meia (que é importante, mas muito pouco); 5) *receio e apreensão*: quem conclamou essas pessoas a saírem às ruas? Qual foi a força que mobilizou tantas pessoas? Dizem: a "internet", as "redes sociais", que são apenas ferramentas digitais. O que interessa saber é quem está dando as ordens, quem está no comando. Tive a impressão de instrumentalização da multidão por "forças ocultas" (externas, o crime organizado, quem sabe?), que, agora, já conhecem a sua força e poderão vir a ser muito perigosas.

Alguém disse que a "revolta" veio substituir o desejo de "revolução", mas a revolta é absorvida e transformada em algo positivo para a ordem, as revoltas consertam a ordem, e o "fim da história" continua em vigor. Enfim, a ordem "ondulou", mas a onda quebrou na praia e a paisagem se recompôs ainda mais embelezada e fortalecida por esse movimento virtualmente agitado por computadores e consumido virtualmente nas telas do mundo inteiro. O mundo real continuou virtual!

- **Dagmar Manieri:** Ainda sobre minha indagação anterior a respeito dos novos movimentos sociais, fiquei feliz com seu quarto "sentimento":

"Eu não entendi o propósito maior desses movimentos". Creio que sua afirmação nos conduz a uma problemática de uma espécie diversa, comparada com as anteriores. Sempre nos ensinaram que o Pensamento prepara os Movimentos sociais: Voltaire, Rousseau e as revoluções do século XVIII; Marx e as revoluções socialistas.
Hoje, as coisas parecem que se inverteram: os movimentos parecem preparar o Pensamento. O Pensamento não consegue mais acompanhar (ou interpretar) o que está ocorrendo nas ruas.
Será que houve um deslocamento entre o Real e o Pensar, entre Ação e Reflexão? Em *As estratégias fatais* (1983), J. Baudrillard comenta que "os políticos perderam o sentido da política" e que "o objeto (de pesquisa!!) zomba das leis que lhe são atribuídas".
Mas, de fato, minha pergunta refere-se ao percurso intelectual do senhor. Sabemos que uma de suas últimas obras estuda o tema da "consciência histórica" no Ocidente contemporâneo. Como o senhor descreveria seu percurso intelectual?

Penso que o pensamento está sempre articulado com a realidade e que a realidade nunca é bruta, separada do pensamento; continuo pensando "dialeticamente". O pensamento sempre precisou de movimentos reais para se efetivar, nunca se antecipou a movimentos sociais, apenas os exprimiu, deu forma, encaminhou, catalisou, acelerou. Hoje, há um pensamento neoliberal realizado, tão hegemônico, tão único e absoluto, que parece a "verdade/realidade" deslizando automaticamente. Hoje, o "sentido da política" não pode ser contra a ordem, pois seria desqualificado como "ilegal" e há uma "ditadura jurídica" vigente, que não reconhece caminhos políticos alternativos. Os movimentos reais que poderiam gerar um pensamento resistente são movimentos frágeis, quase irreais. Talvez, nessa ausência de resistência concreta, o pensamento devesse se antecipar à realidade, para criá-la, forçá-la a vir à luz. E há pensamentos alternativos aqui e ali, mas como não se enraízam em forças sociais poderosas, tornam-se ineficazes, desconhecidos. A perspectiva utópica está fora desse tempo, que prefere atitudes "realistas", "afirmativas", "proativas", "construtivas", "colaboracionistas". Deixo aqui uma indicação de leitura intempestiva, uma consideração contra essa ordem, que, talvez, possa direcionar ou oferecer argumentos aos "indignados". Trata-se de *Indignai-vos*, um livro simples, uma obra para todos, escrita por Hessel, Stéphane, um alemão naturalizado francês, que lutou na Segunda Guerra Mundial, na Resistência francesa.

Quanto ao meu percurso acadêmico, não há muito a dizer, o meu Lattes está aberto à inspeção pública. Sou um historiador-filósofo ou filósofo-historiador, que se interessa pela história do pensamento histórico em geral e, particularmente, pelo francês, alemão e brasileiro. Quanto às publicações recentes, lancei, em 2010, um pequeno livro pela Coleção de Bolso, da Editora FGV, *O desafio historiográfico*, que me parece um bom instrumento de introdução à teoria da história e à história da historiografia; lancei, em 2011, um livro polêmico, mas que me enche de orgulho, esse que você mencionou, *História da "consciência histórica" ocidental contemporânea: Hegel, Nietzsche, Ricoeur*, que já teve uma reimpressão em 2013, que é resultado de um pós-doutorado na Université Catholique de Louvain (Bélgica), em 2007; lancei, em 2012, o 2º volume do *História & teoria* (2003), que tem o título *Teoria & História: tempo histórico, história do pensamento histórico ocidental contemporâneo e pensamento brasileiro*, que também acho que ficou interessante. Em meu percurso acadêmico, valorizo muito a produção escrita, meus livros, que obtiveram um relativo prestígio e têm tido, alguns deles, várias reimpressões. Valorizo muito meus orientandos da pós-graduação e da iniciação científica; alguns/mas fizeram excelentes dissertações e teses. Enfim, procuro fazer o meu trabalho da forma mais correta possível, procurando dignificar e fortalecer a pesquisa na universidade pública brasileira, que espero que continue viva e forte *per saecula saeculorum*.

- Dimas José Batista: O mundo moderno ou pós-moderno tem exigido dos cientistas sociais e filósofos um exercício intenso e complexo de reflexão. Compreender, explicar ou reconhecer tendências mais ou menos nítidas de emergência de problemas e temas sociais candentes tem sido cada vez mais uma tarefa delicada, particularmente, se considerarmos um certo embotamento do pensamento e da intelligentsia burguesa – predominante no meio editorial –, assim, caríssimo, como repensar os dramas contemporâneos, fora do esquema de pensamento cartesiano ainda predominante, como analisar a ética, a estética e a moral na sociedade contemporânea, como analisar esses temas candentes na era digital?
É evidente, tudo sob o foco da teoria da história.

Ética, estética e moral! Penso que a estética não só predomina como invalida a ética e a moral. O que movimenta o mundo do mercado e do trabalho é a publicidade, outdoors, imagens de TV, internet, cinema.

Enfim, a imagem é onipresente, é a linguagem dominante. São belas? São tecnologicamente impressionantes, impactantes, tridimensionais, dando a impressão de serem o próprio real, corrigido, retocado, aperfeiçoado. Homens e mulheres, para sobreviverem no mercado, precisam ser belos, *cleans*. O ideal é que "lembrem", sejam cópias, de uma imagem já aprovada pela mídia, geralmente, atores/atrizes, enfim... "modelos".

Até a historiografia sofre o ataque da estética. O grande interlocutor dos historiadores, hoje, é Hayden White, para quem o texto histórico é um "artefato verbal", uma "urdidura de enredo", uma "construção linguística", sem referência externa. O real é construído pela linguagem, esteticamente, estilisticamente. Os grandes historiadores o foram por terem sido "grandes escritores". A fonte ideal é a iconográfica e o texto ideal para uma discussão acadêmica é o filme. Essa discussão não estará dominada pela estética?

Quanto à ética e à moral, no mercado, tornaram-se contos de fadas, lendas. A competitividade não pode ser prejudicada, desacelerada, por essas heranças culturais. É preciso "rever os conceitos", "criar novos valores", ou seja, a ética e a moral estão em fase de reexame e reavaliação. Será que são ainda úteis, necessárias, à vida social? Pode-se espionar outro país, a vida alheia? Ora, por que não? As câmeras estão em todo lugar para isso, a tecnologia disponível para isso é sofisticadíssima. A competitividade econômica é uma guerra de dados, de informações, sobre os concorrentes. A presidente Dilma fez bem em fazer aquele discurso na ONU, mas o mais seguro mesmo é cercar-se de tecnologia contra a espionagem, porque ela vai continuar e com mais habilidade, sem deixar rastros. Falam em uma "impressora 3D", já ouviram? O que será isso e quais serão as consequências éticas?

Contudo, faço uma provocação: pode-se ver esse momento ético também de forma favorável? Talvez, seja um momento de libertação de amarras axiológico-conceituais, de "reamarração social", em que ocorre uma troca dos nós dos "laços sociais". Que o leitor decida, que faça a sua boa "escolha", palavra-chave da ética atual.

- Dimas José Batista: Trilhando ainda o caminho percorrido na questão anterior, com o objetivo de radicalizá-lo, quero que o senhor discuta a "influência" dos *mass media* na sociedade contemporânea. Umberto Eco referiu-se, em fecundo livro, a duas tendências predominantes nos dias de hoje, ao analisar o poder dos meios de comunicação: a dos integrados e a dos apocalípticos. Não estaríamos superdimensionando o poder desses instrumentos tecnológicos? Não estaríamos nos desviando, melhor, obliterando o foco central do problema que é a luta de classes? Não seriam os controladores dos *mass media*, esses, sim, que mereceriam a atenção dos cientistas sociais e filósofos contemporâneos? Ou de outra banda, os meios de comunicação seriam capazes de levar a sociedade e o indivíduo à libertação, à consciência em si e para si desse processo de controle e dominação? A intelligentsia brasileira estaria entre os "integrados" ou os "apocalípticos"? Como inverter ou subverter o poder da mídia? Como restituir ou recolocar em pauta um debate sobre valores ético-morais e estético-sociais que possam ser compartilhados e legitimados pela sociedade moderna ou pós-moderna? Gostaria de, aceitando a provocação, saber suas opiniões sobre esses dramas teóricos.

Os meios de comunicação de massa têm um imenso poder, aquele "poder simbólico", de que fala Bourdieu, que só é eficaz porque não é reconhecido como relação de força, como relação de dominação. As pessoas buscam o Jornal Nacional ou a Globo News ou algum portal da internet para "se informar". A relação de sentido da "informação" torna invisível ou eufemiza a relação de força "controle da opinião pública". Aquele que sofre o poder simbólico não consegue separar sentido e dominação, deixa-se atingir por dentro, em sua íntima consciência, por esse poder mítico, que exerce sua força-fascínio com o uso de belas imagens, belas palavras, bem articuladas e com entonação envolvente, com a sequência das "mensagens" editada e bem dirigida. Não são informações, mas "mensagens", "ordens", que são impostas aos milhões de telespectadores e usuários de internet.

O impacto desse dilúvio de imagens e mensagens é imenso! O público encontra-se desarmado, despreparado, para a recepção crítica desse arsenal midiático. A mídia é uma arma de guerra política, comercial, e de controle social, utilizada por quem pode pagar por essa tecnologia tão sofisticada. É claro que tudo isso é sustentado e pago por quem tem interesse em se impor no mercado e em ocupar posições políticas de comando. Eles precisam ter audiência, para venderem produtos e "conquistarem espaço político", e quem não investir milhões não será eleito. A última estratégia criada para manipular o público foi a "interação virtual", em que o "cliente" tem a impressão de que participa e é ouvido! Ele é levado a se sentir um sócio menor, um coparticipante do negócio, integrado às ações, mas as suas mensagenzinhas servem apenas para potencializar/docilizar a audiência, não têm a menor importância crítica.

Sinceramente, não vejo, hoje, nenhum poder alternativo que possa utilizar esse equipamento em outra direção. A inteligência brasileira ou aderiu ou sabiamente calou-se. Pessoalmente, represento-me como um "apocalíptico", que se integra apenas na medida necessária à sobrevivência. Você ainda fala em "luta de classes"? Esse discurso, historicamente, foi um fracasso total! Mas não estamos no "fim da história", a história continua aberta, novos fatos surpreenderão, confiemos no por-vir...

- Marcos Edilson de Araujo Clemente: Em uma entrevista concedida à historiadora Márcia Mansor D'Alessio, Pierre Vilar lembrou dois episódios relacionados à cidade basca de Guernica, bombardeada pelos nazistas em 1937. Sobre o primeiro episódio, conta Vilar que durante a ocupação alemã, em Paris, Pablo Picasso foi interrogado por um oficial alemão, que lhe perguntou: "Foi você que fez *Guernica*?" Picasso teria respondido: "Não, foram vocês!" Quando do cinquentenário dos trágicos acontecimentos registrados em Guernica, Pierre Vilar foi convidado a falar sobre esse evento histórico e sobre a memória desse evento. Vilar iniciou sua explanação com a seguinte pergunta: "Para vocês, o que é Guernica?" E obteve a seguinte resposta: "*Guernica* é um quadro!" Os episódios acima ensejam uma discussão acerca dos pares realidade e representação, historiografia e história. Como o senhor compreende, hoje, estas relações?

A resposta já foi esboçada em minha reflexão sobre o (primeiro) questionamento do professor Dimas. A historiografia tem representado o passado de forma realista ou esteticamente? A historiografia se confunde/se aproxima da realidade passada ou se limita a ser um "quadro", uma "forma/construção colorida" do passado? Esse problema epistemológico é insolúvel! Ele constitui o próprio desafio historiográfico. Na verdade, Guernica é uma cidade espanhola bombardeada e é também um quadro de Picasso. A cidade foi bombardeada pelos alemães e Picasso quis dizer que seu quadro retratava fielmente a realidade da guerra, feita pelo oficial alemão. Ele só registrou. Mas a representação desse fato histórico no quadro foi esteticamente construída pelo pintor, de forma abstrata, não figurativa, de tal forma que o fruidor, se não for ingênuo, poderá perguntar: "como interpretar esse quadro? A que realidade se refere?". Talvez ele se contente com o título em uma ficha ao lado da tela: "Guernica". Guernica é um drama real representado em um quadro, mas a representação tornou-se autônoma em relação ao drama real. A memória, que é do passado, tornou-se imaginação/ficção, que não tem um tempo determinado.

A relação entre realidade/representação, história/escrita da história, história/literatura, é por si só um campo de pesquisa, de reflexões críticas; as posições são muito diferentes e conflitantes. O historiador, na hora da exposição da sua pesquisa, deverá escolher o tipo de atitude ético-noética que vai estabelecer com a sua documentação e resultados, baseando-se nos clássicos: Ranke, Marx, Braudel, Chartier, White, Ginzburg, Ricoeur, Foucault, etc. E deverá fazer uma escolha estética, política e ética, pois cada um desses autores tem essas três dimensões.

- Marcos Edilson de Araujo Clemente: Professor, segundo suas próprias informações, o senhor se coloca na interface da filosofia e da história e desdobra suas investigações em particular para o campo do pensamento francês, alemão e brasileiro. Sobre as vigorosas tradições da teoria da história e da história da historiografia francesa e alemã, erigiu-se um campo próprio, específico, o da filosofia da história. Como o senhor compreende a atualidade e as contribuições deste campo referidas às obras dos filósofos e historiadores Paul Ricoeur (francês) e de Jörn Rüsen (alemão), mormente no tocante aos fundamentos do conhecimento histórico e as pretensões de racionalidade da história? Que lugar ocupa, no pensamento de ambos, o problema da narrativa?

Eu tenho graduação em história (UFMG) e toda a pós-graduação em filosofia (Mestrado/UFMG e doutorado/UCLouvain/Bélgica), mas sempre pesquisando sobre a temporalidade histórica, os pensamentos históricos realizados nos clássicos da historiografia, as linguagens e as escritas das escolas históricas. Devo muito aos meus professores da Filosofia e à leitura dos grandes filósofos clássicos, modernos e contemporâneos. Sou muito grato a eles e orgulhoso da minha bagagem filosófica, que é menor do que a que gostaria de carregar. Eu sei que não é consenso entre os historiadores, mas penso que a teoria da história não pode ser feita, bem-feita, sem a leitura e a interlocução dos filósofos, como Aristóteles, Plotino, Descartes, Kant, Hegel, Heidegger, Marx, Nietzsche, Dilthey, Foucault, Ricoeur e outros.

As grandes referências da teoria da história contemporânea vêm da filosofia e da sociologia, Nietzsche, Foucault, Ricoeur, Castoriadis,

Elias, Bourdieu. A obra de Rüsen é importante, tem sido muito citada, mas confesso que a conheço pouco. Eu me dediquei mais às reflexões de Ricoeur sobre o "círculo hermenêutico", sobre o "entrecruzamento entre narrativa histórica e narrativa de ficção", sobre o conceito de "representância" na historiografia, sobre a "identidade narrativa", sobre as relações tensas-conciliáveis entre história e memória, que me parecem cruciais ao historiador que queira abordar as fontes e escrever sobre o passado de forma competente, crítica. O conceito de narrativa é central em seu pensamento e, para ele, a história sempre foi narrativa, nunca deixou de sê-lo, nem na mais estrutural das historiografias. Ele prova a sua tese analisando, em *Tempo e narrativa*, a obra de Braudel, *O mediterrâneo e o mundo mediterrâneo à época de Filipe II*. Para ele, Braudel realizou uma "narrativa virtual", implícita, que configura e dá sentido à sua obra fragmentada em três níveis. Não é a narrativa tradicional, que tem como modelo o início, meio e fim da biografia, mas uma narrativa complexa, que não é incompatível com a história-problema, com a história analítica, com a história-sociológica dos Annales, com o romance moderno. O que todo historiador faz (e sempre fez) é narrar, isto é, coser fragmentos temporais, configurar eventos heterogêneos, sintetizar a multiplicidade dos dados históricos, criar um sentido para a sequência diacrônica, reunir a sucessão de eventos em uma totalidade de sentido.

Quando o historiador não for mais um "narrador", Ricoeur concorda com Benjamin, as experiências não poderão ser mais compartilhadas, as rupturas e descontinuidades não poderão ser superadas, e a sobrevivência da humanidade estará em risco. Para Ricoeur, é preciso impedir que a história abandone a narrativa, porque essa não é uma questão apenas epistemológica, mas ético-política; deve ser o compromisso com a utopia social de toda pesquisa/obra histórica: construir um mundo em que seja possível "vivermos juntos na diferença", sem intolerâncias, racismos, sem ódios e ressentimentos. Uma "sociedade do reconhecimento", eis o que a história-narrativa pode e deve oferecer.

A teoria da história deve dialogar com a filosofia? Ou não?

Revista *Faces da História* (Unesp – Assis)[18]

Por Rodrigo Bianchini Cracco e Tiago Viotto da Silva

Em seu segundo número, a Revista Faces da História entrevista José Carlos Reis. Professor do Departamento de História da Faculdade de Filosofia e Ciências Humanas da Universidade Federal de Minas Gerais (UFMG), Reis dedica seus estudos às áreas de Teoria da História e História da Historiografia. Sua contribuição é capital, com a publicação de diversos artigos e livros consagrados à reflexão sobre a teoria-metodologia da história e o lugar que ela ocupa na produção do conhecimento histórico. Entre sua vasta produção, pode-se destacar as obras: Tempo, história e evasão; Nouvelle Histoire e o tempo histórico: a contribuição de Febvre, Bloch e Braudel; As identidades do Brasil: de Varnhagen a FHC; A História, entre a Filosofia e a Ciência.

Com formação mista em História e Filosofia,[19] *Reis, na conversa que segue, aborda as possibilidades de relação entre tais disciplinas, sobre os desafios dos profissionais que se dedicam a relacionar ambas as áreas, sobre o espaço da reflexão teórica no labor dos historiadores, bem como sobre as implicações ético-políticas envolvidas nas escolhas teóricas que constituem a prática do*

---

[18] Entrevista concedida pelo Prof. Dr. José Carlos Reis (UFMG) a Rodrigo Bianchini Cracco e Tiago Viotto da Silva, originalmente publicada na Revista *Faces da História* (Unesp/Assis), em 2014.

[19] Graduação em História pela Universidade Federal de Minas Gerais (1981), mestrado em Filosofia pela Universidade Federal de Minas Gerais (1987), mestrado em Filosofia pela Université Catholique de Louvain (1989) e doutorado em Filosofia pela Université Catholique de Louvain (1992). É pós-doutor pela École des Hautes Études en Sciences Sociales (Paris, 1996-1997), pela Université Catholique de Louvain (Bélgica, 2007-2008) e está desenvolvendo atualmente um terceiro pós-doutorado na Universidade Federal do Rio de Janeiro (UFRJ).

historiador. Além disso, o professor comenta os trabalhos de Friedrich Nietzsche, Paul Ricoeur e Michel Foucault, pensadores que, cada qual à sua maneira, procuraram pensar a história.

Esperamos que a entrevista contribua não somente com aqueles que se dedicam, especificamente, à área de Teoria e Filosofia da História, mas também a todos os estudantes e pesquisadores interessados em refletir acerca do próprio fazer historiográfico. Aproveitamos para agradecer a gentileza do professor Reis em conceder a entrevista para a Revista Faces da História. *Boa leitura.*

■ O tema do atual dossiê da Revista *Faces da História* é "História e filosofia: elos e confrontos entre genealogia e hermenêutica na historiografia". A ideia de fundo, que orienta a publicação, é a complicada relação entre história e filosofia, seus desdobramentos e as consequências para ambas as disciplinas. Como renomado pesquisador da área, o senhor poderia nos apresentar um panorama dessa questão, considerando a sua formação mista entre história e filosofia e baseado em seus estudos e publicações?

Seria preciso distinguir as relações entre história e filosofia das relações entre historiadores e filósofos, embora possa parecer uma falsa distinção na medida em que não pode haver relação entre história e filosofia sem a mediação dos seus profissionais. Contudo, isso seria verdade se os historiadores detivessem o monopólio do estudo da história-realidade, que, na verdade, é muito maior do que qualquer escola historiográfica. Todo homem vive na história e, imerso nela, torna-se um filósofo e cronista da sua experiência. Todo homem é, em germe, filósofo e historiador e, nesse nível, as relações entre história/experiência e filosofia/ reflexão sobre a vivência são intensas.

Mas a pergunta é sobre as relações entre historiadores e filósofos, que são tensas. A tensão é maior, beirando a aversão total, por parte dos historiadores, que não entendem o modo filosófico de abordar o objeto "história". Para eles, o filósofo o aborda com "ideias", com "*a priori*", com "pontos de vista fechados", como se a história tivesse uma forma, um fio, uma trama, um sentido. O filósofo aborda a história sem frequentar arquivos, sem citar fontes primárias, sem descer ao chão da experiência, e com uma fluência, uma eloquência, digna de um gênio ou de um hospício. Para o historiador, o filósofo, não importa qual a sua tendência, trata o tema da experiência temporal de forma irresponsável. Não é assim, como eles dizem, que os homens viveram, vivem e muito menos viverão. Essa resistência dos historiadores à especulação em história, por um lado, faz sentido.

Os filósofos, por sua vez, ignoram as objeções e censuras dos historiadores e realizam, intensamente, aquela situação inicial do homem diante da sua experiência. Para eles, os historiadores são técnicos competentes, mas não têm o monopólio do conhecimento histórico e não podem impedi-los de fazerem o seu trabalho. O historiador quer resolver com métodos e técnicas problemas que exigem "reflexão", "perlaboração", "pensamento" e operações cognitivas que não conhecem. É necessário e urgente pensar a história, atribuir-lhe alguma ordem e sentido, pois é preciso fazer escolhas e agir. A existência e a práxis desafiam a reflexão. Até mesmo um genealogista, que insiste em rupturas, descontinuidades, ausência, inessência, está procurando atribuir alguma ordem e sentido à experiência temporal. Eu diria que a história tem sido um dos temas maiores dos grandes filósofos, sobretudo, dos séculos XVIII, XIX e XX: Voltaire, Hegel, Marx, Comte, Nietzsche, Heidegger, Sartre, Foucault, Ricoeur e muitos outros.

Talvez seja preciso ao estudante, profissionalmente, fazer uma escolha: "eu quero abordar a história como filósofo ou como historiador?" Feita a escolha, ele saberá como operar. Mas se ele considera que filosofia e história são tão complementares que se deveria até escrever filosofia & história, e quiser ser um "historiador-filósofo" ou um "filósofo-historiador", como eu mesmo escolhi, como Henri I. Marrou, R. G. Collingwood, François Dosse escolheram, terá de conviver com a previsível resistência e objeções de uns e outros. Quem fez essa escolha, e são poucos, tem uma vocação dupla e deve tentar articulá-la da melhor maneira, e o resultado pode ser muito positivo e produtivo, apesar das dificuldades de inserção institucional e de reconhecimento pelas duas comunidades, para obtenção de bolsas, para ser aceito em concursos públicos. Afinal, ele é um "estranho" para uns e outros.

- Sabe-se que parte dos historiadores considera a pesquisa teórica uma vertente bastante específica e que deve ficar a cargo de poucos pesquisadores experientes (essa posição reflete, em geral, a famosa afirmação de Pierre Chaunu). Outros, contudo, defendem a necessidade de uma ampliação do debate teórico entre o
maior número possível de profissionais, visando ao aprimoramento do debate e uma crescente lucidez quanto à apropriação

de diferentes fundamentações teóricas. Conforme sua experiência nesse campo de trabalho, qual a relevância do trabalho do historiador epistemólogo?

A teoria da história não se restringe à epistemologia. A história propõe inúmeras questões à reflexão teórica: políticas, estéticas, éticas, teológicas e filosóficas. A teoria da história é um campo amplo que coloca em diálogo filósofos, historiadores, sociólogos, antropólogos, literatos, psicólogos e psicanalistas. Ela deve estar a cargo, não apenas, de "pesquisadores experientes", ou seja, mais velhos, mas de todo aquele jovem que tem aquela dupla vocação, que deve começar a praticar o mais cedo possível, para, finalmente, tornar-se um "pesquisador experiente". Ele terá de enfrentar a resistência dos "empiristas", que vão lhe dizer o tempo todo que o que ele faz "não é história". E o fazem com uma fisionomia rancorosa! E perseguem institucionalmente esses "filósofos" como historiadores amadores. Eu mesmo, às vezes, apesar de uma extensa produção de relativo reconhecimento, sinto-me caçado pelos corredores institucionais: "peguem aquele não historiador". Confesso que isso me constrange e desestimula a minha pesquisa. Apesar disso, é o que aprecio fazer e acho a área de teoria-metodologia central na cultura histórica, incluindo aí a interlocução com os filósofos (e sociólogos, antropólogos, críticos literários, psicólogos). E todo curso de história deve ter um conjunto de disciplinas dedicadas a essas discussões, dirigidas por professores com vocação teórica e bem preparados. Elas formam o "sujeito da pesquisa", o historiador, que deve ser um pensador/problematizador das fontes.

- A expressão "teoria da história" comporta inúmeras acepções. Desde uma teoria sobre o conhecimento produzido pelos historiadores até um debate que extravasa as fronteiras da disciplina. Várias instituições de fomento à pesquisa, por exemplo, têm uma área comum intitulada Teoria e Filosofia da História.[20] Todavia, em outras situações, apresenta-se teoria e método como elementos ou etapas apartadas na construção do conhecimento histórico. Gostaríamos

---

[20] Reconhecida como uma subárea da História, com o número 70501009. Conforme Tabela de Conhecimento da Capes. Disponível em: <http://www.capes.gov.br/avaliacao/instrumentos-de-apoio/tabela-de-areas-do-conhecimento-avaliacao>. Acesso em: 3 dez. 2018.

que o senhor nos falasse sobre as diferenças e/ou afluências entre método, teoria e filosofia da história.

Não considero "teoria" e "método" como etapas apartadas na produção do conhecimento histórico. Eu prefiro utilizar a expressão "teoria-metodologia", porque não há "método" que não pressuponha problemas e hipóteses, escolhas de objeto, de fatos e processos, de técnicas e abordagens, de fontes. Para mim, a teoria antecede e define a metodologia que, a rigor, não existe, no sentido puramente técnico do termo. Toda metodologia é uma "construção", orientada por obras referenciais teórico-filosóficas e historiográficas. Nenhum historiador aplica um "método" exatamente igual ao outro. O trabalho do historiador é criativo, heurístico. Ninguém pesquisou e escreveu a história exatamente como fizeram Braudel, Marx, Ginzburg, Michel de Certeau. Eles funcionam como referência, como modelo, como inspiração, mas toda obra histórica válida é teórico-metodologicamente original. Eu diria que "história é teoria", porque não são as fontes que definem o que vai ser narrado, mas a perspectiva, a direção, o ponto de vista do historiador. No final, a pergunta que se faz ao historiador é: a que escola de pensamento histórico você pertence? Você se situa em qual grupo historiográfico? Quer dizer, como você representa a temporalidade, o objeto, a fonte, o método, a técnica? E o historiador se vê obrigado a explicitar a teoria-metodologia que sustenta a sua pesquisa.

- No texto "A operação historiográfica",[21] Michel de Certeau estabeleceu como incontornável a questão do lugar social para a história da historiografia. Em suma, seria fundamental pensar a relação da produção historiográfica com a sociedade em dois sentidos: as formas como historicamente a sociedade oferece/impõe problemas para a operação historiográfica e os efeitos do produto dessa operação na sociedade. Naquelas poucas linhas, Certeau oferece apenas algumas pistas de um método para pensar essa questão e, aparentemente, recusa o método sociológico aplicado, por exemplo, por Pierre Bourdieu. Como o professor pensa essa questão? E o que tem a nos dizer a respeito do historiador como sujeito social?

---

[21] CERTEAU, M. *A escrita da história*. Tradução de Maria de Lourdes Menezes. 2. ed. Rio de Janeiro: Forense Universitária, 2008.

Esse texto "bíblico" de Michel de Certeau, profundamente foucaultiano, apesar da linguagem barroca, quer dizer algo simples: nenhuma pesquisa histórica é feita fora de instituições, que estabelecem o conceito e as regras da sua fabricação. Nenhuma obra histórica é alheia à sociedade/ época em que foi produzida. Febvre pôde combater a história que chamava de positivista/historicista, porque percebeu que a sociedade mudara e exigia uma nova abordagem do seu passado; percebeu que ela estava insatisfeita com as instituições históricas e impunha a recriação dessas instituições. Enfim, todo trabalho intelectual é, ao mesmo tempo, uma criação individual, institucional e social. E ele mostra como funcionam as pressões institucionais e sociais. Eu sou crítico desse texto, porque acho que ele fecha as possibilidades de criação individual, submete o trabalho histórico a coerções, impõe uma linguagem uniforme, que, muitas vezes, indivíduos talentosos conseguem contornar e superar. Provavelmente, contra a disciplina institucional de Michel de Certeau, os melhores trabalhos históricos sejam aqueles que não se submeteram às instituições e pressões de uma época e conseguiram inaugurar um novo tempo. Ao abrir um novo tempo, o historiador torna-se um "sujeito social" precioso, importantíssimo. Os clássicos da historiografia brasileira foram produzidos por esses indivíduos talentosos que, com um uso original de teorias-metodologias existentes, fizeram uma nova configuração da experiência temporal, atribuindo-lhe um novo sentido e abrindo seu horizonte de expectativa. Muitos clássicos da historiografia brasileira não foram produzidos por historiadores *stricto sensu* e são bastante influentes nas pesquisas históricas. A sociedade precisa muito desses "sujeitos sociais", os historiadores, que se submeteram/romperam com coerções institucionais e sociais. Hoje, se não houver uma revisão/ ruptura com essa "escrita institucional" da história, os jornalistas vão se tornar os "historiadores" do nosso tempo.

- Em sua visão, quais as implicações ético-políticas das escolhas e filiações teóricas para a prática do ofício do historiador?

A obra histórica pode contribuir para a conservação do *status quo* ou para a sua transformação. As implicações ético-políticas das escolhas e filiações teóricas são essas: você quer manter a ordem e, para isso, você se torna cego e acrítico aos seus problemas, ou você quer transformar a ordem e, para isso, você precisa mostrar suas limitações e dificuldades e tornar-se um crítico social? Para mim, e essa é a minha escolha, uma historiografia deve ser crítica do seu tempo e sociedade pela mediação do passado. Ou melhor, o sentido da ida ao passado é a problematização do presente e a abertura do horizonte de expectativa. Um historiador que não seja crítico social, para mim, não faz muito sentido. Benjamin distingue o historiador "empático com o vencedor" daquele que é "empático com os vencidos" e abomina o primeiro. Para mim, e essa é a minha escolha ético-política, bom historiador é aquele que narra o tempo vivido a contrapelo. Mas há os que preferem se adaptar ao presente e à sociedade atual e ensinam que "a escravidão foi legal e consensual", que "a Ditadura foi apenas uma época histórica", que "a Inquisição fez sentido em sua época", que "o nazismo foi um regime político histórico", que se deve "compreender e reconstruir" em seus próprios termos, sem uma atitude crítica, que é definida como "preconceito", "anacronismo". O conceito historista de "compreensão" é muito complacente com o passado e pode ser perigoso para o presente-futuro. É a esse "historismo compreensivo" conservador que Benjamin rejeita e eu também.

- Quanto ao tema de nosso dossiê especificamente, podemos destacar a presença de um pensador como fundamental, tanto à genealogia quanto à hermenêutica, em suas ilações históricas: trata-se de Friedrich Nietzsche. Como o senhor avalia a importância de Nietzsche para a consciência histórica ocidental?

Nietzsche é um autor fundamental para a historiografia, pois criou o "método genealógico", consolidado por Foucault, que exerce uma profunda influência na historiografia atual. A sua obra "Da utilidade e desvantagens da história para a vida"[22] é espetacular. Para mim, há dois Nietzsches: um admirável, o desconstrutor da cultura moderna, do platonismo, do cristianismo, do hegelianismo, que é absolutamente necessário conhecer, para quem quer pensar a história ocidental e a historiografia. Sua atitude altamente crítica em relação à moral, ao poder, à ciência, aos conceitos e à verdade, à "bondade humana", quem não a conhece é ainda ingênuo. O segundo Nietzsche é o reconstrutor da cultura, talvez, o "pós-moderno" e, em relação a esse, sou crítico e resistente. Suas proposições antimodernas me deixam assustado e

---

[22] NIETZSCHE, F. *Segunda consideração extemporânea: da utilidade e desvantagem da história para a vida*. [1874]. Tradução de Marco Antônio Casanova. Rio de Janeiro: Relume Dumará, 2003.

preocupado e prefiro não ensiná-las. O elogio do Super-homem, daquele que está além do Bem e do Mal, a ênfase no corpo e natureza, nos instintos, no animal, na força, a tese de que "viver e ser injusto são a mesma coisa", acho que ainda sou muito socrático para admitir. A compaixão e a capacidade de "cossofrer", não quero perdê-las jamais. A obra póstuma *A vontade de potência*,[23] com o seu "racismo científico", vejo-a, francamente, como uma orientação nazista. Já imaginaram como seria uma sociedade nietzschiana? Já me disseram: "isso é porque você não sabe nada de Nietzsche!" Pode ser. Já me disseram também que "eu não sabia nada de Marx". Eu prefiro assim. Essa história de "saber tudo" é fanatismo, dogmatismo, fundamentalismo, enfim, "burrice". Tenho medo de nietzschianos, marxistas e cristãos maciços, brandindo suas bíblias, transtornados. Para eles, serei fraco demais, ou alienado-inerte demais, ou pecador demais e o meu extermínio seria justo. Eu prefiro saber menos e duvidar, sempre. Descartes é a minha referência: duvido sempre, metodicamente. E se esses crédulos/fanáticos acham que vou me submeter/converter às suas interpretações fechadas, oficiais, únicas, às suas seitas, podem esperar sentados.

- Os livros de Michel Foucault eram, declaradamente, de cunho histórico. Mesmo assim, ainda que pautados em farta referência documental, os trabalhos arqueológicos e genealógicos desenvolvidos pelo pensador francês pouco se assemelhavam ao labor dos historiadores de ofício. Este último aspecto, em particular, gera algumas resistências quanto a um possível uso do pensamento foucaultiano como referencial teórico e metodológico para a história enquanto disciplina. Conforme sua perspectiva, de que modo o diálogo com o pensamento de Foucault pode ser profícuo à produção de conhecimento historiográfico?

Na minha opinião, o pensamento histórico praticado pela historiografia, hoje, é profundamente foucaultiano. Todas as suas teses estão orientando a historiografia, o que prova que a historiografia não tem autonomia em relação aos filósofos. O que os historiadores pesquisam hoje? As ações de indivíduos e grupos, as suas estratégias, as suas negociações que expressam a sua "vontade de poder". O que Foucault ensinou

---

[23] NIETZSCHE, F. *A vontade de poder*. Tradução e notas de Marcos Sinésio Pereira Fernandes e Francisco José Dias de Moraes. Rio de Janeiro: Contraponto, 2008.

é que não há história global ou geral que se imponha aos indivíduos a ponto de impedi-los de estabelecer seus próprios objetivos e lutar pelo que desejam. Todos têm poder e não há nenhuma estrutura cega ou verdade absoluta ou necessidade teleológica que imobilize ou encaixote os indivíduos. Os indivíduos são capazes de se adaptar, de se representarem de outra forma para atingirem seus objetivos. Não há identidades fixas, estáveis, essenciais que endureçam a necessária flexibilidade para se buscar o poder. Se identidade houver, ela se constrói na história e, no final, são "máscaras" que foram usadas mediante um cálculo político. Nada é estável, essencial, natural. Foucault desnaturalizou, desconstruiu, historicizou todos os objetos históricos, enfatizando as "práticas históricas". A ciência, a política, a economia, a arte, a sexualidade, a família, o homem, a mulher, a criança, a educação são "práticas de poder", de disciplina-resistência, combates que dão formas imprevistas à experiência histórica. Porém Foucault não a vê, mas há uma história global que se impõe aos indivíduos e direciona os seus combates: o processo civilizador, a globalização, a europeização do Planeta, a expansão do capitalismo mundial. Quem enfatiza essa macro-história é Norbert Elias. O homem foucaultiano é adequado à sociedade moderna capitalista global, seus combates e práticas realizam o processo civilizador. A dupla Elias (macro) e Foucault (micro), para mim, é que orienta a "história dos vencedores" atual.

- Nota-se, a partir de meados da década de 1980, um progressivo aumento da leitura da obra de Paul Ricoeur entre os historiadores. No que tange em especial à questão epistemológica, a ressalva acerca de sua hermenêutica é, pelo menos, dupla: seja por um grupo de historiadores defensores da objetividade das fontes, seja por outro de defensores da utilização de métodos científicos de forma mais austera. Como o senhor vê a contribuição teórica de Ricoeur para os historiadores?

A contribuição de Ricoeur à historiografia, hoje, parece-me menos contundente do que a de Foucault. Talvez, seja uma influência antifoucaultiana. Ricoeur limita o impacto iconoclasta de Foucault. Nesse sentido, é uma contribuição importante, porque lembra a necessidade do "reconhecimento" que se obtém com a "narrativa", sempre recomeçada. Ricoeur valoriza o "trabalho de memória", não para que o passado oprima o presente, mas para que o presente "tome consciência" e se liberte do passado. O "círculo hermenêutico", que é uma narrativa sempre recomeçada da experiência, que repercute na experiência, modificando-a, gerando cada vez mais reconhecimento e tornando o sujeito cada vez mais capaz de agir com responsabilidade, é uma contribuição importante. Estamos longe de Nietzsche e de Foucault: há um sujeito, que não tem uma memória-consciência absoluta, mas tem; há uma identidade, que não é consciência absoluta, que inclui alguma alteridade, mas existe; há um conhecimento, que não é um domínio completo da realidade, mas é; há uma dialética, que não chega à síntese absoluta, mas se mantém; há um projeto ético-político de "viver juntos na diferença", que é um reconhecimento limitado, mas é um horizonte democrático. O caminho é longo, quebrado, difícil, mas narrável, reconhecível e o "homem capaz" poderá vencê-lo.

Após Nietzsche e Foucault, Ricoeur reconstrói a tradição socrático-cristã-kantiana-hegeliana-husserliana ocidental, atualiza-a, tornando-a menos rígida, fechada e autoritária. Gosto de circular entre os dois: quando Foucault ultrapassa o caminho de liberdade que propõe e começa a elogiar o indivíduo predador, além do Bem e do Mal, "seguro na mão de Ricoeur". Quando este ultrapassa o projeto poético de reconhecimento e começa a pregar como um calvinista enfurecido, deixo-o falando sozinho e volto à liberdade foucaultiana. A verdade é poliédrica, os dois têm razão e ainda há razão para outros também.

- Para finalizar, gostaríamos de agradecer a entrevista e saber sobre suas atuais pesquisas. O que podemos esperar de suas próximas publicações?

Tenho um projeto de pesquisa intitulado "Tempos e Narrativas do Brasil", no qual analiso obras selecionadas de seis autores: José Murilo de Carvalho, Fernando Henrique Cardoso, Raimundo Faoro, Evaldo Cabral de Mello, Raimundo Morais e Darcy Ribeiro. Estou desenvolvendo essa pesquisa em um pós-doutorado, no Instituto Histórico/UFRJ, sob a supervisão da professora Marieta de Moraes Ferreira, com bolsa do CNPq. Ele foi concebido para ser uma espécie de Identidades do Brasil 3,[24] uma continuidade à história do pensamento histórico brasileiro que fiz nos primeiros volumes. Eu gostaria de terminar bem esse projeto

---

[24] Cf. REIS, *As identidades do Brasil: de Varnhagen a FHC*, 2008, e REIS, J. C. *As identidades do Brasil 2: de Calmon a Bonfim*. Rio de Janeiro: FGV, 2006.

e isso significa, com uma boa publicação. Ando muito interessado no "pensamento brasileiro" historiográfico, filosófico, literário. Ou no Brasil nunca se pensou? Acho que sim, nós é que nunca valorizamos a língua brasileira, os nossos autores, as nossas próprias produções. Enfim, ando fazendo teoria-metodologia da historiografia brasileira. Estou continuando a minha "história do pensamento histórico brasileiro".

Eu é que agradeço a oportunidade desta entrevista. Abraços.

Este livro foi composto com tipografia Bembo e impresso
em papel Off-White 80g/m² na Formato Artes Gráficas.